*Thomas Ax/Matthias Schneider/Sascha Häfner/
Friedhelm Reichert/Andreas Wagner/Kai Henning Terschüren*
Das deutsche Vergaberecht im Frühjahr 2006

Dr. Marc Gabriel LL.M.
Rechtsanwalt
Fachanwalt für Verwaltungsrecht
Königstraße 59
12105 Berlin

Bau und Vergabe

Thomas Ax / Matthias Schneider / Sascha Häfner / Friedhelm Reichert / Andreas Wagner / Kai Henning Terschüren

Das deutsche Vergaberecht im Frühjahr 2006

Ein aktueller Überblick über ein Rechtsgebiet zwischen unmittelbar geltenden Richtlinienvorschriften, EuGH-Rechtsprechung, einer Teilumsetzung von Richtlinienvorgaben und landesrechtlichen Sonderregelungen

DER JURISTISCHE VERLAG
lexxion
BERLIN

Bibliografische Informationen Der Deutschen Bibliothek

Die Deutsche Bibliothek verzeichnet diese Publikation in der Deutschen Nationalbibliografie; detaillierte bibliografische Daten sind im Internet über <http://dnb.ddb.de> abrufbar.

ISBN 3-936232-70-9

© 2006 Lexxion Verlagsgesellschaft mbH · Berlin
www.lexxion.de
Umschlag und Satz: Christiane Tozman

Vorwort

Am 31. Januar 2006 ist die Frist für die Umsetzung der neuen Vergaberichtlinien 2004/18/EG und 2004/17/EG in nationales Recht abgelaufen. Bis zum März des letzten Jahres befanden sich die deutschen Umsetzungsbemühungen noch auf einem guten Weg. Es gab einen ausgearbeiteten Regierungsentwurf, der sich nicht nur auf die reine Richtlinienumsetzung beschränkte, sondern auch eine umfassende Reform des deutschen Vergaberechtssystems vorsah. Das alte Kaskadensystem sollte großenteils fallen, ein weiterer Schritt auf dem langen Weg fort von der ursprünglich rein haushaltsrechtlichen Lösung.

Dann kamen jedoch die politischen Umwälzungen rund um das Ende von Rot-Grün dazwischen. Der Regierungsentwurf blieb Regierungsentwurf, der weitere Gesetzgebungsprozess wurde in dieser Sache gar nicht erst in Gang gebracht. Als im November des letzten Jahres dann der Koalitionsvertrag der neuen Regierungsmehrheit vorlag, kündigte sich eine umfassende Rücknahme der ursprünglich geplanten Reform an. Dort fand sich zwar immer noch ein Bekenntnis zu Reform und Vereinfachung des Vergaberechts, jetzt aber im Rahmen des bestehenden Systems. Damit war klar, dass das alte Kaskadensystem mit seinen Regelungen in GWB, VgV und den Verdingungsordnungen bestehen bleiben würde. Wie vor diesem Hintergrund die Richtlinienumsetzung noch rechtzeitig gelingen sollte, war niemandem klar. Denn diese war nur im Rahmen des ursprünglichen Regierungsentwurfs vorbereitet worden.

Jetzt steht fest, die Richtlinienumsetzung ist nicht rechtzeitig gelungen, und damit steht Deutschland eine mindestens mehrmonatige Übergangsphase bevor, in der jeder öffentliche Auftraggeber und jeder Bewerber um öffentliche Aufträge mit der parallelen Geltung von zwei Systemen leben muss. Denn auch wenn sie noch nicht umgesetzt sind gelten Teile der neuen Vergaberichtlinien unmittelbar und überlagern damit das alte, noch nicht angepasste deutsche Regelungssystem.

Europäische Richtlinien sind zwar, anders als Verordnungen, kein unmittelbar in den Mitgliedsstaaten der Europäischen Gemeinschaft geltendes Recht. Es besteht aber eine Umsetzungsverpflichtung. Um diese nicht leer laufen zu lassen hat der Europäische Gerichtshof schon vor einiger Zeit die Grundsätze der unmittelbaren Wirkung von Richtlinien entwickelt. Bestimmungen einer Richtlinie, die inhaltlich unbedingt und hinreichend genau sind, gelten bei nicht fristgemäßer oder unrichtiger Umsetzung in nationales Recht unmittelbar.

Bis zu einer Umsetzung der europäischen Vorgaben werden also die Teile der neuen Richtlinien, auf die die eben genannten Voraussetzungen zutreffen, unmittelbar gelten. Welche Teile das sind und was diese unmittelbare Geltung für die Praxis konkret bedeutet, soll im ersten Teil der hier vorgelegten Publikation dargestellt werden.

Der Regierungsentwurf für eine Reform des Vergaberechts aus dem März 2005 beinhaltete nicht nur die reine Umsetzung von Richtlinienvorgaben. Auch Problematiken, die von den neuen Richtlinien nicht erfasst werden und bei denen weiterhin nur die EuGH-Rechtsprechung das Maß der Dinge bildet, sollten gesetzlich geregelt werden. Insbesondere der sehr relevante Bereich der Inhouse-Vergabe gehört zu dem eben genannten Bereich. Was in diesem Zusammenhang der aktuelle Stand der Dinge ist, soll dargelegt werden.

Teile der anstehenden Richtlinienumsetzung wurden auch vorgezogen. Durch das Gesetz zur Beschleunigung Öffentlich Privater Partnerschaften (ÖPP-Beschleunigungsgesetz) wurde insbesondere der wettbewerbliche Dialog als neue Verfahrensart bereits eingeführt. Auch einige andere nicht unwichtige Veränderungen im Normengefüge des deutschen Vergaberechts wurden durch dieses Gesetz vorgenommen. Auch diese sollen erörtert werden.

Nicht direkt mit dem Problembereich der Richtlinienumsetzung verbunden sind die unterschiedlichen Landesvergabegesetze. Auch um diese hat es aber in der letzten Zeit einige Diskussionen gegeben, insbesondere in Bezug auf die in immer mehr Ländern verlangten Tariftreueerklärungen. Auch dieser Diskussionsstand bildet einen Themenschwerpunkt.

An den Schluss gestellt werden soll ein kurzer Ausblick auf das jetzt bei der Umsetzung der Richtlinien und der allgemeinen Vergaberechtsreform geplante Vorgehen, soweit sich aus den ministeriellen Verlautbarungen und dem Koalitionsvertrag halbwegs gesicherte Erkenntnisse ableiten lassen.

Gliederung

A. Die unmittelbare Geltung der Richtlinien 2004/18/EG und 2004/17/EG 1

    I. Europarechtliche Grundlagen der unmittelbaren Wirkung............ 1
        1. Unmittelbare Wirkung als Sanktion für nicht umsetzungswillige Mitgliedstaaten............................. 1
        2. Rechtsfolgen der unmittelbaren Wirkung 2
        3. *Fratelli Costanzo* als klarer Beleg für die Bedeutung dieser Rechtsprechung für den Bereich des Vergaberechts............... 3
        4. Bestehen einer Umsetzungsverpflichtung als Grundvoraussetzung 6
        5. Viele „Kann"-Bestimmungen in den Richtlinien 6
        6. Bilanz 7

    II. Die unmittelbar geltenden Normen der Richtlinie 2004/18/EG......... 8
        1. Die maßgeblichen Schwellenwerte des § 2 VgV gelten zunächst fort 8
        2. Gleichwertigkeit technischer Spezifikationen 8
        3. Zulassung und Berücksichtigung von Nebenangeboten und Änderungsvorschlägen 10
        4. Rahmenvereinbarungen 11
        5. Bekanntmachungen 12
        6. Unterrichtung der Bewerber und Bieter 13
        7. Vorschriften über Mitteilungen 14
        8. Inhalt der Vergabevermerke 16
        9. Eignung der Bewerber und Bieter 17
        10. Nachweis der Erfüllung von Qualitätssicherungsnormen und Normen für Umweltmanagement 21
        11. Gewichtung von Zuschlagskriterien und ihre Bekanntmachung... 22
        12. Ungewöhnlich niedrige Angebote 24
        13. Bereits erfolgte Umsetzungen durch das Gesetz zur Beschleunigung der Umsetzung von Öffentlich Privaten Partnerschaften und zur Verbesserung gesetzlicher Rahmenbedingungen für Öffentlich Private Partnerschaften............. 25
            a. Keine Verpflichtung zur Annahme einer bestimmten Rechtsform für Bietergemeinschaften vor Zuschlagserteilung... 25
            b. Wettbewerblicher Dialog................................. 25

     14. Abgrenzung von Aufträgen, die unter die Richtlinie 2004/18/EG fallen, von Aufträgen, die unter die Richtlinie 2004/17/EG zur Koordinierung der Zuschlagserteilung durch Auftraggeber im Bereich der Wasser-, Energie- und Verkehrsversorgung sowie der Postdienste fallen 26
III. Weitere Regelungen der Richtlinie 2004/18/EG von Interesse 27
     1. Begriff des Auftraggebers 27
     2. Wirtschaftsteilnehmer 27
     3. Bietergemeinschaften 28
     4. Zentrale Beschaffungsstellen 28
     5. Ermittlung des Auftragswertes 28
     6. Angebotswertung (Eignungsprüfung) 29
     7. Fristen (Komplexität des Auftrags) 29
     8. Fristen (Kürzungsmöglichkeiten) 30
     9. Fristen (Verlängerung der Angebotsfrist) 31
     10. Verfahrensarten (Verfahrenshierarchie) 32
     11. Verfahrensarten (Verhandlungsverfahren mit Bekanntmachung) 33
     12. Verfahrensarten (Verhandlungsverfahren ohne Bekanntmachung) 34
IV. Der Sektorenbereich nach dem Ablauf der Umsetzungsfrist für die Richtlinie 2004/17/EG 36
     1. Auftraggebereigenschaft nach neuem Vergaberecht 36
        a. Veränderter Anwendungsbereich der neuen Sektorenrichtlinie 2004/17/EG 36
        b. Veränderungen bei den den Anwendungsbereich bestimmenden Begriffsdefinitionen 37
           aa. Keine Veränderungen bezüglich der Begriffe „öffentlicher Auftraggeber" und „öffentliches Unternehmen" 37
           bb. Neue Definition des Begriffs der „besonderen oder ausschließlichen" Rechte 38
        c. Die Auswirkungen dieser Neudefinition 40
           aa. Unternehmen, die bisher *nur* auf der Grundlage der Vermutungstatbestände zu den Sektorenauftraggebern zählten, fallen aus dem Anwendungsbereich heraus 40
           bb. Die anzustellende Prüfung wird schwieriger 40

cc. Es kommt zusätzlich noch darauf an, wie ein Unternehmen die fraglichen Rechte erhalten hat 40
2. Die Voraussetzungen für eine unmittelbare Wirkung von Richtlinienvorschriften gegenüber einem Sektorenauftraggeber 41
   a. Allgemeine Erwägungen 41
   b. Die Entscheidung des EuGH in der Rechtssache Foster u. a./BGC 42
   c. „Besondere oder ausschließliche Rechte" damit auch für die unmittelbare Wirkung entscheidend 44
   d. (Keine) Auswirkungen der Neu-Definition in der neuen Sektorenrichtlinie 45
   e. Zusammenfassung 45
3. Aufstellung der unmittelbar anwendbaren Vorschriften der Richtlinie 2004/17/EG 46
   a. Schwellenwerte 46
   b. Gleichwertigkeit technischer Spezifikationen 46
   c. Zulassung und Berücksichtigung von Nebenangeboten und Änderungsvorschlägen 48
   d. Bekanntmachungen 48
   e. Unterrichtung der Bewerber und Bieter 48
      aa. Unterrichtung der Bewerber und Bieter über den Verzicht auf die Vergabe 48
      bb. Unterrichtung der nicht berücksichtigten Bieter oder Bewerber 49
   f. Vorschriften über Mitteilungen 50
      aa. Wahlmöglichkeit der Auftraggeber bezüglich der Kommunikationsmittel. 51
      bb. Anforderungen an die Gewährleistung der Vollständigkeit der Daten und der vertraulichen Behandlung der Anträge auf Teilnahme bei Übermittlung und Speicherung 51
      cc. Definitionen. 51
   g. Aufbewahrung der Unterlagen für vergebene Aufträge. 52
   h. Eignung der Bewerber und Bieter. 53
   i. Nachweis der Erfüllung von Qualitätssicherungsnormen und Normen für Umweltmanagement 56
   j. Gewichtung von Zuschlagskriterien und ihre Bekanntmachung 57

   k. Ungewöhnlich niedrige Angebote 58
   l. Abgrenzung von Aufträgen, die unter die Richtlinie 2004/18/EG
    über die Koordinierung der Verfahren zur Vergabe öffentlicher
    Bauaufträge, Lieferaufträge und Dienstleistungsaufträge fallen,
    von Aufträgen, die unter die Richtlinie 2004/17/EG fallen 59

B. Das ÖPP-Beschleunigungsgesetz 61
 I. Das neue Verfahren: Der wettbewerbliche Dialog 61
  1. Ablauf in zwei Phasen 63
   a. Erste Phase 63
   b. Zweite Phase 64
  2. Kritikpunkte 64
  3. Zwischenergebnis 64
  4. Der „wettbewerbliche Dialog" – Verfahren ohne Fristen? 64
 II. Die Abkehr vom Eigenleistungserfordernis: § 4 Abs. 4 und § 6
  Abs. 2 Nr. 2 VgV n. F. 65
 III. Die Zulassung von Projektanten: § 4 Abs. 5 und § 6 Abs. 3 VgV 67
 IV. Vor der Auftragsvergabe kein Zwang mehr zu einer bestimmten
  Rechtsform für die Bietergemeinschaft: § 6 Abs. 2 Nr. 1 VgV 68
 V. Die übrigen Neuerungen und Klarstellung durch
  das ÖPP-Beschleunigungsgesetz 69
  1. § 6 Abs. 2 Nr. 3 VgV n. F. – Klarstellung für den Fall der
   Weitervergabe: Nur Teil B der VOB/B ist zugrunde zu legen 69
  2. § 99 Abs. 6 GWB n. F. – Klarstellung der Abgrenzung
   von Liefer-, Dienstleistungs- oder Bauauftrag 70

C. Die Problematik der Inhouse-Vergabe/Inhouse-Geschäfte 71
 I. Einführung in die Problematik der Inhouse-Geschäfte 71
 II. Inhouse-Geschäfte mit gemischt-wirtschaftlichen Unternehmen 72
 III. Inhouse-Geschäfte mit gemischt-öffentlichen Unternehmen 76
 IV. Fazit 83

**D. Wertbarkeit von Nebenangeboten nur bei Angabe
technischer Mindestanforderungen?** 84
 I. Der Ausgangspunkt: Die Entscheidung des Europäischen
  Gerichtshofes 84
 II. Die enge Auslegung der EuGH-Entscheidung 85

      1. Die Entscheidung des Bayerischen Obersten Landesgerichtes 86
      2. Die Entscheidung der Vergabekammer Köln 87
  III. Die weite Auslegung der EuGH-Entscheidung: Vergabekammer
      Schleswig-Holstein und Vergabekammer Lüneburg 88
  IV. Fazit und vermittelnde Auffassung der Vergabekammer Bund 89

E. **Die Wertung unangemessen niedriger Preise von Teilleistungen
(Mischkalkulation)** 91
  I. Ausschluss nicht ohne vorherige Angebotsaufklärung 91
  II. Zwingender Ausschluss auch nach Offenlegung
     einer Mischkalkulation. 92
  III. Ausschluss bei zahlreichen „0,00 Euro"-Preisen. 93
  IV. Ausschluss auch bei deutlicher Abweichung
     von Durchschnittspreisen? 95
  V. Nachträgliche Bereinigung von Mischkalkulationen bei Massen-
     und Leistungsänderungen? 96
  VI. Zwischenergebnis: Beweislast beim Bieter 97
  VII. Gegenposition: Beweislast für Mischkalkulation doch
      beim Auftraggeber? 98
  VIII. Derzeitiger Stand der Dinge. 100

F. **Rechtsschutz unterhalb der Schwellenwerte?
Anmerkung zum Beschluss des Oberverwaltungsgerichtes
Koblenz vom 25. Mai 2005 – 7 B 10356/05. OVG** 102
  I. Kein Verwaltungsakt bei der Beschaffung 102
  II. Die Entscheidung über den Zuschlag bleibt
     ein privatrechtlicher Vertrag! 103
  III. Rechtsweg zu den Verwaltungsgerichten –
     Die Rechtsprechung des Bundesverwaltungsgerichtes lehnt bislang
     eine zweistufige Vergabe ab – bleibt es dabei? 104
  IV. Unzumutbare Verzögerung durch die verwaltungsgerichtlichen
     Verfahren – Konsequenz der Rechtsprechung. 105
  V. Fazit 107

G. **Die Landesvergabegesetze** 109
  I. Zur Frage der „Tariftreueerklärungen" nach den
     Landesvergabegesetzen 109

II. Korruptionsregister und Register über unzuverlässige
　　　　Unternehmen... 112
　　　1. Auf Runderlassen bzw. Verwaltungsvorschriften basierende
　　　　　Lösungen 113
　　　　　a. Die niedersächsische Regelung........................... 113
　　　　　b. Die Regelung in Baden-Württemberg 113
　　　　　c. Gemeinsame Elemente der landesrechtlichen Regelung 114
　　　2. Die Regelung durch Gesetz in Nordrhein-Westfalen............. 114
　　　　　a. Schwerpunkte des Gesetzes.............................. 115
　　　　　b. Geltungsbereich des Gesetzes 115
　　　　　c. Das Vergaberegister 116
　　　　　　　aa. Verfehlungen 116
　　　　　　　bb. Das Register als reine Informationsstelle, Rechtsschutz
　　　　　　　　　gegen Ausschlussentscheidungen 117
　　　　　　　cc. Verpflichtung zur Meldung......................... 117
　　　　　　　dd. Einsichtsrechte der Staatsanwaltschaft und
　　　　　　　　　anderer Behörden................................. 118
　　　　　　　ee. Öffnung für andere Länder und den Bund 118
　　　　　d. Anzeigepflichten und Transparenz 118
　　　3. Zusammenfassung 120

H. Ausblick auf die kommende Reform 121
　　I. Reform innerhalb des bestehenden Systems 121
　　II. Voraussichtlicher zeitlicher Ablauf der Reform 121

Anhang

Baden-Württemberg
Verwaltungsvorschrift der Landesregierung und der Ministerien zur Verhütung unrechtmäßiger und unlauterer Einwirkungen auf das Verwaltungshandeln und zur Verfolgung damit zusammenhängender Straftaten und Dienstvergehen (VwV Korruptionsverhütung und -bekämpfung) vom 19. Dezember 2005 124

Bayern
Gesetz über die Vergabe von Bauaufträgen im Freistaat Bayern (Bayerisches Bauaufträge-Vergabegesetz – BayBauVG) vom 28. Juni 2000 143

Bekanntmachung der Bayerischen Staatsregierung vom 6. November 2001 (Nr. B III 2-515-152) zur Bekämpfung von Wettbewerbsverzerrungen durch vertragliche Verpflichtung zur Einhaltung der in Bayern geltenden Lohntarife und zur restriktiven Weitervergabe an Nachunternehmer (Tariftreue- und Nachunternehmererklärung – WettbV) 145

Bekanntmachung der Bayerischen Staatsregierung vom 8. Februar 2006 (Az.: B III 2-515-152) Änderung der Bekanntmachung über die Bekämpfung von Wettbewerbsverzerrungen durch vertragliche Verpflichtung zur Einhaltung der in Bayern geltenden Lohntarife und zur restriktiven Weitervergabe an Nachunternehmer (Tariftreue- und Nachunternehmererklärung – WettbV) 150

Bremen
Vergabegesetz für das Land Bremen vom 17. Dezember 2002 151

Verordnung zur Durchführung des Vergabegesetzes für das Land Bremen (VergV) vom 21. September 2004 157

Anhang

Hamburg
  Hamburgisches Vergabegesetz vom 18. Februar 2004 — 161

  Entwurf eines Gesetzes zum Neuerlass des Hamburgischen Vergabegesetzes sowie zur Aufhebung und Änderung anderer Rechtsvorschriften auf dem Gebiet des Vergaberechts vom 26.07.2005 — 165

Niedersachsen
  Landesvergabegesetz Niedersachsen vom 2. September 2002 — 180

  Gesetz zur Änderung des Landesvergabegesetzes vom 9. Dezember 2005 — 185

  Verordnung zur Durchführung des Landesvergabegesetzes vom 23. Januar 2003 (DVO-LVergabeG) — 188

  Gem. RdErl. d. MW, d. StK u.d. übr. Min. v. 31.8.2000 – 32-32567/2 – vom 31. August 2000 (Nds. MBl. S. 611) Ausschluss von unzuverlässigen Bewerbern von der Teilnahme am Wettbewerb — 191

Nordrhein-Westfalen
  Gesetz zur Verbesserung der Korruptionsbekämpfung und zur Errichtung eines Korruptionsregisters in Nordrhein-Westfalen vom 16. Dezember 2004 (Korruptionsbekämpfungsgesetz – KorruptionsbG) — 198

Saarland
  Gesetz über die Vergabe von Bauaufträgen im Saarland (Saarländisches Bauaufträge-Vergabegesetz). In der Bekanntmachung vom 23.08.2000 (ABl. SL 00, S. 1846) (In Kraft seit dem: 01.09.2000) — 209

Schleswig-Holstein
  Gesetz zur tariflichen Entlohnung bei öffentlichen Aufträgen (Tariftreuegesetz) vom 07. März 2003 — 211

Gesetz zur Förderung des Mittelstandes (Mittelstandsförderungs- und Vergabegesetz – MFG) vom 17. September 2003   215

Landesverordnung über die Vergabe öffentlicher Aufträge (Schleswig-Holsteinische Vergabeverordnung – SHVgVO) vom 3. November 2005   226

A. Die unmittelbare Geltung der Richtlinien 2004/18/EG und 2004/17/EG

I. Europarechtliche Grundlagen der unmittelbaren Wirkung

1. Unmittelbare Wirkung als Sanktion für nicht umsetzungswillige Mitgliedstaaten

Europäische Richtlinien sind kein unmittelbar in den Mitgliedsstaaten der EG geltendes Recht. Das unterscheidet sie von den europäischen Verordnungen. Diese haben allgemeine Geltung, sind in allen ihren Teilen verbindlich und gelten unmittelbar in jedem Mitgliedstaat, Art. 249 Abs. 2 EG-Vertrag (EGV). Richtlinien sind demgegenüber nur hinsichtlich des zu erreichenden Ziels verbindlich, überlassen jedoch den innerstaatlichen Stellen die Wahl der Form und der Mittel. Eine Richtlinie wird damit erst durch ein nationales Gesetz oder eine nationale Verordnung innerstaatlich geltendes Recht. Es besteht allerdings eine Pflicht zur Umsetzung von Richtlinien in nationales Recht. Diese folgt aus Art. 10 EGV, der die Mitgliedsstaaten zu einem gemeinschaftstreuen Verhalten verpflichtet. Dazu gehört es auch, den Rechtsakten der Gemeinschaft durch eine rechtzeitige Umsetzung in nationales Recht Geltung zu verschaffen.

Es hat sich aber schon bald gezeigt, dass die Verpflichtung des Art. 10 EGV allein oft nicht ausreichend ist, um die Mitgliedsstaaten zu einer rechtzeitigen Umsetzung von Richtlinien anzuhalten. Besonders dann, wenn der jeweilige Mitgliedstaat dem Inhalt der Richtlinie ablehnend gegenüber steht. Oftmals ist und war es auch einfach so, dass der nationale Gesetzgebungsprozess schlicht überlastet oder blockiert war und eine rechtzeitige Umsetzung dadurch verhindert wurde.

Vor diesem Hintergrund hat der EuGH schon vor einiger Zeit eine Rechtsprechung etabliert, nach der sich der einzelne Bürger im Falle der nicht rechtzeitigen Umsetzung einer Richtlinie dem Staat gegenüber auf diese berufen kann, wenn es für ihn vorteilhaft ist. Der EuGH ließ sich dabei von folgenden Gedanken leiten.

Es wäre mit der verbindlichen Wirkung von Richtlinien hinsichtlich des zu erreichenden Ziels nach Art. 249 Abs. 3 EGV unvereinbar, es grundsätzlich auszuschließen, dass sich betroffene Personen zu ihren Gunsten auf die Verpflichtungen berufen, die eine Richtlinie einem Mitgliedsstaat auferlegt. Die Rechte der von einer Richtlinie begünstigten Einzelnen sind zu schützen (Rechtsschutzgedanke). Verstößt ein Mitgliedsstaat gegen seine Umsetzungspflicht aus den Art. 10 und 249 Abs. 3 EGV, kann er diesen Vertragsverstoß und damit sein eigenes treuewidriges Verhalten dem Einzelnen nicht entgegenhalten (Grundsatz von Treu und Glauben). Auch wird der Vertragsverstoß des Mitgliedsstaates angemessen sanktioniert, wenn sich der Einzelne auf unbedingte und hinreichend klare Bestimmungen einer Richtlinie zu seinen Gunsten berufen kann (Sanktionsgedanke). Als letztes Argument wird ins Feld geführt, dass die praktische Wirksamkeit (*effet util*) einer Richtlinie beeinträchtigt wäre, wenn es ein Mitgliedsstaat in der Hand hätte, den Eintritt der mit der Richtlinie beabsichtigten Rechtswirkung zu vereiteln oder zu verzögern.

Nach der ständigen Rechtsprechung des EuGH sind die Bestimmungen einer Richtlinie daher unmittelbar anwendbar, wenn sie inhaltlich als unbedingt und hinreichend genau erscheinen und der Staat die Richtlinie nicht fristgemäß oder unrichtig in nationales Recht umgesetzt hat (so genannte unmittelbare Wirkung von Richtlinien). Das in diesem Zusammenhang oft noch zusätzlich genannte Kriterium der Verleihung eines subjektiven Rechts oder einer doch zumindest reflexartigen Begünstigung des Einzelnen durch die Richtlinienbestimmung betrifft nicht die Frage der unmittelbaren Wirkung, sondern die weiter gehende Frage, ob durch die unmittelbar wirkende Richtlinienvorschrift auch ein subjektives Recht vermittelt wird, auf das sich der Einzelne berufen kann. Grundsätzlich sind subjektive Rechte des Bürgers aber keine Voraussetzung für eine unmittelbare Wirkung eine Richtlinie (siehe Punkt 3).

Eine Gemeinschaftsbestimmung ist unbedingt, wenn sie eine Verpflichtung begründet, die weder an eine Bedingung geknüpft ist noch zu ihrer Erfüllung und Wirksamkeit einer Maßnahme der Gemeinschaftsorgane oder der Mitgliedsstaaten bedarf.

Eine Bestimmung ist außerdem hinreichend genau, um von einem Einzelnen herangezogen und vom Gericht angewandt zu werden, wenn sie unzweideutig eine Verpflichtung begründet.

2. Rechtsfolgen der unmittelbaren Wirkung

Wenn die eben genannten Voraussetzungen der Unbedingtheit und hinreichenden Genauigkeit erfüllt sind, so dass der Einzelne sich vor den nationalen Gerichten auf die Bestimmung einer Richtlinie berufen kann, sind alle Träger der Verwaltung einschließlich der Gemeinden und der sonstigen Gebietskörperschaften verpflichtet, diese Bestimmungen anzuwenden. Rechtsgrundlage für die unmittelbare Wirkung sind Art. 249 Abs. 3 und Art. 10 EGV bzw. die darin enthaltene Verpflichtung zur Umsetzung einer Richtlinie in nationales Recht.

Daneben hat die Nichtumsetzung einer Richtlinie zur Folge, dass Verwaltung und Gerichte mit Ablauf der Umsetzungsfrist das nationale Recht, gleich ob es vor oder nach der Richtlinie erlassen ist, so auszulegen haben, dass möglichst das mit der Richtlinie verfolgte Ziel erreicht wird. Die richtlinienkonforme Auslegung hat dabei Vorrang vor den anderen Auslegungsmethoden. Dies ist insbesondere bedeutsam für die Auslegung der zahlreichen unbestimmten Rechtsbegriffe im deutschen Recht.

Daneben kann die nicht rechzeitige Umsetzung einer Richtlinie auch einen Staatshaftungsanspruch auslösen, wenn durch die Säumnis bei der Umsetzung kausal ein Schaden verursacht wurde. Dieser Staatshaftungsanspruch ist seit der *Francovich*-Entscheidung des EuGH allgemein anerkannt.

Bei der hier diskutierten Frage der direkten Wirkung der Vorschriften der Richtlinien 2004/18/EG und 2004/17/RG geht es um die unmittelbare Wirkung, also die unmittelbare Geltung von Richtlinienvorschriften, als erstgenannte Folge der verspäteten Umsetzung einer Richtlinie.

3. *Fratelli Costanzo* als klarer Beleg für die Bedeutung dieser Rechtsprechung im Bereich des Vergaberechts

Die Bedeutung der unmittelbaren Wirkung von Richtlinien für den Bereich des Vergaberechts hat sich insbesondere in der Rechtsache *Fratelli Costanzo* (Urteil des EuGH vom 22. Juni 1989 in der Rechtssache 103/88, Slg. 1989, I-1839) gezeigt. In dieser konnte sich im Rahmen einer öffentlichen Bauausschreibung ein Bieter gegenüber der ausschreibenden Behörde mit Erfolg auf eine Richtlinienbestimmung berufen, deren unmittelbare Wirkung zur Nichtanwendung einer nationalen Vorschrift führte, mit der Folge, dass der schon an einen Konkurrenten erteilte Zuschlag aufzuheben war. Die unmittelbare Wirkung von Richtlinien ist also auch für das im Vergaberecht vorherrschende Dreiecksverhältnis Einzelner/Staat/Einzelner sehr relevant und auch anerkannt. Dem Konkurrenten kann mittelbar eine ihn belastende Richtlinienbestimmung entgegengehalten werden.

Fraglich ist, inwieweit sich die Entscheidung des EuGH in der Rechtssache *Fratelli Costanzo* verallgemeinern lässt. Kommt eine unmittelbare Geltung nur bezüglich der dort relevanten Regelung der Angebotswertung in Betracht, oder kann man den Kreis der Normen, bei denen eine unmittelbare Geltung in Frage kommt, weiter ziehen?

Betrachtet man die relevanten Passagen des Urteils des EuGH in der Rechtssache *Fratelli Costanzo*, so entsteht der Eindruck, dass der EuGH sich mit der Prüfung der beiden Kriterien „hinreichend genau" und „unbedingt" nicht lange aufgehalten hat. Unter der entscheidenden Ziffer 32 wird nur kurz auf die zuvor bei Ziffer 20 vorgenommene Prüfung verwiesen. Aus dieser gehe klar hervor, dass Art. 29 Abs. 5 der Richtlinie 71/305 unbedingt und hinreichend genau sei, so dass der Einzelne sich gegenüber dem Staat auf diesen Artikel berufen könne. Unter Rn. 20 weißt der EuGH lediglich darauf hin, dass der Rat in Art. 29 Abs. 5 der Richtlinie 71/305 ein genaues und detailliertes Verfahren zur Überprüfung der Angebote, die ungewöhnlich niedrig erscheinen, vorgeschrieben habe, um es den Bietern, die besonders niedrige Angebote gemacht haben, zu ermöglichen, nachzuweisen, dass diese Angebote seriös sind, und um auf diese Weise den Zugang zu öffentlichen Bauaufträgen sicherzustellen.

Aus diesen Aussagen lässt sich ableiten, dass schon die Tatsache selbst, dass es sich bei Art. 29 Abs. 5 der Richtlinie 71/305 um eine an den Staat gerichtete Verfahrensvorschrift handelte, für die unmittelbare Anwendbarkeit dieser Norm gesprochen hat. Bei genauen und detaillierten Handlungsanweisungen an die staatliche Verwaltung kann man einfach nicht ernsthaft bezweifeln, dass sie unzweideutig eine Verpflichtung begründen und auch unbedingt sind.

Letztlich handelt es sich bei eigentlich allen in den bisherigen und auch den neuen Vergaberichtlinien enthaltenen Verfahrensvorschriften um solche detaillierten Handlungsanweisungen des EG-Gesetzgebers an die öffentliche Verwaltung. Insoweit steht ihrer unmittelbaren Geltung also nichts entgegen.

Man kann den Eindruck gewinnen, dass der EuGH in seiner kurzen Stellungnahme zur unmittelbaren Geltung von Art. 29 Abs. 5 der Richtlinie 71/305 auch noch eine weitere Voraussetzung für die unmittelbare Wirkung der Norm nennt, nämlich den bieterschützenden Charakter des dort angeordneten Verfahrens. Dem auffallend günstig anbietenden Unternehmer soll Gelegenheit gegeben werden, sein Angebot als seriös zu verteidigen. Fraglich ist, ob eine Verfahrensvorschrift also noch zusätzlich diesen bieterschützenden Charakter aufweisen muss, um unmittelbare Geltung beanspruchen zu können.

Zum Teil wird angenommen, dass die unmittelbare Wirkung oder Anwendung einer Norm des EG-Rechts nur in Betracht kommt, wenn sie darauf abzielt, dem Bürger ein Recht einzuräumen. Zu dieser Auffassung hat sicher beigetragen, dass in der Rechtsprechung des EuGH die Fragen der unmittelbaren Anwendung und des subjektiven Rechts gelegentlich ineinander übergehen. Der EuGH bejaht auch mitunter subjektive Rechte unter Berufung auf seine Rechtsprechung zur unmittelbaren Anwendung des EG-Rechts, ohne weitere Begründungselemente hinzuzuziehen. Der Grund dafür dürfte aber darin liegen, dass die Geltendmachung eines EG-Rechts dessen unmittelbare Anwendung voraussetzt. Sofern daher im Einzelfall der Rechtscharakter einer Vorschrift des EG-Rechts keine Probleme aufwirft, folgt aus der unmittelbaren Anwendung das subjektive Recht, vorausgesetzt die Norm gibt ihrer inhaltlichen Bestimmung nach ein solches Recht her. Das Ineinandergreifen von unmittelbarer Anwendung und Rechtsverleihung ändert aber nichts daran, dass es sich um zwei verschiedene Dinge handelt. Vielmehr sind durchaus Fälle denkbar, in denen das EG-Recht unmittelbare Anwendung entfaltet, aber keine EG-Rechte verleiht. Letztlich gilt daher: Die unmittelbare Wirkung von Richtlinien setzt ein subjektives Recht nicht voraus, sondern bringt es zur Entstehung. Die insbesondere im einschlägigen deutschen Schrifttum vertretene Ansicht, dass die Verankerung eines subjektiven Rechts im Inhalt einer Richtlinienbestimmung Voraussetzung für deren unmittelbare Wirkung sei, ist abzulehnen.

Im Übrigen spricht auch viel dafür, bei vergaberechtlichen Verfahrenvorschriften eine bieterschützende Tendenz Kraft Natur der Sache zu vermuten. Denn letztlich handelt es sich beim Vergaberecht um ein Recht, dass die große Nachfragemacht des Staates zügeln soll. Die vielen Vorschriften und Formalien werden zwar auch von den Bietern als belastend empfunden, letztlich dienen sie aber immer dazu, den Staat zur Einhaltung der bieterschützenden Prinzipien von Wettbewerb, Transparenz und Nichtdiskriminierung zu zwingen.

Auf der Basis der Entscheidung des EuGH in der Rechtssache *Fratelli Costanzo* kann man daher gut vertreten, dass alle in der Koordinierungsrichtlinie enthaltenen Verfahrensvorschriften unmittelbare Geltung beanspruchen können und im Falle widersprechender nationaler Normen diesen vorgehen. So im Übrigen auch der EuGH in der Entscheidung *Großkrotzenburg*, in der er klargestellt hat, dass die Behörden bei einem Genehmigungsverfahren für ein Kraftwerk die damals noch nicht umgesetzten rein verfahrensrechtlichen Vorschriften der Richtlinie zur Umweltverträglichkeitsprüfung 85/337 einzuhalten hatten. Auch hat Generalanwalt M. Elmer in seinem Schlussantrag zu diesem Urteil subjektive Rechte als Folge und nicht als Voraussetzung unmittelbarer Richtlinienwirkung behandelt. Dem schloss sich das Bundesverwaltungsgericht an.

4. Bestehen einer Umsetzungsverpflichtung als Grundvoraussetzung

Die unmittelbare Wirkung einer Richtlinie ist allerdings nur denkbar, wenn den nationalen Gesetzgeber die schon erwähnte Umsetzungspflicht trifft. Diese ergibt sich, wie schon ausgeführt, zunächst allgemein aus Art. 249 Abs. 3 und Art. 10 EGV und zusätzlich aus einer Bestimmung am Ende jeder Richtlinie, die außerdem auch die Umsetzungsfrist vorgibt. Bei der hier fraglichen Koordinierungsrichtlinie ist das Art. 80.

Nicht jede in einer Richtlinie vorgesehene Regelung ist aber auch zwingend in nationales Recht umzusetzen. Gerade in der Koordinierungsrichtlinie finden sich sehr viele „Kann-Bestimmungen". So lautet beispielsweise Art. 54 Abs. 1 Koordinierungsrichtlinie:

> *„Die Mitgliedstaaten* können *festlegen, dass die öffentlichen Auftraggeber elektronische Auktionen durchführen dürfen."*

Damit bleibt es den Mitgliedstaaten überlassen, ob sie die Durchführung elektronischer Auktionen erlauben wollen oder nicht. Wenn die Mitgliedsstaaten aber ein solches Wahlrecht haben, dann kann die Rechtsprechung des EuGH zur unmittelbaren Geltung von Richtlinien bei den fraglichen „Kann-Bestimmungen" nicht greifen. Denn sonst würde die den Staaten gewährte Dispositionsfreiheit völlig leer laufen.

5. Viele „Kann-Bestimmungen" in den Richtlinien

Für die Frage nach der unmittelbaren Wirkung der Richtlinien im Falle ihrer nicht rechtzeitigen Umsetzung hat dies weit reichende Folgen. So stehen etwa alle in der Richtlinie 2004/18/EG neu vorgesehenen Beschaffungsverfahren und -instrumente (wettbewerblicher Dialog, Art. 29, elektronische Auktion, Art. 54, dynamische Beschaffungssysteme, Art. 33, die Möglichkeit zum Abschluss von Rahmenvereinbarungen, Art. 32, die Zulassung von Präqualifikationssystemen, Art. 52 und die Zulassung zentraler Beschaffungsstellen, Art. 11) zur Disposition des nationalen Gesetzgebers. Hierauf wird auch in Erwägungsgrund 16 der Richtlinie 2004/18/EG extra hingewiesen.

Ein Umsetzungszwang besteht auch nicht bezüglich der in Art. 7 ff. Richtlinie 2004/18/EG neu festgesetzten und dabei um 25 % erhöhten Schwellenwerte. Da es sich bei den Schwellenwerten nur um Mindestgrenzen handelt, steht es den Mitgliedsstaaten frei, selbst niedrigere Schwellenwerte festzusetzen und damit den Anwendungsbereich des Vergaberechts zu erweitern. Von dieser Möglichkeit hat der deutsche Gesetzgeber im vorliegenden Entwurf einer Verordnung über die Vergabe öffentlicher Aufträge (Vergabeverordnung/VgV) auch Gebrauch gemacht. Die bestehenden Schwellenwerte, die ebenfalls niedriger sind als die in der Koordinierungsrichtlinie vorgesehen, können demnach problemlos weiter angewendet werden.

Auch bei Art. 26 der Richtlinie 2004/18/EG, der viel diskutieren „Einfallstür" für vergabefremde Aspekte in die Eignungsprüfung, handelt es sich lediglich um eine „Kann-Bestimmung".

Bezüglich dieser Aspekte der Richtlinie 2004/18/EG kommt eine unmittelbare Wirkung der Richtlinie also von vornherein nicht in Betracht.

6. Bilanz

Als Bilanz kann man also festhalten, dass gerade die innovativeren Neuerungen, die in der Richtlinie 2004/18/EG enthalten sind, nicht über den Umweg der unmittelbaren Geltung Einzug ins deutsche Recht halten werden. Das erwähnte neue Verfahren des wettbewerblichen Dialogs ist mittlerweile trotzdem in Deutschland Teil des anwendbaren Rechts geworden. Es ist als Bestandteil des ÖPP-Beschleunigungsgesetzes neu ins GWB und die VgV eingefügt worden.

Trotz der vielen „Kann-Bestimmungen" bleibt noch viel Raum für Überlegungen zu einer unmittelbaren Geltung der Richtlinienvorschriften. Denn nicht der gesamte Inhalt der Richtlinien 2004/18/EG und 2004/17/EG ist dispositiver Natur. Insbesondere gibt es viele verfahrensrechtliche Regelungen die zwingend umzusetzen sind.

II. Die unmittelbar geltenden Normen der Richtlinie 2004/18/EG

1. **Die maßgeblichen Schwellenwerte des § 2 VgV gelten zunächst fort**

Eine Anpassung an die höheren Schwellenwerte der Richtlinie 2004/18/EG bleibt einer förmlichen Änderung der Vergabeverordnung vorbehalten.

Bei den durch die Richtlinie 2004/18/EG vorgegebenen Schwellenwerten handelt es sich nur um Mindestgrenzen für den Anwendungsbereich des Vergaberechts.

Die jetzt noch in der VgV enthaltenen Schwellenwerte liegen unterhalb dieser Mindestgrenze und erweitern damit lediglich den Anwendungsbereich des Vergaberechts.

Gegen eine solche Erweiterung des Geltungsbereichs ist aus europarechtlicher Sicht nichts einzuwenden.

2. **Gleichwertigkeit technischer Spezifikationen**

Wird bei der Verwendung von technischen Spezifikationen (vgl. die §§ 9, 9 a VOB/A, die §§ 8, 8 a VOL/A und § 8 VOF) auf Normen Bezug genommen, so ist gemäß Art. 23 Abs. 3 lit. a der Richtlinie 2004/18/EG jede Bezugnahme mit dem Zusatz „oder gleichwertig" zu versehen. Im Übrigen ist Art. 23 Abs. 4 und 5 der Richtlinie 2004/18/EG zu beachten. Die Vorschriften haben folgenden Wortlaut:

> *„(3) Unbeschadet zwingender einzelstaatlicher Vorschriften, soweit diese mit dem Gemeinschaftsrecht vereinbar sind, sind die technischen Spezifikationen wie folgt zu formulieren:*
> *a) entweder unter Bezugnahme auf die in Anhang VI definierten technischen Spezifikationen in der Rangfolge nationaler Normen, mit denen europäische Normen umgesetzt werden, europäische technische Zulassungen, gemeinsame technische Spezifikationen, internationale Normen und andere technische Bezugsysteme, die von den europäischen Normungsgremien erarbeitet wurden oder, falls solche Normen und Spezifikationen fehlen, mit Bezugnahme auf nationale Normen, nationale technische Zulassungen oder nationale technische Spezifikationen für die Planung, Berechnung*

*und Ausführung von Bauwerken und den Einsatz von Produkten. **Jede Bezugnahme ist mit dem Zusatz „oder gleichwertig" zu versehen;***

...

(4) Macht der öffentliche Auftraggeber von der Möglichkeit Gebrauch, auf die in Absatz 3 Buchstabe a genannten Spezifikationen zu verweisen, so kann er ein Angebot nicht mit der Begründung ablehnen, die angebotenen Waren und Dienstleistungen entsprächen nicht den von ihm herangezogenen Spezifikationen, sofern der Bieter in seinem Angebot dem öffentlichen Auftraggeber mit geeigneten Mitteln nachweist, dass die von ihm vorgeschlagenen Lösungen den Anforderungen der technischen Spezifikation, auf die Bezug genommen wurde, gleichermaßen entsprechen.

Als geeignetes Mittel kann eine technische Beschreibung des Herstellers oder ein Prüfbericht einer anerkannten Stelle gelten."

Künftig soll also der Auftragnehmer die Beweislast für die Erfüllung der Anforderungen der entsprechenden technischen Spezifikation tragen. Das ist nicht unproblematisch. Eine unmittelbare Wirkung zu Lasten des Bürgers/der Unternehmen kennt das Europarecht nicht. Die in Art. 23 Abs. 4 enthaltene Beweislastumkehr wirkt jedoch eindeutig belastend.

Im Verfahren vor den Vergabekammern herrscht in Deutschland aber der Untersuchungsgrundsatz. Die Beweislast liegt daher nach dem geltenden System nicht so klar beim Bieter wie nach der neuen Richtlinie. Daher sollte sich ein öffentlicher Auftraggeber vor der Umsetzung der angeordneten Beweislastumkehr in nationales Recht besser nicht auf diese berufen. Ein Ausschluss wegen mangelnder Gleichwertigkeit sollte nicht einfach damit begründet werden, dass der Bieter seiner Beweislast nicht nachgekommen ist.

„(5) Macht der öffentliche Auftraggeber von der Möglichkeit nach Absatz 3 Gebrauch, die technischen Spezifikationen in Form von Leistungs- oder Funktionsanforderungen zu formulieren, so darf er ein Angebot über Bauleistungen, Waren oder Dienstleistungen, die einer nationalen Norm, mit der eine europäische Norm umgesetzt wird, oder einer europäischen technischen Zulassung, einer gemeinsamen technischen Spezifikation, einer internationalen Norm oder einem tech-

> nischen Bezugssystem, das von den europäischen Normungsgremien erarbeitet wurde, entsprechen, nicht zurückweisen, wenn diese Spezifikationen die von ihm geforderten Leistungs- oder Funktionsanforderungen betreffen.
>
> Der Bieter muss in seinem Angebot mit allen geeigneten Mitteln dem öffentlichen Auftraggeber nachweisen, dass die der Norm entsprechende jeweilige Bauleistung, Ware oder Dienstleistung den Leistungs- oder Funktionsanforderungen des öffentlichen Auftraggebers entspricht.
>
> Als geeignetes Mittel kann eine technische Beschreibung des Herstellers oder ein Prüfbericht einer anerkannten Stelle gelten."

Art. 23 Abs. 5 enthält die gleiche kritische Beweislastumkehr für den Fall, dass die technischen Spezifikationen in der Form von Leistungs- oder Funktionsanforderungen formuliert werden, ohne eine Bezugnahme auf Normen.

Auch diese Beweislastumkehr ist in der Phase der lediglich unmittelbaren Wirkung der Richtlinie 2004/18/EG kritisch zu sehen, weil sie den Bieter belastet.

3. Zulassung und Berücksichtigung von Nebenangeboten und Änderungsvorschlägen

Für die Zulassung und Berücksichtigung von Nebenangeboten und Änderungsvorschlägen bei der Wertung von Angeboten (§ 10 Nr. 5 Abs. 4 VOB/A, §§ 25, 25 a VOB/A, § 17 Nr. 3 Abs. 5 VOL/A, § 25 VOL/A, § 16 VOF) ist die Regelung des Art. 24 Abs. 2, 3 und 4 Satz 1 der Richtlinie 2004/18/EG über die Berücksichtigung von Varianten zu beachten. Die Vorschrift hat folgenden Wortlaut:

> „(2) Die öffentlichen Auftraggeber geben in der Bekanntmachung an, ob Varianten zulässig sind; fehlt eine entsprechende Angabe, so sind keine Varianten zugelassen.
>
> (3) Lassen die öffentlichen Auftraggeber Varianten zu, so nennen sie in den Verdingungsunterlagen die Mindestanforderungen, die Varianten erfüllen müssen, und geben an, in welcher Art und Weise sie einzureichen sind.

*(4) Die öffentlichen Auftraggeber **berücksichtigen nur Varianten, die die von ihnen verlangten Mindestanforderungen erfüllen.**
..."*

Durch diese Richtliniennorm wird die *Traunfellner*-Entscheidung des EuGH umgesetzt. Künftig müssen die Mindestbedingungen für Nebenangebote ausdrücklich in den Verdingungsunterlagen genannt werden.

Nur Nebenangebote, die diese Mindestbedingungen erfüllen, dürfen auch bei der Auftragsvergabe berücksichtigt werden.

4. Rahmenvereinbarungen

Beim Abschluss von Rahmenvereinbarungen gilt § 3 Abs. 8 VgV mit folgenden Maßgaben:

(a) Für die Laufzeit von Rahmenverträgen ist die Regelung des Art. 32 Abs. 2 und 4. Unterabsatz der Richtlinie 2004/18/EG zu beachten. Die Vorschrift hat folgenden Wortlaut:

> *„Mit Ausnahme von Sonderfällen, in denen dies insbesondere aufgrund des Gegenstands der Rahmenvereinbarung gerechtfertigt werden kann, **darf die Laufzeit der Rahmenvereinbarung vier Jahre nicht überschreiten.***
> *Der öffentliche Auftraggeber darf das Instrument der Rahmenvereinbarung nicht missbräuchlich oder in einer Weise anwenden, durch die der Wettbewerb behindert, eingeschränkt oder verfälscht wird."*

Künftig gibt es damit eine Laufzeitbeschränkung auf vier Jahre bei Rahmenvereinbarungen. Rahmenvereinbarungen sind auf ihren wettbewerbsbeschränkenden Effekt hin zu untersuchen.

(b) Für Rahmenvereinbarungen mit mehreren Wirtschaftsteilnehmern ist die Regelung des Art. 32 Abs. 4 der Richtlinie 2004/18/EG zu beachten. Die Vorschrift hat folgenden Wortlaut:

> *„(4) Wird eine Rahmenvereinbarung mit mehreren Wirtschaftsteilnehmern geschlossen, so müssen mindestens drei Parteien beteiligt sein, sofern eine ausreichend große Zahl von Wirtschaftsteilneh-*

mern die Eignungskriterien und/oder eine ausreichend große Zahl von zulässigen Angeboten die Zuschlagskriterien erfüllt.

Die Vergabe von Aufträgen, die auf einer mit mehreren Wirtschaftsteilnehmern geschlossenen Rahmenvereinbarung beruhen, erfolgt
– entweder nach den Bedingungen der Rahmenvereinbarung ohne erneuten Aufruf zum Wettbewerb
– oder, sofern nicht alle Bedingungen in der Rahmenvereinbarung festgelegt sind, nach erneutem Aufruf der Parteien zum Wettbewerb zu denselben Bedingungen, die erforderlichenfalls zu präzisieren sind, oder gegebenenfalls nach anderen, in den Verdingungsunterlagen der Rahmenvereinbarung genannten Bedingungen, und zwar nach folgendem Verfahren:
   a) Vor Vergabe jedes Einzelauftrags konsultieren die öffentlichen Auftraggeber schriftlich die Wirtschaftsteilnehmer, die in der Lage sind, den Auftrag auszuführen.
   b) Die öffentlichen Auftraggeber setzen eine hinreichende Frist für die Abgabe der Angebote für jeden Einzelauftrag; dabei berücksichtigen sie unter anderem die Komplexität des Auftragsgegenstands und die für die Übermittlung der Angebote erforderliche Zeit.
   c) Die Angebote sind schriftlich einzureichen, ihr Inhalt ist bis zum Ablauf der Einreichungsfrist geheim zu halten.
   d) Die öffentlichen Auftraggeber vergeben die einzelnen Aufträge an den Bieter, der auf der Grundlage der in den Verdingungsunterlagen der Rahmenvereinbarung aufgestellten Zuschlagskriterien das jeweils beste Angebot vorgelegt hat."

Künftig existieren auch für die Einzelauftragsvergabe im Rahmen von Rahmenvereinbarungen verfahrensrechtliche Regeln, die genau einzuhalten sind.

5. Bekanntmachungen

§ 14 VgV gilt mit der Maßgabe, dass bei Bekanntmachungen im Amtsblatt der Europäischen Union die Bezeichnungen des „Gemeinsamen Vokabulars für das öffentliche Auftragswesen" (Common Procurement Vocabulary/CPV) zu verwenden sind (Art. 36 Richtlinie 2004/18/EG).

Im Übrigen wird auf die Bekanntmachung vom 31. Oktober 2005 (BAnz. Nr. 228 a) der Verordnung (EG) Nr. 1564/2005 der Kommission vom 7. September 2005 zur Einführung von Standardformularen für die Veröffentlichung von Vergabebekanntmachungen im Rahmen von Verfahren zur Vergabe öffentlicher Aufträge gemäß der Richtlinie 2004/17/EG und der Richtlinie 2004/18/EG des Europäischen Parlaments und des Rates verwiesen.

6. Unterrichtung der Bewerber und Bieter

(a) Für die Unterrichtung der Bewerber und Bieter über den Verzicht auf die Vergabe (vgl. § 26 a VOB/A, § 26 a VOL/A und § 17 Abs. 5 VOF) ist die Regelung des Art. 41 Abs. 1 der Richtlinie 2004/18/EG zu beachten. Die Vorschrift hat folgenden Wortlaut:

> „(1) Der öffentliche Auftraggeber teilt den Bewerbern und Bietern **schnellstmöglich**, auf Antrag auch schriftlich, seine Entscheidungen über den Abschluss einer Rahmenvereinbarung, die Zuschlagserteilung oder die Zulassung zur Teilnahme an einem dynamischen Beschaffungssystem mit, einschließlich der Gründe, aus denen beschlossen wurde, auf den Abschluss einer Rahmenvereinbarung oder die Vergabe eines Auftrags, für den eine Ausschreibung stattgefunden hat, zu verzichten und das Verfahren erneut einzuleiten bzw. kein dynamisches Beschaffungssystem einzurichten."

(b) Für die Unterrichtung der nicht berücksichtigten Bieter oder Bewerber (vgl. § 27 a Nr. 1 Abs. 1 VOB/A, § 27 a Nr. 1 VOL/A und § 17 Abs. 4 VOF) ist die Regelung des Art. 41 Abs. 2 der Richtlinie 2004/18/EG zu beachten. Die Vorschrift hat folgenden Wortlaut:

> „(2) Auf Verlangen der betroffenen Partei unterrichtet der öffentliche Auftraggeber **unverzüglich**
> – jeden nicht erfolgreichen Bewerber über die Gründe für die Ablehnung seiner Bewerbung,
> – jeden nicht berücksichtigten Bieter über die Gründe für die Ablehnung seines Angebots; dazu gehört in den Fällen des Artikels 23 Absätze 4 und 5 eine Unterrichtung über die Gründe für seine Entscheidung, dass keine Gleichwertigkeit vorliegt oder dass die

> *Bauarbeiten, Lieferungen oder Dienstleistungen nicht den Leistungs- oder Funktionsanforderungen entsprechen,*
> – *jeden Bieter, der ein ordnungsgemäßes Angebot eingereicht hat, über die Merkmale und Vorteile des ausgewählten Angebots sowie über den Namen des Zuschlagsempfängers oder der Parteien der Rahmenvereinbarung.*
>
> *Der Beantwortungszeitraum darf eine Frist von 15 Tagen ab Eingang der schriftlichen Anfrage auf keinen Fall überschreiten."*

Art. 41 enthält unmittelbar anwendbare Regelungen über die Unterrichtung der Bieter für die bisher nicht in den Verdingungsordnungen vorgesehenen Rahmenvereinbarungen und dynamische Beschaffungssysteme.

Ansonsten geht 13 VgV teilweise sogar weiter als Art. 41, so dass es eigentlich keiner unmittelbaren Anwendung bedarf.

7. Vorschriften über Mitteilungen

Für Mitteilungen und die Übermittlung von Informationen sowie Anforderungen an die Kommunikationsmittel ist die Regelung des Art. 42 der Richtlinie 2004/18/EG zu beachten. Die Vorschrift hat folgenden Wortlaut:

> *„(1) Jede Mitteilung sowie jede in diesem Titel genannte Übermittlung von Informationen kann nach Wahl des öffentlichen Auftraggebers per Post, per Fax, auf elektronischem Wege gemäß den Absätzen 4 und 5, auf telefonischem Wege in den in Absatz 6 genannten Fällen und unter den dort aufgeführten Bedingungen oder durch eine Kombination dieser Kommunikationsmittel erfolgen.*
> *(2) Die gewählten Kommunikationsmittel müssen allgemein verfügbar sein; sie dürfen daher nicht dazu führen, dass der Zugang der Wirtschaftsteilnehmer zum Vergabeverfahren beschränkt wird.*
> *(3) Bei der Mitteilung bzw. Übermittlung und Speicherung von Informationen sind die Integrität der Daten und die Vertraulichkeit der Angebote und der Anträge auf Teilnahme zu gewährleisten; der öffentliche Auftraggeber darf vom Inhalt der Angebote und der Anträge auf Teilnahme erst nach Ablauf der Frist für ihre Einreichung Kenntnis erhalten.*
> *(4) Die für die elektronische Übermittlung zu verwendenden Mittel und ihre technischen Merkmale dürfen keinen diskriminierenden Cha-*

rakter haben und müssen allgemein zugänglich sowie mit den allgemein verbreiteten Erzeugnissen der Informations- und Kommunikationstechnologie kompatibel sein.

(5) Für die Vorrichtungen zur Übermittlung und für den elektronischen Eingang von Angeboten sowie für die Vorrichtungen für den elektronischen Eingang der Anträge auf Teilnahme gelten die folgenden Bestimmungen:

a) Die Informationen über die Spezifikationen, die für die elektronische Übermittlung der Angebote und Anträge auf Teilnahme erforderlich sind, einschließlich der Verschlüsselung, müssen den interessierten Parteien zugänglich sein. Außerdem müssen die Vorrichtungen, die für den elektronischen Eingang der Angebote und Anträge auf Teilnahme verwendet werden, den Anforderungen des Anhangs X genügen. ..."

Bei Anwendung dieser Vorschriften ist Folgendes zu beachten:
(a) Wahlmöglichkeit der Auftraggeber für die Kommunikationsmittel:
Durch die in Art. 42 Abs. 1 geregelte Wahlmöglichkeit wird zwar der Grundsatz der schriftlichen, papiergestützten öffentlichen Auftragsvergabe nach den Vorgänger-Richtlinien aufgegeben. Dadurch wird eine ausschließliche elektronische Auftragsvergabe möglich, in der auch nur elektronische Angebote angenommen werden dürfen. Allerdings kann von diesem Ermessen nicht Gebrauch gemacht werden, wenn die deutschen Vergaberegeln dies nicht vorsehen.

(b) Anforderungen an die Integrität der Daten und Vertraulichkeit der Anträge auf Teilnahme bei Übermittlung und Speicherung:
Die Auftraggeber haben bei Übermittlung und Speicherung die Integrität der Daten und die Vertraulichkeit der Teilnahmeanträge auf geeignete Weise zu gewährleisten; per Post oder direkt übermittelte Teilnahmeanträge sind in einem verschlossenen Umschlag einzureichen, als solche zu kennzeichnen und bis zum Ablauf der für ihre Einreichung vorgesehenen Frist unter Verschluss zu halten. Bei elektronisch übermittelten Teilnahmeanträgen ist dies durch entsprechende organisatorische und/oder technische Lösungen nach den Anforderungen des Auftraggebers und durch Verschlüsselung sicherzustellen. Die Verschlüsselung muss bis zum Ablauf der für ihre Einreichung vorgesehenen Frist aufrechterhalten werden.

(c) Definitionen:
- Bei den elektronischen Kommunikationsmitteln gemäß Abs. 2 handelt es sich um Netze, die digitale Signale erfassen und weiterleiten können. Derzeit zählen zu diesen allgemein zugänglichen elektronischen Kommunikationsmitteln Internet und Email.
- Bei den für die elektronische Übermittlung zu verwendeten Mitteln und ihren technischen Merkmale gemäß Abs. 4 handelt es sich um Programme (Software), die von Auftraggebern und Unternehmen genutzt werden.
- Bei den Vorrichtungen gemäß Abs. 5 handelt es sich um die Geräte (Hardware) für die Übermittlung und den Empfang von Teilnahmeanträgen und Angeboten.
- Der Begriff „schriftlich" im Sinne der Richtlinie umfasst jede aus Wörtern oder Ziffern bestehende Darstellung, die gelesen, reproduziert und mitgeteilt werden kann. Darin können auch elektronisch übermittelte und gespeicherte Informationen enthalten sein. Dies entspricht der Textform gemäß § 126 b BGB.
- Der Begriff „elektronisch" im Sinne der Richtlinie umfasst ein Verfahren, bei dem elektronische Geräte für die Verarbeitung (einschließlich digitaler Kompression) und Speicherung von Daten zum Einsatz kommen und bei dem Informationen über Kabel, Funk, mit optischen oder anderen elektromagnetischen Verfahren übertragen, weitergeleitet und empfangen werden können.

8. Inhalt der Vergabevermerke

Vergabevermerke (vgl. die §§ 30 und 33 a VOB/A, die §§ 30 und 30 a VOL/A und die §§ 18 und 19 VOF) sind so anzufertigen, dass sie stets die in Art. 43 der Richtlinie 2004/18/EG aufgeführten Angaben enthalten. Die Vorschrift hat folgenden Wortlaut:

> „Die öffentlichen Auftraggeber fertigen über jeden vergebenen Auftrag, jede Rahmenvereinbarung und jede Einrichtung eines dynamischen Beschaffungssystems einen Vergabevermerk an, der mindestens Folgendes umfasst:
> a) den Namen und die Anschrift des öffentlichen Auftraggebers, Gegenstand und Wert des Auftrags, der Rahmenvereinbarung oder des dynamischen Beschaffungssystems;

b) die Namen der berücksichtigten Bewerber oder Bieter und die Gründe für ihre Auswahl;
c) die Namen der nicht berücksichtigten Bewerber oder Bieter und die Gründe für die Ablehnung;
d) **die Gründe für die Ablehnung von ungewöhnlich niedrigen Angeboten;**
e) den Namen des erfolgreichen Bieters und die Gründe für die Auswahl seines Angebots sowie – falls bekannt – den Anteil am Auftrag oder **an der Rahmenvereinbarung**, den der Zuschlagsempfänger an Dritte weiterzugeben beabsichtigt;
f) bei Verhandlungsverfahren die in den Artikeln 30 und 31 genannten Umstände, die die Anwendung dieses Verfahrens rechtfertigen;
g) **bei dem wettbewerblichen Dialog die in Artikel 29 genannten Umstände, die die Anwendung dieses Verfahrens rechtfertigen;**
h) gegebenenfalls die Gründe, aus denen der öffentliche Auftraggeber auf die Vergabe eines Auftrags, den Abschluss einer Rahmenvereinbarung oder die Einrichtung eines dynamischen Beschaffungssystems **verzichtet hat.**

Die öffentlichen Auftraggeber treffen geeignete Maßnahmen, um den Ablauf der mit elekronischen Mitteln durchgeführten Vergabeverfahren zu dokumentieren.
Der Vermerk bzw. sein wesentlicher Inhalt wird der Kommission auf deren Ersuchen mitgeteilt."

Es gibt nunmehr detaillierte Vorgaben für den Mindestinhalt der Vergabevermerke. Art. 43 ist insoweit wesentlich genauer als die deutschen Verdingungsordnungen.

9. Eignung der Bewerber und Bieter

Das Ermessen des Auftraggebers bei der Entscheidung über einen Ausschluss von Bewerbern und Bietern vom Vergabeverfahren wegen Unzuverlässigkeit nach den Regelungen von § 8 Nr. 5 VOB/A, § 7 Nr. 5 VOL/A und § 11 VOF wird in den Fällen des Art. 45 Abs. 1 der Richtlinie 2004/18/EG eingeschränkt. Die Vorschrift hat folgenden Wortlaut:

> *„(1) Ein Bewerber oder Bieter ist von der Teilnahme an einem Vergabeverfahren auszuschließen, wenn der öffentliche Auftraggeber Kenntnis davon hat, dass dieser Bewerber oder Bieter aus einem der nachfolgenden Gründe rechtskräftig verurteilt worden ist:*
> *a) Beteiligung an einer kriminellen Organisation im Sinne von Artikel 2 Absatz 1 der gemeinsamen Maßnahme 98/773/JI des Rates (ABl. L 351 vom 29.1.1998; S.1),*
> *b) Bestechung im Sinne von Artikel 3 des Rechtsakts des Rates vom 26. Mai 1997 (ABl. C 195 vom 25.6.1997, S. 1) und von Artikel 3 Absatz 1 der gemeinsamen Maßnahme 98/742/JI des Rates (ABl. L 358 vom 31.12.1998, S. 2),*
> *c) Betrug im Sinne von Artikel 1 des Übereinkommens über den Schutz der finanziellen Interessen der Europäischen Gemeinschaften (ABl. C 316 vom 27.11.1995, S. 48),*
> *d) Geldwäsche im Sinne von Artikel 1 der Richtlinie 91/308/EWG des Rates vom 10. Juni 1991 zur Verhinderung der Nutzung des Finanzsystems zum Zwecke der Geldwäsche (ABl. L 166 vom 28.6.1991, S. 77. Geändert durch die Richtlinie 2001/97/EG des Europäischen Parlaments und des Rates (ABl. L 344 vom 28.12.2001, S. 76).*
> *Die Mitgliedstaaten legen im Einklang mit ihren nationalen Rechtsvorschriften und unter Beachtung des Gemeinschaftsrechts die Bedingungen für die Anwendung dieses Absatzes fest.*
>
> *Sie können Ausnahmen von der in Unterabsatz 1 genannten Verpflichtung aus zwingenden Gründen des Allgemeininteresses zulassen."*

Es existiert damit zukünftig ein Katalog von zwingenden Ausschlussgründen. Bis zur Umsetzung des Art. 45 in nationales Recht muss der öffentliche Auftraggeber aber weiter Ermessen ausüben! Tut er es nicht, wendet er eine Richtlinienvorschrift zu Lasten des Bieters unmittelbar an, was nicht zulässig ist. Allerdings hat sich die Ermessensausübung an der Richtlinie zu orientieren, so dass auch ohne eine Umsetzung die Ermessensausübung nur zum Ausschluss führen kann.

> *„Zum Zwecke der Anwendung dieses Absatzes verlangen die öffentlichen Auftraggeber gegebenenfalls von den Bewerbern oder Bietern die Vorlage der in Absatz 3 genannten Unterlagen, und sie können*

die nach ihrem Ermessen erforderlichen Informationen über die persönliche Lage dieser Bewerber oder Bieter bei den zuständigen Behörden einholen, wenn sie Bedenken in Bezug auf die persönliche Lage dieser Bewerber oder Bieter haben. Betreffen die Informationen einen Bewerber oder Bieter, der in einem anderen Staat als der öffentliche Auftraggeber ansässig ist, so kann dieser die zuständigen Behörden um Mitarbeit ersuchen. Nach Maßgabe des nationalen Rechts des Mitgliedstaats, in dem der Bewerber oder Bieter ansässig ist, betreffen diese Ersuchen juristische und/oder natürliche Personen, gegebenenfalls auch die jeweiligen Unternehmensleiter oder jede andere Person, die befugt ist, den Bewerber oder Bieter zu vertreten, in seinem Namen Entscheidungen zu treffen oder ihn zu kontrollieren.

...

(3) **Als ausreichenden Nachweis** *dafür, dass die in Absatz 1 (...) genannten Fälle auf den Wirtschaftsteilnehmer nicht zutreffen,* **akzeptiert der öffentliche Auftraggeber** *a) im Fall von Absatz 1 (...) einen* **Auszug aus dem Strafregister** *oder – in Ermangelung eines solchen* **– eine gleichwertige Urkunde einer zuständigen Gerichts- oder Verwaltungsbehörde des Ursprungs- oder Herkunftslands***, aus der hervorgeht, dass diese Anforderungen erfüllt sind ..."*

Das Nachweisverfahren ist künftig genau geregelt.

„Wird eine Urkunde oder Bescheinigung von dem betreffenden Land nicht ausgestellt oder werden darin nicht alle in Absatz 1 (...) vorgesehenen Fälle erwähnt, so kann sie durch eine eidesstattliche Erklärung oder in den Mitgliedstaaten, in denen es keine eidesstattliche Erklärung gibt, durch eine förmliche Erklärung ersetzt werden, die die betreffenden Wirtschaftsteilnehmer vor einer zuständigen Gerichts- oder Verwaltungsbehörde, einem Notar oder einer dafür qualifizierten Berufsorganisation des Ursprungs- und Herkunftslands abgibt.

(4) Die Mitgliedstaaten benennen die für die Ausgabe der Urkunden, Bescheinigungen oder Erklärungen nach Absatz 3 zuständigen Behörden und Stellen und unterrichten davon die Kommission. Die datenschutzrechtlichen Bestimmungen bleiben von dieser Mitteilung unberührt."

Auch die Nachweisproblematik bei grenzüberschreitenden Sachverhalten ist künftig geregelt.

Für die Anwendung des Art. 45 der Richtlinie 2004/18/EG ist auf Folgendes hinzuweisen:

(a) Die Vorschrift des Art. 45 Abs. 1 der Richtlinie 2004/18/EG ist, bis zu der Verabschiedung einer Vorschrift über die Zurechnung von Straftaten zu juristischen Personen und Personenvereinigungen, nur auf rechtskräftige Verurteilungen von Einzelkaufleuten anwendbar, die als Bieter oder Bewerber an einem Vergabeverfahren teilnehmen. Die nach geltendem Recht bestehenden Möglichkeiten zum Ausschluss von juristischen Personen und Personenvereinigungen wegen Unzuverlässigkeit bleiben unberührt.

(b) Die in Art. 45 Abs. 1 der Richtlinie 2004/18/EG genannten Vorschriften sind insbesondere durch folgende Strafvorschriften in das deutsche Recht umgesetzt worden:

(1) § 129 des Strafgesetzbuches (Bildung krimineller Vereinigungen); § 129 a des Strafgesetzbuches (Bildung terroristischer Vereinigungen), § 129 b des Strafgesetzbuches (kriminelle und terroristische Vereinigungen im Ausland),

(2) § 261 des Strafgesetzbuches (Geldwäsche, Verschleierung unrechtmäßig erlangter Vermögenswerte),

(3) § 263 des Strafgesetzbuches (Betrug), soweit sich die Straftat gegen den Haushalt der EG oder gegen Haushalte richtet, die von der EG oder in ihrem Auftrag verwaltet werden,

(5) § 264 des Strafgesetzbuches (Subventionsbetrug), soweit sich die Straftat gegen den Haushalt der EG oder gegen Haushalte richtet, die von der EG oder in ihrem Auftrag verwaltet werden,

(6) § 334 des Strafgesetzbuches (Bestechung), auch in Verbindung mit Art. 2 des EU-Bestechungsgesetzes, Art. 2 § 1 des Gesetzes zur Bekämpfung internationaler Bestechung, Art. 7 Abs. 2 Nr. 10 des Vierten Strafrechtsänderungsgesetzes und § 2 des Gesetzes über das Ruhen der Verfolgungsverjährung und die Gleichstellung der Richter und Bediensteten des Internationalen Strafgerichtshofes,

(7) Art. 2 § 2 des Gesetzes zur Bekämpfung internationaler Bestechung (Bestechung ausländischer Abgeordneter im Zusammenhang mit internationalem Geschäftsverkehr),

(8) § 370 Abgabenordnung, auch in Verbindung mit § 12 MOG, soweit sich die Straftat gegen den Haushalt der EG oder gegen Haushalte richtet, die von der EG oder in ihrem Auftrag verwaltet werden.

(c) Von einem Ausschluss nach Art. 45 Abs. 1 der Richtlinie 2004/18/EG kann nur abgesehen werden, wenn zwingende Gründe des Allgemeininteresses vorliegen und andere Unternehmen die Leistung nicht angemessen erbringen können.

10. Nachweis der Erfüllung von Qualitätssicherungsnormen und Normen für Umweltmanagement

Zum Nachweis der Erfüllung von Qualitätssicherungsnormen und Normen für Umweltmanagement (vgl. § 8 Nr. 3 und Nr. 4 VOB/A, § 7 a Nr. 4 VOL/A, die §§ 12 und 13 VOF) sind auch die Vorschriften der Art. 49 und 50 der Richtlinie 2004/18/EG anzuwenden. Die Vorschriften haben folgenden Wortlaut:

„Verlangen die öffentlichen Auftraggeber zum Nachweis dafür, dass der Wirtschaftsteilnehmer bestimmte Qualitätssicherungsnormen erfüllt, die Vorlage von Bescheinigungen unabhängiger Stellen, so nehmen sie auf Qualitätssicherungsverfahren Bezug, die den einschlägigen europäischen Normen genügen und von entsprechenden Stellen zertifiziert sind, die den europäischen Zertifizierungsnormen entsprechen. Gleichwertige Bescheinigungen von Stellen aus anderen Mitgliedstaaten sind anzuerkennen. Die öffentlichen Auftraggeber erkennen auch andere gleichwertige Nachweise für Qualitätssicherungsmaßnahmen an."

„Verlangen die öffentlichen Auftraggeber in den in Artikel 48 Absatz 2 Buchstabe f genannten Fällen zum Nachweis dafür, dass der Wirtschaftsteilnehmer bestimmte Normen für das Umweltmanagement erfüllt, die Vorlage von Bescheinigungen unabhängiger Stellen, so nehmen sie auf das Gemeinschaftssystem für das Umweltmanagement und die Umweltbetriebsprüfung (EMAS) oder auf Normen für das Umweltmanagement Bezug, die auf den einschlägigen europäischen oder internationalen Normen beruhen und von entsprechenden Stellen zertifiziert sind, die dem Gemeinschaftsrecht oder

einschlägigen europäischen oder internationalen Zertifizierungsnormen entsprechen. Gleichwertige Bescheinigungen von Stellen in anderen Mitgliedstaaten sind anzuerkennen. Die öffentlichen Auftraggeber erkennen auch andere Nachweise für gleichwertige Umweltmanagement-Maßnahmen an, die von den Wirtschaftsteilnehmern vorgelegt werden."

Es gibt nunmehr eine Pflicht zur Bezugnahme auf europäische Qualitäts- und Umweltmanagementnormen oder gleichwertige Bescheinigungen, wenn entsprechende Nachweise verlangt werden. Auf welche konkreten Qualitätssicherungsnormen abzustellen ist, lässt sich der Richtlinie nicht entnehmen. Eine eindeutige Aussage kann aber dem Kommissionsvorschlag zur Sektorenrichtlinie vom 31. August 2000 entnommen werden. Hiernach sind die Normen aus der Serie EN 29000 maßgeblich. Die Serie EN 29000 übernahm die entsprechenden Regelungen der Normenreihe ISO 9000. Die aktuelle EN ISO 9000:2000 definiert Qualitätssicherung als „Teil des Qualitätsmanagements, der durch das Erzeugen von Vertrauen darauf gerichtet ist, dass Qualitätsanforderungen erfüllt werden". Qualitätssicherung ist der unternehmensinterne Prozess, der sicherstellen soll, dass ein hergestelltes Produkt ein festgelegtes Qualitätsniveau erreicht. Es ist daher primär darauf abzustellen, ob die Anforderungen der Serie EN 29000 bzw. der Serie EN ISO 9000:2000 erfüllt werden.

11. Gewichtung von Zuschlagskriterien und ihre Bekanntmachung

Für die Gewichtung von Zuschlagskriterien und ihre Bekanntmachung (vgl. die §§ 10 a, 25 Nr. 3 Abs. 3 VOB/A, die §§ 9 a, 25 Nr. 3 VOL/A und § 16 VOF) sind die Regelungen des Art. 40 Abs. 5 lit. e und 53 Abs. 2, in Verbindung mit Art. 53 Abs. 1 lit. a der Richtlinie 2004/18/EG anzuwenden. Dabei ist zu berücksichtigen, dass im deutschen Recht gemäß § 97 Abs. 5 GWB der Zuschlag stets dem wirtschaftlichsten Angebot zu erteilen ist. Insofern erübrigt sich an dieser Stelle die Zitierung der Alternative des Artikels 53 Abs. 1 lit. b der Richtlinie 2004/18/EG. Die Vorschriften der Richtlinie haben folgenden Wortlaut:

(a) Art. 40

„(5) Die Aufforderung zur Angebotsabgabe, zur Verhandlung bzw. – im Falle des wettbewerblichen Dialogs – zur Teilnahme am Dialog enthält mindestens Folgendes:

...

e) die **Gewichtung der Zuschlagskriterien oder gegebenenfalls die absteigende Reihenfolge der Bedeutung dieser Kriterien, wenn sie nicht in der Bekanntmachung, den Verdingungsunterlagen oder der Beschreibung enthalten sind.**"

...

(b) Art. 53

„*(1) Der öffentliche Auftraggeber wendet unbeschadet der für die Vergütung von bestimmten Dienstleistungen geltenden einzelstaatlichen Rechts- und Verwaltungsvorschriften bei der Erteilung des Zuschlags folgende Kriterien an:*

a) *entweder – wenn der Zuschlag auf das aus Sicht des öffentlichen Auftraggebers wirtschaftlich günstigste Angebot erfolgt – verschiedene mit dem Auftragsgegenstand zusammenhängende Kriterien, z.B. Qualität, Preis, technischer Wert, Ästhetik, Zweckmäßigkeit, Umwelteigenschaften, Betriebskosten, Rentabilität, Kundendienst und technische Hilfe, Lieferzeitpunkt und Lieferungs- oder Ausführungsfrist*

...

(2) Unbeschadet des Unterabsatzes 3 **gibt der öffentliche Auftraggeber** *im Fall von Absatz 1 Buchstabe a* **in der Bekanntmachung oder den Verdingungsunterlagen oder – beim wettbewerblichen Dialog – in der Beschreibung an, wie er die einzelnen Kriterien gewichtet,** *um das wirtschaftlich günstigste Angebot zu ermitteln.*

Diese Gewichtung kann mittels einer Marge angegeben werden, deren größte Bandbreite angemessen sein muss.

Kann nach Ansicht des öffentlichen Auftraggebers die Gewichtung aus nachvollziehbaren Gründen nicht angegeben werden, so gibt der öffentliche Auftraggeber in der Bekanntmachung oder in den Verdingungsunterlagen oder – beim wettbewerblichen Dialog – in der Beschreibung die Kriterien in der absteigenden Reihenfolge ihrer Bedeutung an."

Art. 40 Abs. 5 lit. e: Die Gewichtung der Zuschlagskriterien oder gegebenenfalls die absteigende Reihenfolge der Bedeutung dieser Kriterien muss in der Aufforderung zur Angebotsabgabe, zur Verhandlung bzw. zur Teilnahme am Dialog angegeben werden, wenn sie nicht in der Bekanntmachung, den Verdingungsunterlagen oder der Beschreibung enthalten ist.

Art. 53 Abs. 1 lit. a ist genauer als § 97 Abs. 4 und 5 GWB. Künftig müssen beim Zuschlag auf das wirtschaftlichste Angebot die Kriterien mit dem Auftragsgegenstand zusammenhängen (wichtig für die Diskussion um die Einbeziehung vergabefremder Aspekte). Auch muss das Angebot „aus der Sicht des Auftraggebers" das wirtschaftlich günstigste sein.

Art. 53 Abs. 2: Der Auftraggeber hat in der Bekanntmachung, den Verdingungsunterlagen oder beim wettbewerblichen Dialog in der Beschreibung anzugeben, wie er die einzelnen Kriterien gewichtet, um das wirtschaftlich günstigste Angebot zu ermitteln. Nur für den Fall, dass dies aus nachvollziehbaren Gründen nicht möglich ist, reicht es aus, die Wirtschaftlichkeitskriterien in der absteigenden Reihenfolge ihrer Bedeutung anzugeben.

12. Ungewöhnlich niedrige Angebote

(a) Bei ungewöhnlich niedrigen Angeboten im Liefer- und Dienstleistungsbereich gilt die Regelung von Art. 55 Abs. 1 der Richtlinie 2004/18/EG. Die Vorschrift hat folgenden Wortlaut:

> *„Erwecken im Falle eines Auftrags Angebote den Eindruck, im Verhältnis zur Leistung ungewöhnlich niedrig zu sein, so **muss der öffentliche Auftraggeber vor Ablehnung dieser Angebote schriftlich Aufklärung über die Einzelposten des Angebotes verlangen**, wo er dies für angezeigt hält."*

Künftig ist vor der Ablehnung eine schriftliche Aufklärung über die kritischen Einzelposten zu verlangen.

(b) Bei ungewöhnlich niedrigen Angeboten wegen des Erhalts einer staatlichen Beihilfe ist – in Ergänzung zu § 25 Nr. 3 Abs. 2 VOB/A, § 25 Nr. 2 Abs. 2 VOL/A und § 16 VOF – die Regelung des Art. 55 Abs. 3 der Richtlinie 2004/18/EG zu beachten. Die Vorschrift hat folgenden Wortlaut:

> *„(3) Stellt der öffentliche Auftraggeber fest, dass ein Angebot ungewöhnlich niedrig ist, weil der Bieter eine staatliche Beihilfe erhalten hat, so darf er das Angebot allein aus diesem Grund nur*

> *nach Rücksprache mit dem Bieter ablehnen, sofern dieser binnen einer von dem öffentlichen Auftraggeber festzulegenden ausreichenden Frist nicht nachweisen kann, dass die betreffende Beihilfe rechtmäßig gewährt wurde. Lehnt der öffentliche Auftraggeber ein Angebot unter diesen Umständen ab, so teilt er dies der Kommission mit."*

Die in dieser Vorschrift enthaltene Beweislastumkehr ist wiederum sehr kritisch zu beurteilen. Sich als Auftraggeber unmittelbar auf diese Beweislastumkehr zu berufen, liefe erneut auf eine den Bieter belastende und damit nicht zulässige unmittelbare Anwendung einer Richtlinienvorschrift hinaus.

Ein öffentlicher Auftraggeber, der sich schlicht auf die Beweislastumkehr beruft und sein Ermessen erkennbar gar nicht ausübt, macht sich angreifbar.

13. Bereits erfolgte Umsetzungen durch das Gesetz zur Beschleunigung der Umsetzung von Öffentlich Privaten Partnerschaften und zur Verbesserung gesetzlicher Rahmenbedingungen für Öffentlich Private Partnerschaften

Einige Bestimmungen der Richtlinie 2004/18/EG sind bereits durch das Gesetz zur Beschleunigung der Umsetzung von Öffentlich Private Partnerschaften und zur Verbesserung gesetzlicher Rahmenbedingungen für Öffentlich Private Partnerschaften vom 1. September 2005 (BGBl. I vom 7. September 2005, S. 2676) in das deutsche Recht umgesetzt worden. Hierbei sind insbesondere die folgenden Punkte zu erwähnen. Im Übrigen wird auf die Ausführungen in Teil B. verwiesen.

a. Keine Verpflichtung zur Annahme einer bestimmten Rechtsform für Bietergemeinschaften vor Zuschlagserteilung

Diese Regelung des Art. 4 Abs. 2 der Richtlinie 2004/18/EG ist für Bauleistungen durch § 6 Abs. 2 Nr. 1 VgV umgesetzt worden.

Für Liefer- und Dienstleistungsaufträge gilt die entsprechende Regelung bereits nach § 7 a Nr. 2 Abs. 6 VOL/A.

b. Wettbewerblicher Dialog

Die Regelung des Art. 29 der Richtlinie 2004/18/EG ist durch § 101 Abs. 1 und 5 GWB und durch § 6 a VgV umgesetzt worden.

Diese Regelungen sind daher bereits von Gesetzes wegen zu beachten und anzuwenden.

14. **Abgrenzung von Aufträgen, die unter die Richtlinie 2004/18/EG fallen, von Aufträgen, die unter die Richtlinie 2004/17/EG zur Koordinierung der Zuschlagserteilung durch Auftraggeber im Bereich der Wasser-, Energie- und Verkehrsversorgung sowie der Postdienste fallen**

Zur Abgrenzung von Aufträgen, die unter die Richtlinie 2004/18/EG fallen, von Aufträgen, die unter die Richtlinie 2004/17/EG fallen, und solchen, die unter keine der genannten Richtlinien fallen, ist Art. 9 der Richtlinie 2004/17/EG zu beachten. Die Vorschrift hat folgenden Wortlaut:

„(1) Für einen Auftrag zur Durchführung mehrerer Tätigkeiten gelten die Vorschriften für die Tätigkeit, die den Hauptgegenstand darstellt.

Die Wahl zwischen der Vergabe eines einzigen Auftrags und der Vergabe mehrerer getrennter Aufträge darf jedoch nicht mit der Zielsetzung erfolgen, die Anwendung dieser Richtlinie oder gegebenenfalls der Richtlinie 2004/18/EG zu umgehen.

(2) Unterliegt eine der Tätigkeiten, die der Auftrag umfasst, der vorliegenden Richtlinie, die andere Tätigkeit jedoch der genannten Richtlinie 2004/18/EG, und ist es objektiv nicht möglich, festzustellen, welche Tätigkeit den Hauptgegenstand des Auftrags darstellt, so ist der Auftrag gemäß den Bestimmungen der genannten Richtlinie 2004/18/EG zu vergeben.

(3) Unterliegt eine der Tätigkeiten, die der Auftrag umfasst, der vorliegenden Richtlinie, die andere Tätigkeit jedoch weder der vorliegenden Richtlinie noch der genannten Richtlinie 2004/18/EG, und ist es objektiv nicht möglich, festzustellen, welche Tätigkeit den Hauptgegenstand des Auftrags darstellt, so ist der Auftrag gemäß den Bestimmungen der vorliegenden Richtlinie zu vergeben."

Die Abgrenzung erfolgt also auch zukünftig nach dem Schwerpunkt. Bei direkter Kollision geht die Richtlinie 2004/18/EG der Richtlinie 2004/17/EG vor.

III. Weitere Regelungen der Richtlinie 2004/18/EG von Interesse

1. Begriff des Auftraggebers
Richtlinie 2004/18/EG:
- „Öffentliche Auftraggeber" sind der Staat, die Gebietskörperschaften, die Einrichtungen des öffentlichen Rechts und die Verbände, die aus einer oder mehreren dieser Körperschaften oder Einrichtungen des öffentlichen Rechts bestehen (Art. 1 Abs. 9).
- Es gilt weiterhin der bisherige Auftraggeberbegriff ohne eine weitergehende Differenzierung.
- Der Wortlaut des § 6 a VgV „Die staatlichen Auftraggeber können ..." ist insoweit „unzutreffend".
- keine weitergehende Unterscheidung.

2. Wirtschaftsteilnehmer
Richtlinie 2004/18/EG:
- Bewerber oder Bieter, die gemäß den Rechtsvorschriften des Mitgliedstaates, in dem sie ihre Niederlassung haben, zur Erbringung der betreffenden Leistung berechtigt sind, dürfen nicht allein deshalb zurückgewiesen werden, weil sie gemäß den Rechtsvorschriften des Mitgliedstaates, in dem der Auftrag vergeben wird, eine natürliche oder eine juristische Person sein müssten (Art. 4 Abs. 1).
- Angebote oder Anträge auf Teilnahme können auch von Gruppen von Wirtschaftsteilnehmern eingereicht werden (Art. 4 Abs. 2 S. 1).
- Art. 4 Abs. 1: Die Vorschrift ist eine spezielle Ausprägung des Grundsatzes der gegenseitigen Anerkennung. Sie verpflichtet öffentliche Auftraggeber, Unternehmen unabhängig von ihrer Rechtsform zum Vergabeverfahren zuzulassen.
- Bisher enthielt nur § 7 a Nr. 1 VOL/A eine entsprechende Regelung.
- Art. 4 ist hinreichend genau. Art. 4 verlangt auch keine weitere Maßnahme durch die Mitgliedstaaten und ist damit unbedingt. Art. 4 ist unmittelbar anwendbar.
- Es gilt: Unternehmen sind unabhängig von ihrer Rechtsform zum Vergabeverfahren zuzulassen. Dies gilt auch für Bietergemeinschaften. Die bisherige Regelung des § 7 a Nr. 1 VOL/A wird auf den Baubereich ausgedehnt.

3. Bietergemeinschaften
Richtlinie 2004/18/EG:
- Angebote oder Anträge auf Teilnahme können auch von Gruppen von Wirtschaftsteilnehmern eingereicht werden. **Die öffentlichen Auftraggeber können nicht verlangen, dass nur Gruppen von Wirtschaftsteilnehmern, die eine bestimmte Rechtsform haben, ein Angebot oder einen Antrag auf Teilnahme einreichen können;** allerdings kann von der ausgewählten Gruppe von Wirtschaftsteilnehmern verlangt werden, dass sie eine bestimmte Rechtsform annimmt, wenn ihr der Zuschlag erteilt worden ist, sofern dies für die ordnungsgemäße Durchführung des Auftrags erforderlich ist (Art. 4 Abs. 2).

Umsetzung durch Art. 2 Nr. 2 lit. b ÖPP-Beschleunigungsgesetz:
- „§ 2 Nr. 1 und § 25 Nr. 2 VOB/A gelten bei einer Auftragsvergabe an mehrere Unternehmen mit der Maßgabe, dass der Auftraggeber **nur für den Fall der Auftragsvergabe** verlangen kann, dass eine Bietergemeinschaft eine bestimmte Rechtsform annehmen muss, sofern dies für die ordnungsgemäße Durchführung des Auftrages notwendig ist."

4. Zentrale Beschaffungsstellen
- Durch Art. 11 der Richtlinie 2004/18/EG erhalten Mitgliedstaaten die Möglichkeit, zentrale Beschaffungsstellen einzurichten, die Bauleistungen, Waren und Dienstleistungen für mehrere Auftraggeber gebündelt vergeben.
- Erste Voraussetzungen hierfür sind bereits durch die 7. GWB-Novelle vom 1. Juli 2005 geschaffen worden, wonach Einkaufsgemeinschaften nicht mehr angemeldet werden müssen.
- Die Schaffung von Einkaufsgemeinschaften steht im Ermessen des nationalen Gesetzgebers. **Art. 11 ist daher nicht unmittelbar anwendbar.**
- Die Gründung von Einkaufsgemeinschaften ist gleichwohl vergaberechtlich zulässig, sofern die wesentlichen Grundsätze (insbesondere Transparenzgebot) beachtet werden.

5. Ermittlung des Auftragswertes
Richtlinie 2004/18/EG:
- Art. 9 gibt die Methoden zur Berechnung des geschätzten Wertes von öffentlichen Aufträgen vor.

- Es ergeben sich keine Abweichungen zu den bisherigen Berechnungsvorgaben. Einzig in Abs. 8 wird detaillierter als in § 3 VgV vorgegeben, wie bei bestimmten Dienstleistungsaufträgen der Auftragswert zu berechnen ist:
  - bei Versicherungsleistungen auf der Basis der Versicherungsprämie und sonstiger Entgelte;
  - bei Bank- und anderen Finanzdienstleistungen auf der Basis der Gebühren, Provisionen und Zinsen sowie anderer vergleichbarer Vergütungen;
  - bei Aufträgen über Planungsleistungen auf der Basis der Gebühren, Provisionen sowie anderer vergleichbarer Vergütungen;
- Diese Vorgeben (Art. 9 Abs. 8) entfalten unmittelbare Wirkung und sind somit zu beachten. Das Berechnungsergebnis dürfte allerdings das gleiche sein wie nach § 3 VgV.

6. Angebotswertung (Eignungsprüfung)

Richtlinie 2004/18/EG:
- Jeder Wirtschaftsteilnehmer, der sich an einem Auftrag beteiligen möchte, kann aufgefordert werden, nachzuweisen, dass er **im Berufs- oder Handelsregister** seines Herkunftslandes **vorschriftsmäßig eingetragen** ist, bzw. eine Erklärung unter Eid oder eine Bescheinigung vorzulegen (Art. 46).
- Art. 46 unterscheidet sich nicht von den entsprechenden Regelungen in § 8 Nr. 3 Abs. 1 lit. f VOB/A bzw. § 7 a Nr. 2 Abs. 5 VOL/A, wonach die Eintragung in das Berufsregister/Handelsregister gefordert werden kann. **Zusätzlich kann dieser Nachweis nunmehr auch durch eine Erklärung unter Eid oder eine Bescheinigung geführt werden.**
- **Die Regelung ist wegen hinreichender Genauigkeit und Unbedingtheit direkt anwendbar.**

7. Fristen (Komplexität des Auftrags)

Richtlinie 2004/18/EG:
- Bei der Festsetzung der Fristen für den Eingang der Angebote und der Anträge auf Teilnahme berücksichtigt der öffentliche Auftraggeber unbeschadet der in diesem Artikel festgelegten Mindestfristen **insbesondere die Komplexität des Auftrags** und die Zeit, die für die Ausarbeitung der Angebote erforderlich ist (Art. 38 Abs. 1).

Nationales Recht:
- Für die **Bearbeitung und Einreichung der Angebote** ist eine ausreichende Angebotsfrist vorzusehen, auch bei Dringlichkeit nicht unter zehn Kalendertagen. Dabei ist insbesondere der zusätzliche Aufwand für die Besichtigung von Baustellen oder die Beschaffung von Unterlagen für die Angebotsbearbeitung zu berücksichtigen (§ 18 Nr. 1 Abs. 1 VOB/A).
- Für die **Einreichung von Teilnahmeanträgen** bei beschränkter Ausschreibung nach öffentlichem Teilnahmewettbewerb ist eine ausreichende Bewerbungsfrist vorzusehen. (§ 18 Nr. 1 Abs. 4 VOB/A).
- Für die **Bearbeitung und Abgabe der Angebote** sind ausreichende Fristen vorzusehen. Dabei ist insbesondere der zusätzliche Aufwand für die Beschaffung von Unterlagen für die Angebotsbearbeitung, Erprobungen oder Besichtigungen zu berücksichtigen (§ 18 Nr. 1 Abs. 1 VOL/A).

Abgleich:
- Einen allgemeinen Grundsatz, der den Ausnahmecharakter der Mindestfristen stärker betont, enthält das nationale Recht nicht.
- Die Unbedingtheit von Art. 38 Abs. 1 steht nicht in Frage.
- Art. 38 Abs. 1 beschreibt nicht lediglich ein allgemeines Ziel, sondern verdeutlicht, dass die benannten Fristen Mindestfristen enthalten, die für komplexe Aufträge zu knapp bemessen sein können. Damit ist Abs. 1 hinreichend genau formuliert und entfaltet also unmittelbare Wirkung.
- Diese Vorschrift verpflichtet deshalb, trotz Verwendung des unbestimmten Rechtsbegriffes „komplexer Auftrag", zur Festlegung von angemessenen Fristen, die im Zweifel die in Art. 38 verankerten Mindestfristen überschreiten können.
- **Künftig bilden die Mindestfristen damit die Ausnahme.**

8. Fristen (Kürzungsmöglichkeiten)

Richtlinie 2004/18/EG:
- Bei Bekanntmachungen, die gemäß dem Muster und unter Beachtung der Verfahren bei der Übermittlung nach Anhang VIII Nummer 3 elektronisch erstellt und versandt werden, können in offenen Verfahren die in den Abs. 2 und 4 genannten Fristen für den Eingang der Angebote und in den nichtoffenen und Verhandlungsverfahren sowie beim wett-

bewerblichen Dialog die in Abs. 3 lit. a genannte Frist für den Eingang der Anträge auf Teilnahme um sieben Tage verkürzt werden.
- Die in Abs. 2 und Abs. 3 lit. b genannten Fristen für den Eingang der Angebote können um fünf Tage verkürzt werden, wenn der öffentliche Auftraggeber ab dem Zeitpunkt der Veröffentlichung der Bekanntmachung die Verdingungsunterlagen und alle zusätzlichen Unterlagen entsprechend den Angaben in Anhang VIII auf elektronischem Wege frei, direkt und vollständig verfügbar macht (Art. 38 Abs. 5 und 6).
- Diese Norm räumt Auftraggebern ein Ermessen ein. Machen Auftraggeber hiervon Gebrauch, sind die weiteren Vorgaben der Abs. 5 und 6 hinreichend genau und unbedingt. Allerdings ginge die unmittelbare Anwendung der Abs. 5 und 6 mit einer Belastung für die Unternehmen einher.
- **Unmittelbare Wirkung entfalten Richtlinienbestimmungen aber dann nicht, wenn sie dem Einzelnen Rechte entziehen.**
- **Die Abs. 5 und 6 sind daher nicht unmittelbar anwendbar.**

9. Fristen (Verlängerung der Angebotsfrist)

Richtlinie 2004/18/EG:
- Wurden, aus welchem Grund auch immer, die Verdingungsunterlagen und die zusätzlichen Unterlagen oder Auskünfte, obwohl sie rechtzeitig angefordert wurden, nicht innerhalb der in den Art. 39 und 40 festgesetzten Fristen zugesandt bzw. erteilt oder können die Angebote nur nach einer Ortsbesichtigung oder Einsichtnahme in Anlagen zu den Verdingungsunterlagen vor Ort erstellt werden, so sind die Fristen entsprechend zu verlängern, und zwar so, dass alle betroffenen Wirtschaftsteilnehmer von allen Informationen, die für die Erstellung des Angebotes notwendig sind, Kenntnis nehmen können (Art. 38 Abs. 7).
- Art. 38 Abs. 7 erweitert die Bestimmung, dass die Angebotsfrist verlängert werden muss, wenn rechtzeitig angeforderte zusätzliche Unterlagen oder Auskünfte – aus welchem Grund auch immer – nicht innerhalb der in Art. 39 und Art. 40 festgesetzten Fristen zugesandt bzw. erteilt werden. Diese Gründe waren zuvor in § 18 a Nr. 1 Abs. 3 und Nr. 4 VOB/A bzw. in § 18 a Nr. 1 Abs. 3 und Nr. 2 Abs. 4 VOL/A bzw. § 14 Abs. 4 VOF begrenzt auf die Verlängerung durch Ortsbesichtigung und Einsichtnahme bzw. auf den Umfang der Angebotsunterlagen (nur VOB).

- Damit ist eine Verlängerung nunmehr auch dann geboten, wenn der Grund der Verlängerung nicht im Machtbereich des Auftraggebers liegt. Abs. 7 ist hinreichend bestimmt bzw. genau sowie unbedingt und damit unmittelbar anwendbar.

10. Verfahrensarten (Verfahrenshierarchie)

Richtlinie 2004/18/EG:
- Für die Vergabe ihrer öffentlichen Aufträge wenden die öffentlichen Auftraggeber die einzelstaatlichen Verfahren in einer für die Zwecke dieser Richtlinie angepassten Form an.
- Sie vergeben diese Aufträge im Wege des offenen **oder** des nicht offenen Verfahrens. Unter den besonderen in Art. 29 ausdrücklich genannten Umständen können die öffentlichen Auftraggeber ihre öffentlichen Aufträge im Wege des wettbewerblichen Dialogs vergeben. In den Fällen und unter den Umständen, die in den Art. 30 und 31 ausdrücklich genannt sind, können sie auf ein Verhandlungsverfahren mit oder ohne Veröffentlichung einer Bekanntmachung zurückgreifen (Art. 28).
- Es besteht ein grundsätzliches Recht darauf, zwischen offenem und nicht offenem Verfahren zu wählen.

Nationales Recht:
- Öffentliche Auftraggeber haben das offene Verfahren anzuwenden, es sei denn, auf Grund dieses Gesetzes ist etwas anderes gestattet (§ 101 Abs. 6 GWB).
- Das offene Verfahren muss angewendet werden, wenn die Voraussetzungen des § 3 Nr. 2 vorliegen (§ 3 a Nr. 2 VOB/A).
- Eine öffentliche Ausschreibung muss stattfinden, wenn nicht die Eigenart der Leistung oder besondere Umstände eine Abweichung rechtfertigen (§ 3 Nr. 2 VOB/A).

Abgleich:
- Nach derzeitigem nationalen Recht kein Recht zur freien Wahl zwischen den Verfahrensarten.
- Würde sich der öffentliche Auftraggeber auf das in der Richtlinie enthaltene Wahlrecht berufen und das nichtoffene Verfahren wählen, würde dies zu einer Einengung des Wettbewerbs führen.
- Dies käme einer Belastung des Bieters gleich, der vom offenen Verfahren profitieren würde.

- Eine unmittelbare Wirkung von Richtlinienbestimmungen im Verhältnis Staat-Bürger kommt indes nur in Betracht, wenn der Bürger nicht belastet wird.
- Eine unmittelbare Wirkung des Wahlrechts gemäß Art. 28 Richtlinie 2004/18/EG scheidet somit aus. Es gilt bis auf weiteres die Verfahrenshierarchie (§ 101 Abs. 6 GWB).

11. Verfahrensarten (Verhandlungsverfahren mit Bekanntmachung)
Richtlinie 2004/18/EG:
- Der öffentliche Auftraggeber kann in folgenden Fällen Aufträge im Verhandlungsverfahren vergeben, nachdem er eine Bekanntmachung veröffentlicht hat:
wenn im Rahmen eines offenen oder nichtoffenen Verfahrens oder eines wettbewerblichen Dialogs keine ordnungsgemäßen Angebote oder nur Angebote abgegeben worden sind, die nach den innerstaatlichen, mit den Art. 4, 24, 25 und 27 sowie mit Kapitel VII der Richtlinie 2004/18/EG zu vereinbarenden Vorschriften unannehmbar sind, sofern die ursprünglichen Auftragsbedingungen nicht grundlegend geändert werden. (Art. 30 Abs. 1 lit. a).

Nationales Recht:
- Die Auftraggeber können Aufträge im Verhandlungsverfahren vergeben, vorausgesetzt, dass sie eine Vergabebekanntmachung veröffentlicht haben:
  – wenn in einem offenen oder einem nichtoffenen Verfahren nur Angebote im Sinne des § 23 Nr. 1 oder des § 25 Nr. 1 abgegeben worden sind, sofern die ursprünglichen Bedingungen des Auftrags nicht grundlegend geändert werden (§ 3 a Nr. 1 Abs. 4 VOL/A).
- Das Verhandlungsverfahren ist ebenfalls zulässig nach öffentlicher Vergabebekanntmachung,
  – wenn bei einem offenen oder nichtoffenen Verfahren keine annehmbaren Angebote abgegeben worden sind, sofern die ursprünglichen Verdingungsunterlagen nicht grundlegend geändert werden (§ 3 a Nr. 4 lit. a VOB/A).

Abgleich:
- Art. 30 Abs. 1 lit. a Richtlinie 2004/18/EG verengt das Ermessen des öffentlichen Auftraggebers bei der Wahl des Verhandlungsverfahrens ohne öffentliche Bekanntmachung. Die Unannehmbarkeit aller An-

gebote nach den nationalen Vorschriften ist nur noch dann ein ausreichender Grund, wenn diese Vorschriften wiederum richtlinienkonform sind. Die Regelung in § 3 a Nr. 1 Abs. 4 lit. a VOL/A ist weiter, da sie diese Einschränkung auf richtlinienkonforme nationale Normen nicht kennt.
- Da die Einengung zu mehr Wettbewerb führt, begünstigt Art. 30 Abs. 1 lit. a die Bieter. Art. 30 Abs. 1 lit. a entfaltet unmittelbare Wirkung und geht § 3 a Nr. 1 Abs. 4 lit. a VOL/A vor.
- § 3 a Nr. 4 lit. a VOB/A ist dagegen nur richtlinienkonform auszulegen. Er spricht nur von keinen annehmbaren Angeboten, was zukünftig bedeutet: Angebote, die Art. 30 Abs. 1 lit. a nicht entsprechen.

Richtlinie 2004/18/EG:
- Der öffentliche Auftraggeber kann vorsehen, dass **das Verhandlungsverfahren in verschiedenen aufeinander folgenden Phasen abgewickelt wird**, um so die Zahl der Angebote, über die verhandelt wird, anhand der in der Bekanntmachung oder in den Verdingungsunterlagen angegebenen Zuschlagskriterien zu verringern. In der Bekanntmachung oder in den Verdingungsunterlagen ist anzugeben, ob diese Möglichkeit in Anspruch genommen wird.
- Der Auftraggeber hat in der Bekanntmachung oder in den Verdingungsunterlagen anzugeben, ob er von der Möglichkeit des sukzessiven Abschichtens Gebrauch macht.
- Das sukzessive Abschichten ist im deutschen Vergaberecht nicht ausdrücklich geregelt, aber gängige Praxis.
- Die Bekanntgabevorschrift ist hinreichend bestimmt und auch unbedingt, da sie sowohl inhaltlich klar und eindeutig als auch an keine weitere Bedingung geknüpft ist. Art. 30 Abs. 4 Satz 2 trägt zur Transparenz des Vergabeverfahrens bei, so dass er auch nicht etwa deswegen unangewendet bleiben müsste, weil er zu Lasten der Unternehmen wirkt. **Die Pflicht zur Bekanntgabe, ob die Möglichkeit des sukzessiven Abschichtens in Anspruch genommen wird oder nicht, ist daher unmittelbar anwendbar.**

12. Verfahrensarten (Verhandlungsverfahren ohne Bekanntmachung)
Richtlinie 2004/18/EG:
- Öffentliche Auftraggeber können in folgenden Fällen Aufträge im Verhandlungsverfahren ohne vorherige Bekanntmachung vergeben:

Bei öffentlichen Lieferaufträgen:
- bei auf einer Warenbörse notierten und gekauften Waren;
- wenn Waren zu besonders günstigen Bedingungen bei Lieferanten, die ihre Geschäftstätigkeit endgültig einstellen, oder bei Insolvenz/Konkursverwaltern oder Liquidatoren im Rahmen eines Insolvenz/Konkurs-, Vergleichs- oder Ausgleichsverfahren oder eines in den Rechts- oder Verwaltungsvorschriften eines Mitgliedstaats vorgesehenen gleichartigen Verfahrens erworben werden. (Art. 31 Nr. 2 lit. c und d)
- Die Ausnahmetatbestände in lit. c, wonach ein Verhandlungsverfahren ohne Bekanntmachung eingeschlagen werden kann, wenn Waren bei einer Warenbörse gekauft werden, ist neu. Auch lit. d, der das Verhandlungsverfahren ohne Bekanntmachung im Fall des Erwerbs von Konkurswaren etc. erlaubt, **beinhaltet einen neuen Ausnahmetatbestand.**
- Im Fall der Erweiterung des Ausnahmekatalogs geht die unmittelbare Anwendbarkeit zu Lasten des Wettbewerbs und damit der Unternehmen. **Eine unmittelbare Anwendung von lit. c und lit. d scheidet aus.**

Richtlinie 2004/18/EG:
- Öffentliche Auftraggeber können in folgenden Fällen Aufträge im Verhandlungsverfahren ohne vorherige Bekanntmachung vergeben:
  - 4. Bei öffentlichen Bau- und Dienstleistungsaufträgen:
    - für zusätzliche Bau- oder Dienstleistungen, die weder in dem der Vergabe zugrunde liegenden Entwurf noch im ursprünglich geschlossenen Vertrag vorgesehen sind, die aber wegen eines unvorhergesehenen Ereignisses zur Ausführung der darin beschriebenen Bau- oder Dienstleistung erforderlich sind, sofern der Auftrag an den Wirtschaftsteilnehmer vergeben wird, der diese Bau- oder Dienstleistung erbringt:
    - wenn diese Bau- oder Dienstleistungen zwar von der Ausführung des ursprünglichen Auftrags getrennt werden können, aber für dessen Vollendung unbedingt erforderlich sind. (Art. 31 Nr. 4 lit. a 2. Alt.)
- Der Ausnahmetatbestand in Nr. 4 lit. a 2. Alt. ist im Vergleich mit den entsprechenden Vorschriften in den Verdingungsordnungen strenger. So setzen zusätzliche Bau- oder Dienstleistungen nunmehr voraus, dass sie für die **Vollendung** des Auftrags unbedingt erforderlich sind, während die Verdingungsordnungen lediglich verlangen, dass diese zusätz-

lichen Leistungen für die **Verbesserung** der ursprünglichen Leistung unbedingt erforderlich sein müssen.
- In diesem Fall ist der Ausnahmetatbestand enger gefasst als in den Verdingungsordnungen, so dass die Unternehmensposition bzw. die Wettbewerbsintensität gestärkt wird. Nr. 4 lit. a 2. Alt. ist damit unmittelbar anwendbar. **Eine Verbesserung der ursprünglichen Leistung ist nunmehr nicht mehr ausreichend.**

IV. Der Sektorenbereich nach dem Ablauf der Umsetzungsfrist für die Richtlinie 2004/17/EG

1. Auftraggebereigenschaft nach neuem Vergaberecht

Ausgangspunkt der Prüfung der Auftraggebereigenschaft nach neuem Vergaberecht muss der Anwendungsbereich der Richtlinie 2004/17/EG sein, bzw. der Vergleich dieses Anwendungsbereichs mit dem bisherigen Anwendungsbereich der alten Sektorenrichtlinie 93/38/EWG (Amtsblatt Nr. L 199 vom 9.8.1993, S. 84).

Denn die Auftraggeberdefinitionen in § 98 GWB, insbesondere in § 98 Nr. 2 und Nr. 4 GWB, sind nur Umsetzungen des jeweiligen Anwendungsbereichs der jeweiligen Sektorenrichtlinie. Ändert sich der Anwendungsbereich der Sektorenrichtlinie, so ist dies bei der Auftraggeberdefinition nach § 98 GWB nachzuvollziehen. Denn die in § 98 GWB zur Bestimmung der Auftraggebereigenschaft vorgesehenen unbestimmten Rechtsbegriffe, wie etwa der der „besonderen oder ausschließlichen Rechte", sind stets richtlinienkonform auszulegen. Auch und insbesondere dann, wenn die fraglichen Richtlinie noch gar nicht umgesetzt ist.

a. Veränderter Anwendungsbereich der neuen Sektorenrichtlinie 2004/17/EG

In der alten und in der neuen Sektorenrichtlinie wird für die Festlegung des Anwendungsbereichs die gleiche Definition verwendet:

Die neue wie die alte Sektorenrichtlinie gelten für Auftraggeber,
- die öffentliche Auftraggeber oder öffentliche Unternehmen sind und eine Tätigkeit in einem der Sektorenbereiche ausüben   oder
- die, wenn sie keine öffentlichen Auftraggeber oder keine öffentlichen Unternehmen sind, eine Tätigkeit im Bereich der Sektoren auf der

Grundlage von besonderen oder ausschließlichen Rechten ausüben, die von einer zuständigen Behörde eines Mitgliedstaates gewährt wurde.
(Art. 2 Abs. 2 lit. a und lit. b Richtlinie 2004/17/EG und Art. 2 Abs. 1 lit. a und lit. b Richtlinie 93/38/EWG)

Schaut man sich diese Definition des Anwendungsbereichs an, so wird deutlich, dass sie für ihr Funktionieren weitere Begriffsbestimmungen voraussetzt. Es muss feststehen, wer als öffentlicher Auftraggeber und öffentliches Unternehmen im Sinne der Richtlinie gilt, und was unter einem besonderen oder ausschließlichen Recht zu verstehen ist.

Bei der Betrachtung der Systematik wird auch deutlich, dass sich Veränderungen im Anwendungsbereich nur aus Veränderungen bei den Definitionen der einschlägigen Begriffe ergeben können.

b. Veränderungen bei den den Anwendungsbereich bestimmenden Begriffsdefinitionen

aa. Keine Veränderungen bezüglich der Begriffe „öffentlicher Auftraggeber" und „öffentliches Unternehmen"

Bezüglich der beiden Begriffe „öffentlicher Auftraggeber" und „öffentliches Unternehmen" haben sich die Begriffsdefinitionen beim Übergang von der alten zur neuen Sektorenrichtlinie nicht verändert.

Insbesondere wird der Begriff der „Einrichtung des öffentlichen Rechts" als Unterform des Begriffs des „öffentlichen Auftraggebers", der auch § 98 Nr. 2 GWB zugrunde liegt, nach wie vor auf eine Einrichtung bezogen, die

- zu dem besonderen Zweck gegründet wurde, im Allgemeininteresse liegende Aufgaben nicht gewerblicher Art zu erfüllen,
- Rechtspersönlichkeit besitzt und
- überwiegend vom Staat, von den Gebietskörperschaften oder von anderen Einrichtungen des öffentlichen Rechts finanziert wird, hinsichtlich ihrer Leistung der Aufsicht Letzterer unterliegt, oder deren Verwaltungs-, Leitungs- oder Aufsichtsorgan mehrheitlich aus Mitgliedern besteht, die vom Staat, von den Gebietskörperschaften oder von anderen Einrichtungen des öffentlichen Rechts ernannt worden sind.

Es bleibt damit nur ein Begriff übrig, bei dem sich durch eine Änderung der Definition in der Richtlinie beim Übergang von der neuen zur alten Sektorenrichtlinie der Anwendungsbereich und damit die Definition der Auftraggebereigenschaft nach § 98 GWB geändert haben kann.

Dies ist der Begriff des „besonderen oder ausschließlichen Rechts", der nach Art. 2 Abs. 2 lit. b Richtlinie 2004/17/EG und Art. 2 Abs. 1 lit. b Richtlinie 93/38/EWG im Falle eines privaten Unternehmens, das im Sektorenbereich tätig ist, entscheidend für dessen Eigenschaft ist, zur Anwendung des Vergaberechts verpflichteter Auftraggeber zu sein.

bb. Neue Definition des Begriffs der „besonderen oder ausschließlichen" Rechte
Genau dieser Schlüsselbegriff wird in der neuen Sektorenrichtlinie anders definiert als in der alten, was wegen der erwähnten Systematik eine Veränderung des Anwendungsbereichs mit sich bringt.

Die alte Definition der Richtlinie 93/38/EWG
Art. 2 Abs. 3 der Richtlinie 93/38/EWG definierte als besondere oder ausschließliche Rechte solche,

„die sich aus der von einer zuständigen Behörde des betreffenden Mitgliedstaats aufgrund einer beliebigen Rechts- oder Verwaltungsvorschrift erteilten Genehmigung ergeben, wonach die Ausübung einer Tätigkeit im Sinne des Absatzes 2 einem oder mehreren Auftraggeber(n) vorbehalten wird.

Eine Tätigkeit auf der Grundlage von besonderen oder ausschließlichen Rechten wird insbesondere angenommen,
a) wenn ein Auftraggeber zum Bau eines Netzes oder anderer in Absatz 2 beschriebener Einrichtungen durch ein Enteignungsverfahren oder Gebrauchsrechte begünstigt werden kann oder Einrichtungen auf, unter oder über dem öffentlichen Wegenetz anbringen darf;
b) wenn im Fall des Absatzes 2 Buchstabe a) ein Auftraggeber ein Netz mit Trinkwasser, Elektrizität, Gas oder Wärme versorgt, das seinerseits von einem Auftraggeber betrieben wird, der von einer zuständigen Behörde des betreffenden Mitgliedstaats gewährte besondere oder ausschließliche Rechte genießt."

Die EuGH-Entscheidung gegen die Vermutungswirkung
Die eben genannten, in Art. 2 Abs. 3 lit. a und lit. b der alten Sektorenrichtlinie enthaltenen, Vermutungstatbestände wurden vom EuGH jedoch in einer Entscheidung vom 12. Dezember 1996 gekippt (Rs. C-302/94, Slg. 1996 I-8417). Die Entscheidung erging bezüglich Richtlinien aus dem

Telekommunikationssektor, die aber die gleichen Vermutungstatbestände enthielten.

Der EuGH entschied, dass besondere oder ausschließliche Rechte nicht dadurch charakterisiert werden könnten, dass ein Unternehmen bestimmte Vorteile in Enteignungsfragen oder bei Wegerechten genießt. Denn diese Vorteile dienten nur dazu, die Ausübung der fraglichen Versorgungsaufgabe zu erleichtern oder zu ermöglichen und könnten insbesondere allen in diesem Bereich aktiven Unternehmen gewährt werden, weswegen sie ihren Inhabern keinen Vorteil gegenüber ihren Konkurrenten verschaffen würden.

Die neue Definition der Richtlinie 2004/17/EG
Mit dieser Entscheidung war die fragliche Vermutungswirkung für den Bereich der Telekommunikation erledigt, bestand im von der alten Sektorenrichtlinie erfassten Bereich aber fort.

Um diese unglückliche Aufspaltung abzuschaffen, wurde bei der Abfassung der neuen Sektorenrichtlinie die Definition der besonderen und ausschließlichen Rechte angepasst und in Art. 2 Abs. 3 und Erwägungsgrund 25 wie folgt neu gefasst:

Art. 2 Abs. 3 Richtlinie 2004/17/EG:

„Besondere oder ausschließliche Rechte" im Sinne dieser Richtlinie sind Rechte, die von einer zuständigen Behörde eines Mitgliedstaats mittels Rechts- oder Verwaltungsvorschriften gewährt wurden und dazu führen, dass die Ausübung einer der in den Artikeln 3 bis 7 genannten Tätigkeiten einem oder mehreren Unternehmen vorbehalten wird und dass die Möglichkeit anderer Unternehmen, diese Tätigkeit auszuüben, erheblich beeinträchtigt wird."

Erwägungsgrund 25 der Richtlinie 2004/17/EG:

„Eine angemessene Definition der besonderen und der ausschließlichen Rechte ist geboten. Diese Definition hat zur Folge, dass es für sich genommen noch kein besonderes und ausschließliches Recht im Sinne dieser Richtlinie darstellt, wenn ein Auftraggeber zum Bau eines Netzes oder der Einrichtung von Flughafen- bzw. Hafenanlagen Vorteil aus Enteignungsverfahren oder Nutzungsrechten ziehen kann oder Netzeinrichtungen auf, unter oder über dem öffentlichen Wegenetz anbringen darf. Auch die Tatsache, dass ein Auftraggeber ein Netz mit Trinkwasser, Elektrizität, Gas oder Wärme versorgt, das seinerseits von einem Auftraggeber betrieben wird, der von einer zuständigen Behörde

des betreffenden Mitgliedstaats gewährte besondere oder ausschließliche Rechte genießt, stellt für sich betrachtet noch kein besonderes und ausschließliches Recht im Sinne der vorliegenden Richtlinie dar. Räumt ein Mitgliedstaat einer begrenzten Zahl von Unternehmen in beliebiger Form, auch über Konzessionen, Rechte auf der Grundlage objektiver, verhältnismäßiger und nicht diskriminierender Kriterien ein, die allen interessierten Kreisen, die sie erfüllen, die Möglichkeit zur Inanspruchnahme solcher Rechte bietet, so dürfen diese ebenso wenig als besondere oder ausschließliche Rechte betrachtet werden."

c. Die Auswirkungen dieser Neudefinition

Die Auswirkungen dieser Neudefinition sind vielfältig. Wegen der schon erwähnten Pflicht zur richtlinienkonformen Auslegung muss auch die neue Auslegung des Begriffs der besonderen oder ausschließlichen Rechte auf § 98 Nr. 4 GWB übertragen werden.

aa. *Unternehmen, die bisher nur auf der Grundlage der Vermutungstatbestände zu den Sektorenauftraggebern zählten, fallen aus dem Anwendungsbereich heraus*

Alle Unternehmen, die bisher **nur** wegen der Vermutungswirkung des Art. 2 Abs. 3 lit. a und lit. b der Richtlinie 93/38/EWG zu den Sektorenauftraggebern nach § 98 Nr. 4 GWB zählten, fallen künftig aus dem Anwendungsbereich der Sektorenrichtlinie heraus.

Dass Auftraggeber zum Bau eines Netzes oder anderer Einrichtungen durch Enteignungsverfahren oder Gebrauchsrechte begünstigt werden oder Einrichtungen am öffentlichen Wegenetz anbringen können, reicht künftig nicht mehr aus, um eine Pflicht zur Anwendung des Vergaberechts zu begründen. Auch Auftraggeber, die ein Netz mit Trinkwasser, Elektrizität, Gas oder Wärme versorgen, welches ein Auftraggeber auf Grund besonderer oder ausschließlicher Rechte betreibt, fallen künftig aus dem Anwendungsbereich der Sektorenrichtlinie heraus, wenn dies in ihrem Fall die **einzige** Grundlage für den Zwang zur Anwendung des Vergaberechts war.

bb. *Die anzustellende Prüfung wird schwieriger*

Gleichzeitig wird es mit der neuen Definition schwieriger zu bestimmen, welches private, in einem Sektorenbereich tätige Unternehmen, dass nicht von der öffentlichen Hand beherrscht wird, noch Sektorenauftraggeber im

Sinne des § 98 Nr. 4 GWB ist. In der Vergangenheit war dies relativ einfach, da es beispielsweise schon faktisch unmöglich ist, ein Elektrizitätsnetz zu betreiben, ohne besondere Rechte zur Aufstellung von Masten in Anspruch nehmen zu können.

Zukünftig wird man in jedem Einzelfall genau prüfen müssen, ob das fragliche Unternehmen besondere oder ausschließliche Rechte besitzt, die dazu führen, dass die Möglichkeit anderer Unternehmen, diese Tätigkeit auszuüben, erheblich beeinträchtigt wird. Ein wettbewerbsverzerrender Effekt ist also zukünftig entscheidend.

cc. Es kommt zusätzlich noch darauf an, wie ein Unternehmen die fraglichen Rechte erhalten hat

Daneben wird es auch darauf ankommen, wie das fragliche Unternehmen die besonderen oder ausschließlichen Rechte erhalten hat.

Denn wenn die Vergabe dieser Rechte nach objektiven, verhältnismäßigen und nicht diskriminierenden Kriterien und nach einer öffentlichen Bekanntmachung erfolgt ist, können diese Rechte keine „besonderen oder ausschließlichen Rechte" im Sinne der Richtlinie 2004/17/EG sein, siehe oben Satz 4 des zitierten Erwägungsgrundes 25 der Richtlinie 2004/17/EG. Das bedeutet, dass immer dann, wenn, auf welcher Basis auch immer, vor der Vergabe der besonderen und ausschließlichen Rechte Wettbewerb um diese Rechte geschaffen wurde, dass Unternehmen, das sie letztlich erhält, nicht unter die Sektorenrichtlinie fällt und kein zur Anwendung des Vergaberechts verpflichteter Sektorenauftraggeber ist.

Hintergrund dieser Argumentation ist der Umstand, dass bei der Herstellung von Wettbewerb um die besonderen oder ausschließlichen Rechte jeder Interessierte diese hätte erhalten können und deswegen der Wettbewerb durch sie nicht beeinträchtigt wird.

2. Die Voraussetzungen für eine unmittelbare Wirkung von Richtlinienvorschriften gegenüber einem Sektorenauftraggeber
 a. *Allgemeine Erwägungen*

Es liegt nicht unbedingt auf der Hand, dass sich ein Bürger bzw. ein diesem gleichgestelltes Unternehmen gegenüber einem privatwirtschaftlich organisierten Sektorenauftraggeber auf die unmittelbare Wirkung einer Richtlinie berufen kann. Denn es ist keinesfalls völlig eindeutig, dass auch in diesem Bereich ein Verhältnis Staat-Bürger gegeben ist, in dem einzig und allein eine unmittelbare Wirkung von Richtlinienvorschriften in Frage kommt. Dennoch gibt es EuGH-Rechtsprechung nach der auch private Unternehmen im Sektorenbereich gegenüber ein Berufen auf die unmittelbare Wirkung von Richtlinien möglich ist.

b. Die Entscheidung des EuGH in der Rechtssache Foster u. a./BGC
Der EuGH hat in der Rechtssache Foster u. a. gegen British Gas Plc. als Rechtsnachfolgerin der British Gas Corporation (BGC) entschieden, dass auch gegenüber einem Sektorenauftraggeber unter bestimmten Umständen ein Berufen auf unmittelbar geltende Richtlinienvorschriften möglich ist (EuGH, Urteil vom 12.7.1990, Rs. C-188/89, Slg. 1990, S. I-03313).

Hintergrund des fraglichen Rechtsstreits war die Zwangspensionierung weiblicher Mitarbeiter der BGC, die in Großbritannien in der Form eines gesetzlich verankerten Monopols ein Gasversorgungssystem betrieb. Mitarbeiter wurden von der BGC nach einer allgemeinen Praxis pensioniert, wenn sie das Alter erreicht hatten, das nach britischem Recht mit einem Anspruch auf staatliche Rente verbunden ist, was bei Frauen mit 60 und bei Männern mit 65 Jahren der Fall ist. Gegen die in der fünf Jahre früher erfolgten Zwangspensionierung liegende Ungleichbehandlung gegenüber den männlichen Mitarbeitern klagten einige weibliche Mitarbeiter vor britischen Gerichten auf Schadensersatz. Sie beriefen sich dabei auf Art. 5 Abs. 1 der Richtlinie 76/207, nach dem die Anwendung des Grundsatzes der Gleichbehandlung hinsichtlich der Arbeits- und einschließlich der Entlassungsbedingungen beinhaltet, dass Männer und Frauen nicht diskriminiert und also gleich behandelt werden. Dass die fragliche Pensionierungsregelung gegen diese Vorschrift verstieß, war zwischen den Parteien unstreitig. Entscheidungserheblich war letztlich nur die Frage, ob sich die einzelnen betroffenen Frauen gegenüber BGC auf Art. 5 Abs. 1 der Richtlinie 76/207 berufen konnten. Diese Frage wurde dem EuGH letztlich vom House of Lords zur Vorabentscheidung vorgelegt, und er beantwortete sie wie folgt:

> *„16 Nach ständiger Rechtsprechung des Gerichtshofes (Urteil vom 19. Januar 1982 in der Rechtssache 8/81, Becker/Finanzamt Münster-Innenstadt, Slg. 1982, 53, Randnrn. 23 bis 25) würde in den Fällen, in denen die Gemeinschaftsbehörden die Mitgliedstaaten durch eine Richtlinie zu einem bestimmten Verhalten verpflichten, die*

praktische Wirksamkeit einer solchen Maßnahme beeinträchtigt, wenn die Einzelnen sich vor Gericht hierauf nicht berufen und die staatlichen Gerichte sie nicht als Bestandteil des Gemeinschaftsrechts berücksichtigen könnten. Daher kann der Mitgliedstaat, der die in der Richtlinie vorgeschriebenen Durchführungsmaßnahmen nicht fristgemäß erlassen hat, den Einzelnen nicht entgegenhalten, dass er die aus dieser Richtlinie erwachsenen Verpflichtungen nicht erfüllt hat. Demnach können sich die Einzelnen in Ermangelung von fristgemäß erlassenen Durchführungsmaßnahmen auf Bestimmungen einer Richtlinie, die inhaltlich als unbedingt und hinreichend genau erscheinen, gegenüber allen innerstaatlichen, nicht richtlinienkonformen Vorschriften berufen; Einzelne können sich auf diese Bestimmungen auch berufen, soweit diese Rechte festlegen, die dem Staat gegenüber geltend gemacht werden können.

17 **Wie der Gerichtshof weiter** *in seinem Urteil vom 26. Februar 1986 (Marshall, a. a. O., Randnr. 49)* **entschieden hat, können die Rechtsbürger, wenn sie imstande sind, sich gegenüber dem Staat auf eine Richtlinie zu berufen, dies unabhängig davon tun, in welcher Eigenschaft – als Arbeitgeber oder als Hoheitsträger – der Staat handelt.** *In dem einen wie dem anderen Fall muss nämlich verhindert werden, dass der Staat aus seiner Nichtbeachtung des Gemeinschaftsrechts Nutzen ziehen kann.*

18 *Auf der Grundlage dieser Erwägungen hat der Gerichtshof in einer Reihe von Rechtssachen anerkannt, dass sich die Einzelnen auf unbedingte und hinreichend genaue Bestimmungen einer Richtlinie gegenüber Organisationen oder Einrichtungen berufen können, die dem Staat oder dessen Aufsicht unterstehen oder mit besonderen Rechten ausgestattet sind, die über diejenigen hinausgehen, die nach den Vorschriften für die Beziehungen zwischen Privatpersonen gelten.*

19 *So hat der Gerichtshof entschieden, dass die Bestimmungen einer Richtlinie Finanzbehörden (Urteile vom 19. Januar 1982, Becker, a. a. O., und vom 22. Februar 1990 in der Rechtssache C-221/88,*

EGKS/Konkursmasse Acciaierie e Ferriere Busseni, Slg. 1990, 0000), Gebietskörperschaften (Urteil vom 22. Juni 1989 in der Rechtssache 103/88, Fratelli Costanzo/Stadt Mailand, Slg. 1989, 1839), verfassungsmäßig unabhängigen Hoheitsträgern, die mit der Aufrechterhaltung der öffentlichen Ordnung und Sicherheit betraut sind (Urteil vom 15. Mai 1986 in der Rechtssache 222/84, Johnston/Chief Constable of the Royal Ulster Constabulary, Slg. 1986, 1651), sowie mit der Verwaltung des öffentlichen Gesundheitsdienstes beauftragten Behörden (Urteil vom 26. Februar 1986, Marshall, a. a. O.) entgegengehalten werden können.

20 *Demgemäß gehört jedenfalls eine Einrichtung, die unabhängig von ihrer Rechtsform kraft staatlichen Rechtsakts unter staatlicher Aufsicht eine Dienstleistung im öffentlichen Interesse zu erbringen hat und die hierzu mit besonderen Rechten ausgestattet ist, die über das hinausgehen, was für die Beziehungen zwischen Privatpersonen gilt, zu den Rechtssubjekten, denen die unmittelbar anwendbaren Bestimmungen einer Richtlinie entgegengehalten werden können.* (EuGH, Urteil vom 12.7.1990, Rs. C-188/89, Slg. 1990, S. I-03313)"

Wichtig ist an dieser Entscheidung insbesondere das unter Punkt 18 Gesagte:

Der Einzelne kann sich auf unbedingte und hinreichend genaue Bestimmungen einer Richtlinie gegenüber Organisationen oder Einrichtungen berufen, die
- dem Staat oder dessen Aufsicht unterstehen oder
- mit besonderen Rechten ausgestattet sind, die über diejenigen hinausgehen, die nach den Vorschriften für die Beziehungen zwischen Privatpersonen gelten.

c. *„Besondere oder ausschließliche Rechte" damit auch für die unmittelbare Wirkung entscheidend*

Die Ausstattung mit besonderen oder ausschließlichen Rechten ist damit auch der wesentliche „Aufhänger" für ein Berufen auf die unmittelbare Wirkungen der Sektorenrichtlinie gegenüber einem Sektorenauftraggeber. Im Falle von BGC war die Ausstattung mit besonderen oder ausschließlichen

Rechten nicht die einzige Stütze für die unmittelbare Wirkung, wie das unter Punkt 20 vom EuGH Ausgeführte zeigt. Nach dem Wortlaut der Entscheidung muss man aber davon ausgehen, dass die besonderen oder ausschließlichen Rechte, die über diejenigen hinausgehen, die nach den Vorschriften für die Beziehungen zwischen Privatpersonen gelten, auch allein als Grund für eine unmittelbare Wirkung ausgereicht hätten.

d. (Keine) Auswirkungen der Neu-Definition in der neuen Sektorenrichtlinie

Fraglich ist, wie sich die schon erwähnte Neu-Definition der besonderen oder ausschließlichen Rechte in der neuen Sektorenrichtlinie an dieser Stelle auswirkt. Die EuGH-Entscheidung in der Rechtssache Foster u. a. gegen BGC stellt ganz offensichtlich noch auf die alte Definition der besonderen und ausschließlichen Rechte in der alten Sektorenrichtlinie ab. Wenn der EuGH dagegen bestimmt, dass die Rechte über das hinausgehen, was zwischen Privaten gilt, so sind damit offensichtlich Enteignungsmöglichkeiten und Ähnliches gemeint. Die neue Sektorenrichtlinie stellt demgegenüber jetzt auf einen wettbewerbsverzerrenden Effekt der Sonderrechte ab.

Diesen Wechsel im Schwerpunkt wird man für die Frage nach der unmittelbaren Wirkung einer Richtlinienvorschrift gegenüber einem privaten Sektorenauftraggeber aber nicht nachvollziehen können und müssen. Denn für diese kommt es wesentlich darauf an, ob sich aus der besonderen Rechtsstellung des öffentlichen Auftraggebers eine einem Über-/Unterordnungsverhältnis ähnliche Situation ergibt, wie sie auch im Verhältnis Staat-Bürger herrscht, für das der Gedanke der unmittelbaren Wirkung ursprünglich entwickelt wurde.

Künftig wird die Definition der besonderen und ausschließlichen Rechte also in zwei Bereichen auseinanderfallen. Für die Frage der unmittelbaren Wirkung wird es auch weiterhin darauf ankommen, ob sich aus ihnen ein gewisser Über- bzw. Unterordnungseffekt im Verhältnis zum Bürger ergibt. Für die Frage der Einordnung als Sektorenauftraggeber wird man auf eine eventuelle Wettbewerbsverzerrung achten.

e. Zusammenfassung

Für die Frage nach der unmittelbaren Wirkung der neuen Sektorenrichtlinie behalten die bestehenden Sonderrechte für private Sektorenauftraggeber damit faktisch ihre in der neuen Richtlinie gerade abgeschaffte Vermutungswirkung.

Unternehmen, die sich den Bürgern gegenüber zum Netzbetrieb auf Sonderrechte berufen können, sind der unmittelbaren Wirkung der inhaltlich bestimmten und unbedingten neuen Richtlinienvorschriften ausgesetzt.

Es fragt sich nun, welche Vorschriften dies im Falle der Richtlinie 2004/17/EG genau sind.

3. Aufstellung der unmittelbar anwendbaren Vorschriften der Richtlinie 2004/17/EG

Die unmittelbar geltenden Normen der Richtlinie 2004/17/EG haben weitgehend den gleichen Inhalt wie die unmittelbar geltenden Normen der Richtlinie 2004/18/EG. Dennoch soll hier noch einmal eine separate Aufstellung erfolgen.

a. Schwellenwerte

Hinsichtlich der Schwellenwerte ist zu sagen, dass zunächst die alten Schwellenwerte des § 2 VgV weiter gelten. Bei den Schwellenwertvorgaben der neuen Richtlinie handelt es sich um Mindestwerte, von deren Erreichung ab die besonderen vergaberechtlichen Vorschriften des europäischen Gesetzgebers zu beachten sind. Da die alten Schwellenwerte niedriger sind als die neuen, wird durch die vorläufige Weitergeltung jener der Anwendungsbereich der einschlägigen Regelungen vergrößert, wogegen aus europarechtlicher Sicht nichts einzuwenden ist. Bis zu einer Anpassung der VgV an die neuen Werte bleibt damit alles beim Alten.

b. Gleichwertigkeit technischer Spezifikationen

Wird bei der Verwendung von technischen Spezifikationen (vgl. die §§ 9 und 9 b VOB/A, die §§ 8 und 8 b VOL/A und die §§ 6 SKR VOB/A und VOL/A) auf Normen Bezug genommen, so ist zukünftig gemäß Art. 34 Abs. 3 lit. a der Richtlinie 2004/17/EG jede Bezugnahme mit dem Zusatz „oder gleichwertig" zu versehen. Im Übrigen sind die Abs. 4 und 5 des Art. 34 der Richtlinie 2004/17/EG zu beachten. Die Vorschriften haben folgenden Wortlaut:

> „(3) Unbeschadet zwingender einzelstaatlicher technischer Vorschriften, soweit diese mit dem Gemeinschaftsrecht vereinbar sind, sind die technischen Spezifikationen wie folgt zu formulieren:

a) entweder mit Bezugnahme auf die in Anhang XXI definierten technischen Spezifikationen in der Rangfolge nationaler Normen, mit denen europäische Normen umgesetzt werden, europäische technische Zulassungen, gemeinsame technische Spezifikationen, internationale Normen und andere technische Bezugsysteme, die von den europäischen Normungsgremien erarbeitet wurden, oder, falls solche Normen und Spezifikationen fehlen, mit Bezugnahme auf nationale Normen, nationale technische Zulassungen oder nationale technische Spezifikationen für die Planung, Berechnung und Ausführung von Bauwerken und den Einsatz von Produkten. Jede Bezugnahme ist mit dem Zusatz „oder gleichwertig" zu versehen;

...

(4) Macht der Auftraggeber von der Möglichkeit Gebrauch, auf die in Absatz 3 Buchstabe a) genannten Spezifikationen zu verweisen, so kann er ein Angebot nicht mit der Begründung ablehnen, die angebotenen Waren und Dienstleistungen entsprächen nicht den von ihm herangezogenen Spezifikationen, sofern der Bieter in seinem Angebot dem Auftraggeber mit geeigneten Mitteln nachweist, dass die von ihm vorgeschlagenen Lösungen den Anforderungen der technischen Spezifikation, auf die Bezug genommen wurde, gleichermaßen entsprechen.

   Als geeignetes Mittel kann eine technische Beschreibung des Herstellers oder ein Prüfbericht einer anerkannten Stelle gelten.
(5) Macht der Auftraggeber von der Möglichkeit nach Absatz 3 Gebrauch, die technischen Spezifikationen in Form von Leistungs- oder Funktionsanforderungen zu formulieren, so darf er ein Angebot über Waren, Dienstleistungen oder Bauleistungen, die einer nationalen Norm, mit der eine europäische Norm umgesetzt wird, oder einer europäischen technischen Zulassung, einer gemeinsamen technischen Spezifikation, einer internationalen Norm oder einem technischen Bezugssystem, das von den europäischen Normungsgremien erarbeitet wurde, entsprechen, nicht zurückweisen, wenn diese Spezifikationen die von ihm geforderten Leistungs- und Funktionsanforderungen betreffen.

   Der Bieter weist in seinem Angebot mit allen geeigneten Mitteln dem Auftraggeber nach, dass die der Norm entsprechende jeweilige Ware,

Dienstleistung oder Bauleistung den Leistungs- oder Funktionsanforderungen des Auftraggebers entspricht.
Als geeignetes Mittel kann eine technische Beschreibung des Herstellers oder ein Prüfbericht einer anerkannten Stelle gelten."

c. *Zulassung und Berücksichtigung von Nebenangeboten und Änderungsvorschlägen*
Für die Zulassung und Berücksichtigung von Nebenangeboten und Änderungsvorschlägen bei der Wertung von Angeboten (§ 10 Nr. 5 Abs. 4 VOB/A, §§ 25, 25 b VOB/A, § 17 Nr. 3 Abs. 5 VOB/A, §§ 25, 25 b VOL/A, § 10 SKR VOB/A, § 11 SKR VOL/A) ist die Regelung des Art. 36 Abs. 1 der Richtlinie 2004/17/EG zu beachten. Die Vorschrift hat folgenden Wortlaut:

„*(1) Bei Aufträgen, die nach dem Kriterium des wirtschaftlich günstigsten Angebots vergeben werden, können die Auftraggeber von Bietern vorgelegte Varianten berücksichtigen, die den von ihnen festgelegten Mindestanforderungen entsprechen.*
Die Auftraggeber geben in den Spezifikationen an, ob sie Varianten zulassen, und nennen bei Zulässigkeit von Varianten die Mindestanforderungen, die Varianten erfüllen müssen, und geben an, in welcher Art und Weise sie einzureichen sind."

d. *Bekanntmachungen*
§ 14 VgV gilt mit der Maßgabe, dass bei Bekanntmachungen im Amtsblatt der Europäischen Union die Bezeichnungen des „Gemeinsamen Vokabulars für das öffentliche Auftragswesen" (Common Procurement Vocabulary/CPV) zu verwenden sind (Art. 44 Richtlinie 2004/17/EG). Es sind zukünftig die durch Verordnung (EG) Nr. 1564/2005 der Kommission vom 7. September 2005 zur Einführung von Standardformularen für die Veröffentlichung von Vergabebekanntmachungen im Rahmen von Verfahren zur Vergabe öffentlicher Aufträge gemäß der Richtlinie 2004/17/EG und der Richtlinie 2004/18/EG des Europäischen Parlaments eingeführten neuen Standardformulare zu verwenden.

e. *Unterrichtung der Bewerber und Bieter*
aa. *Unterrichtung der Bewerber und Bieter über den Verzicht auf die Vergabe*
Für die Unterrichtung der Bewerber und Bieter über den Verzicht auf die Vergabe (vgl. die §§ 26 Nr. 2, 27 b Nr. 1 VOB/A, § 26 Nr. 4 VOL/A und § 11

SKR Nr. 1 VOB/A) ist die Regelung des Art. 49 Abs. 1 der Richtlinie 2004/17/ EG zu beachten. Die Vorschrift hat folgenden Wortlaut:

> *„(1) Die Auftraggeber informieren die beteiligten Wirtschaftsteilnehmer **schnellstmöglich**, auf Antrag auch schriftlich, über ihre Entscheidungen über den Abschluss einer Rahmenvereinbarung, die Zuschlagserteilung oder die Zulassung zur Teilnahme an einem dynamischen Beschaffungssystem, einschließlich der Gründe, aus denen beschlossen wurde, auf den Abschluss einer Rahmenvereinbarung oder die Vergabe eines als Aufruf zum Wettbewerb dienenden Auftrags zu verzichten oder das Verfahren erneut einzuleiten bzw. kein dynamisches Beschaffungssystem einzurichten."*

bb. Unterrichtung der nicht berücksichtigten Bieter oder Bewerber

Für die Unterrichtung der nicht berücksichtigten Bieter oder Bewerber (vgl. die §§ 27 und 27 b Nr. 2 VOB/A, die §§ 27 und 27 b VOL/A, § 11 SKR Nr. 2 VOB/A und § 12 SKR VOL/A) gilt die Regelung des Art. 49 Abs. 2 der Richtlinie 2004/17/EG. Die Vorschrift hat folgenden Wortlaut:

> *„(2) Auf Verlangen der betroffenen Partei unterrichtet der Auftraggeber **unverzüglich***
> – *jeden nicht erfolgreichen Bewerber über die Gründe für die Ablehnung seiner Bewerbung,*
> – *jeden nicht berücksichtigten Bieter über die Gründe für die Ablehnung seines Angebots; dazu gehört in den Fällen nach Artikel 34 Absätze 4 und 5 auch eine Unterrichtung über die Gründe für seine Entscheidung, dass keine Gleichwertigkeit vorliegt oder dass die Bauarbeiten, Lieferungen oder Dienstleistungen nicht den Leistungs- oder Funktionsanforderungen entsprechen,*
> – *jeden Bieter, der ein ordnungsgemäßes Angebot eingereicht hat, über die Merkmale und Vorteile des ausgewählten Angebots sowie über den Namen des Zuschlagsempfängers oder der Parteien der Rahmenvereinbarung.*
> *Der Beantwortungszeitraum darf eine Frist von 15 Tagen ab Eingang der schriftlichen Anfrage auf keinen Fall überschreiten.*
> *Die Auftraggeber können jedoch beschließen, bestimmte in Absatz 1 genannte Angaben über die Zuschlagserteilung oder den Abschluss*

von Rahmenvereinbarungen bzw. die Zulassung zur Teilnahme an einem dynamischen Beschaffungssystem nicht mitzuteilen, wenn die Offenlegung dieser Angaben den Gesetzesvollzug behindern, in sonstiger Weise dem öffentlichen Interesse zuwiderlaufen, die berechtigten geschäftlichen Interessen öffentlicher oder privater Wirtschaftsteilnehmer – einschließlich der Interessen des Wirtschaftsteilnehmers, dem der Auftrag erteilt wurde – schädigen oder den lauteren Wettbewerb zwischen ihnen beeinträchtigen würde."

f. Vorschriften über Mitteilungen

Für Mitteilungen ist die Regelung des Art. 48 der Richtlinie 2004/17/EG einschlägig. Die Vorschrift hat folgenden Wortlaut:

„(1) Jede Mitteilung sowie jede in diesem Titel genannte Übermittlung von Informationen kann nach Wahl des Auftraggebers per Post, per Fax, auf elektronischem Wege gemäß den Absätzen 4 und 5, auf telefonischem Wege in den in Absatz 6 genannten Fällen und unter den dort aufgeführten Bedingungen oder durch eine Kombination dieser Kommunikationsmittel erfolgen.

(2) Das gewählte Kommunikationsmittel muss allgemein verfügbar sein, so dass der Zugang der Wirtschaftsteilnehmer zum Vergabeverfahren nicht beschränkt wird.

(3) Bei der Mitteilung bzw. bei Austausch und Speicherung von Informationen sind die Vollständigkeit der Daten sowie die Vertraulichkeit der Angebote und der Anträge auf Teilnahme zu gewährleisten; der Auftraggeber darf vom Inhalt der Angebote und der Anträge auf Teilnahme erst nach Ablauf der Frist für ihre Einreichung Kenntnis nehmen.

(4) Die für die elektronische Übermittlung zu verwendenden Vorrichtungen und ihre technischen Merkmale dürfen keinen diskriminierenden Charakter haben und müssen allgemein zugänglich sowie mit den allgemein verbreiteten Erzeugnissen der Informations- und Kommunikationstechnologie kompatibel sein.

(5) Für die Übermittlung und die Vorrichtungen für den elektronischen Eingang der Angebote sowie für die Vorrichtungen für den elektronischen Eingang der Anträge auf Teilnahme gelten die folgenden Bestimmungen:

a) Die Informationen über die Spezifikationen, die für die elektronische Übermittlung der Angebote und Anträge auf Teilnahme erforderlich sind, einschließlich Verschlüsselung, müssen den interessierten Parteien zugänglich sein. Außerdem müssen die Vorrichtungen, die für den elektronischen Eingang der Angebote und Anträge auf Teilnahme verwendet werden, den Anforderungen des Anhangs XXIV genügen. ..."

Bei der Anwendung dieser Vorschriften ist Folgendes zu beachten:

aa. *Wahlmöglichkeit der Auftraggeber bezüglich der Kommunikationsmittel*
Durch die in Art. 48 Abs. 1 geregelte Wahlmöglichkeit wird zwar der Grundsatz der schriftlichen, papiergestützten öffentlichen Auftragsvergabe nach den Vorgänger-Richtlinien aufgegeben. Dadurch wird eine ausschließliche elektronische Auftragsvergabe möglich, also auch nur elektronische Angebote angenommen werden dürfen. Allerdings braucht von dieser Möglichkeit kein Gebrauch gemacht werden, wenn die deutschen Vergaberegeln dies nicht vorsehen.

bb. *Anforderungen an die Gewährleistung der Vollständigkeit der Daten und der vertraulichen Behandlung der Anträge auf Teilnahme bei Übermittlung und Speicherung*
Die Auftraggeber haben bei Übermittlung und Speicherung die Vollständigkeit der Daten und die Vertraulichkeit der Teilnahmeanträge auf geeignete Weise zu gewährleisten; per Post oder direkt übermittelte Teilnahmeanträge sind in einem verschlossenen Umschlag einzureichen, als solche zu kennzeichnen und bis zum Ablauf der für ihre Einreichung vorgesehenen Frist unter Verschluss zu halten. Bei elektronisch übermittelten Teilnahmeanträgen ist dies durch entsprechende technische Lösungen nach den Anforderungen des Auftraggebers und durch Verschlüsselung sicherzustellen. Die Verschlüsselung muss bis zum Ablauf der für ihre Einreichung vorgesehenen Frist aufrechterhalten bleiben.

cc. *Definitionen*
- Bei den elektronischen Kommunikationsmitteln gemäß Abs. 2 handelt es sich um Netze, die digitale Signale erfassen und weiterleiten können.

Derzeit zählen zu diesen allgemein zugänglichen elektronischen Kommunikationsmitteln Internet und Email.
- Bei den für die elektronische Übermittlung verwendeten Vorrichtungen und ihren technischen Merkmalen gemäß Abs. 4 handelt es sich um Programme (Software), die von Auftraggebern und Unternehmen genutzt werden.
- Bei den Vorrichtungen gemäß Abs. 5 handelt es sich um die Geräte (Hardware) für die Übermittlung und den Empfang von Teilnahmeanträgen und Angeboten.
- Der Begriff „schriftlich" im Sinne der Richtlinie umfasst jede aus Wörtern oder Ziffern bestehende Darstellung, die gelesen, reproduziert und mitgeteilt werden kann. Darin können auch elektronisch übermittelte und gespeicherte Informationen enthalten sein. Dies entspricht der Textform gemäß § 126 b BGB.
- Der Begriff „elektronisch" im Sinne der Richtlinie umfasst ein Verfahren, bei dem elektronische Geräte für die Verarbeitung (einschließlich digitaler Kompression) und Speicherung von Daten zum Einsatz kommen und bei dem Informationen über Kabel, Funk, mit optischen oder anderen elektromagnetischen Verfahren übertragen, weitergeleitet und empfangen werden können.

g. *Aufbewahrung der Unterlagen über vergebene Aufträge*
Für die Aufbewahrung von Unterlagen über vergebene Aufträge (vgl. die §§ 30 und 33 b VOB/A, die §§ 30 und 30b VOL/A, § 13 SKR VOB/A und § 14 SKR VOL/A) ist auch die Vorschrift des Art. 50 der Richtlinie 2004/17/EG zu beachten. Die Vorschrift hat folgenden Wortlaut:

„(1) Die Auftraggeber bewahren sachdienliche Unterlagen über jeden Auftrag auf, die es ihnen zu einem späteren Zeitpunkt ermöglichen, Entscheidungen zu begründen, die Folgendes betreffen:
a) Qualifikation und Auswahl der Wirtschaftsteilnehmer sowie Zuschlagserteilung,
b) Rückgriff auf Verfahren ohne vorherigen Aufruf zum Wettbewerb gemäß Artikel 40 Absatz 3,
c) Nichtanwendung der Kapitel III bis VI dieses Titels aufgrund der Ausnahmebestimmungen von Titel I Kapitel II und von Kapitel II des vorliegenden Titels.

Die Auftraggeber treffen geeignete Maßnahmen, um den Ablauf der mit elektronischen Mitteln durchgeführten Vergabeverfahren zu dokumentieren.
(2) Die Unterlagen müssen mindestens vier Jahre lang ab der Zuschlagserteilung aufbewahrt werden, damit der Auftraggeber der Kommission in dieser Zeit auf Anfrage die erforderlichen Auskünfte erteilen kann."

h.   Eignung der Bewerber und Bieter

Das Ermessen des Auftraggebers bei der Entscheidung über einen Ausschluss von Bewerbern und Bietern vom Vergabeverfahren wegen Unzuverlässigkeit nach den Regelungen des § 8 Nr. 5 VOB/A, § 8 b VOB/A, § 7 Nr. 5 VOL/A, § 7 b VOL/A, § 5 SKR Nr. 1 und 2 VOB/A, § 5 SKR Nr. 1 und 2 VOL/A ist in den Fällen des Art. 54 Abs. 4 der Richtlinie 2004/17/EG in Verbindung mit Art. 45 Abs. 1 der Richtlinie 2004/18/EG eingeschränkt. Die Vorschrift hat folgenden Wortlaut:

„(1) Ein Bewerber oder Bieter ist von der Teilnahme an einem Vergabeverfahren auszuschließen, wenn der öffentliche Auftraggeber Kenntnis davon hat, dass dieser Bewerber oder Bieter aus einem der nachfolgenden Gründe rechtskräftig verurteilt worden ist:

a) Beteiligung an einer kriminellen Organisation im Sinne von Artikel 2 Absatz 1 der gemeinsamen Maßnahme 98/773/JI des Rates (ABl. L 351 vom 29.1.1998; S. 1),

b) Bestechung im Sinne von Artikel 3 des Rechtsakts des Rates vom 26. Mai 1997 (ABl. C 195 vom 25.6.1997, S. 1) und von Artikel 3 Absatz 1 der gemeinsamen Maßnahme 98/742/JI des Rates (ABl. L 358 vom 31.12.1998, S. 2),

c) Betrug im Sinne von Artikel 1 des Übereinkommens über den Schutz der finanziellen Interessen der europäischen Gemeinschaften (ABl. C 316 vom 27.11.1995, S. 48),

d) Geldwäsche im Sinne von Artikel 1 der Richtlinie 91/308/EWG des Rates vom 10. Juni 1991 zur Verhinderung der Nutzung des Finanzsystems zum Zwecke der Geldwäsche (ABl. L 166 vom 28.6.1991, S. 77. Geändert durch die Richtlinie 2001/97/EG des Europäischen Parlaments und des Rates (ABl. L 344 vom 28.1.2001, S. 76)).

Die Mitgliedstaaten legen im Einklang mit ihren nationalen Rechtsvorschriften und unter Beachtung des Gemeinschaftsrechts die Bedingungen für die Anwendung dieses Absatzes fest.

Sie können Ausnahmen von der in Unterabsatz 1 genannten Verpflichtung aus zwingenden Gründen des Allgemeininteresses zulassen.

Zum Zwecke der Anwendung dieses Absatzes verlangen die öffentlichen Auftraggeber gegebenenfalls von den Bewerbern oder Bietern die Vorlage der in Absatz 3 genannten Unterlagen, und sie können die nach ihrem Ermessen erforderlichen Informationen über die persönliche Lage dieser Bewerber oder Bieter bei den zuständigen Behörden einholen, wenn sie Bedenken in Bezug auf die persönliche Lage dieser Bewerber oder Bieter haben. Betreffen die Informationen einen Bewerber oder Bieter, der in einem anderen Staat als der öffentliche Auftraggeber ansässig ist, so kann dieser die zuständigen Behörden um Mitarbeit ersuchen. Nach Maßgabe des nationalen Rechts des Mitgliedstaats, in dem der Bewerber oder Bieter ansässig ist, betreffen diese Ersuchen juristische und/oder natürliche Personen, gegebenenfalls auch die jeweiligen Unternehmensleiter oder jede andere Person, die befugt ist, den Bewerber oder Bieter zu vertreten, in seinem Namen Entscheidungen zu treffen oder ihn zu kontrollieren.

...

(3) Als ausreichenden Nachweis dafür, dass die in Absatz 1 (...) genannten Fälle auf den Wirtschaftsteilnehmer nicht zutreffen, akzeptiert der öffentliche Auftraggeber

a) im Fall von Absatz 1 (...) einen Auszug aus dem Strafregister oder – in Ermangelung eines solchen – eine gleichwertige Urkunde einer zuständigen Gerichts- oder Verwaltungsbehörde des Ursprungs- oder Herkunftslands, aus der hervorgeht, dass diese Anforderungen erfüllt sind;

...

Wird eine Urkunde oder Bescheinigung von dem betreffenden Land nicht ausgestellt oder werden darin nicht alle in Absatz 1 (...) vorgesehenen Fälle erwähnt, so kann sie durch eine eidesstattliche Erklärung oder in den Mitgliedstaaten, in denen es keine eidesstattliche Erklärung gibt, durch eine förmliche Erklärung ersetzt werden, die der betreffende Wirtschaftsteilnehmer vor einer zuständigen Gerichts- oder

Verwaltungsbehörde, einem Notar oder einer dafür qualifizierten Berufsorganisation des Ursprungs- oder Herkunftslands abgibt.
(4) Die Mitgliedstaaten benennen die für die Ausgabe der Urkunden, Bescheinigungen oder Erklärungen nach Absatz 3 zuständigen Behörden und Stellen und unterrichten davon die Kommission. Die datenschutzrechtlichen Bestimmungen bleiben von dieser Mitteilung unberührt."

Für die Anwendung des Art. 45 der Richtlinie 2004/18/EG (in Verbindung mit Art. 54 Abs. 4 der Richtlinie 2004/17/EG) ist auf Folgendes hinzuweisen:

(a) Die Vorschrift des Art. 45 Abs. 1 der Richtlinie 2004/18/EG ist, bis zu der Verabschiedung einer Vorschrift über die Zurechnung von Straftaten zu juristischen Personen und Personenvereinigungen, nur auf rechtskräftige Verurteilungen von Einzelkaufleuten anzuwenden, die als Bieter oder Bewerber an einem Vergabeverfahren teilnehmen. Die nach geltendem Recht bestehenden Möglichkeiten zum Ausschluss von juristischen Personen und Personenvereinigungen wegen Unzuverlässigkeit bleiben unberührt.

(b) Die in Art. 45 Abs. 1 der Richtlinie 2004/18/EG genannten Vorschriften sind insbesondere durch folgende Strafvorschriften in das deutsche Recht umgesetzt worden:
   (1) § 129 des Strafgesetzbuches (Bildung krimineller Vereinigungen); § 129 a des Strafgesetzbuches (Bildung terroristischer Vereinigungen), § 129 b des Strafgesetzbuches (kriminelle und terroristische Vereinigungen im Ausland),
   (2) § 261 des Strafgesetzbuches (Geldwäsche, Verschleierung unrechtmäßig erlangter Vermögenswerte),
   (3) § 263 des Strafgesetzbuches (Betrug), soweit sich die Straftat gegen den Haushalt der EG oder gegen Haushalte richtet, die von der EG oder in ihrem Auftrag verwaltet werden,
   (4) § 264 des Strafgesetzbuches (Subventionsbetrug), soweit sich die Straftat gegen den Haushalt der EG oder gegen Haushalte richtet, die von der EG oder in ihrem Auftrag verwaltet werden,
   (5) § 334 des Strafgesetzbuches (Bestechung), auch in Verbindung mit Art. 2 des EU-Bestechungsgesetzes, Art. 2 § 1 des Gesetzes zur Bekämpfung internationaler Bestechung, Art. 7 Abs. 2 Nr. 10 des Vierten Straf-

rechtsänderungsgesetzes und § 2 des Gesetzes über das Ruhen der Verfolgungsverjährung und die Gleichstellung der Richter und Bediensteten des Internationalen Strafgerichtshofes,
(6) Art. 2 § 2 des Gesetzes zur Bekämpfung internationaler Bestechung (Bestechung ausländischer Abgeordneter im Zusammenhang mit internationalem Geschäftsverkehr),
(7) § 370 der Abgabenordnung, auch in Verbindung mit § 12 MOG, soweit sich die Straftat gegen den Haushalt der EG oder gegen Haushalte richtet, die von der EG oder in ihrem Auftrag verwaltet werden.
(c) Von einem Ausschluss nach Art. 45 Abs. 1 der Richtlinie 2004/18/EG kann nur abgesehen werden, wenn zwingende Gründe des Allgemeininteresses vorliegen und andere Unternehmen die Leistung nicht angemessen erbringen können.

i. Nachweis der Erfüllung von Qualitätssicherungsnormen und Normen für Umweltmanagement

Zum Nachweis der Erfüllung von Qualitätssicherungsnormen und Normen für Umweltmanagement (vgl. die §§ 8 Nr. 3 und Nr. 4, 8 b VOB/A, die §§ 7 Nr. 4, 7 b VOL/A, § 5 SKR VOB/A und § 5 SKR VOL/A) sind auch die Vorschriften des Art. 52 Abs. 2 und 3 der Richtlinie 2004/17/EG anzuwenden. Die Vorschriften haben folgenden Wortlaut:

> *„(2) Verlangen Auftraggeber zum Nachweis dafür, dass der Wirtschaftsteilnehmer bestimmte Qualitätssicherungsnormen erfüllt, die Vorlage von Bescheinigungen unabhängiger Stellen, so nehmen sie auf Qualitätssicherungsverfahren Bezug, die den einschlägigen europäischen Normen genügen und von entsprechenden Stellen gemäß den europäischen Zertifizierungsnormen zertifiziert sind.*
>
> *Die Auftraggeber erkennen gleichwertige Bescheinigungen von Stellen aus anderen Mitgliedstaaten an. Sie erkennen auch andere Nachweise für gleichwertige Qualitätssicherungsmaßnahmen von den Wirtschaftsteilnehmern an.*
>
> *(3) Bei Bau- und Dienstleistungsaufträgen können die Auftraggeber zur Überprüfung der technischen Leistungsfähigkeit des Wirtschaftsteilnehmers in bestimmten Fällen einen Hinweis auf die Umweltmanagementmaßnahmen verlangen, die der Wirtschaftsteilnehmer bei der Ausführung des Auftrags anwenden kann. Verlangen die*

> *Auftraggeber zum Nachweis dafür, dass der Wirtschaftsteilnehmer bestimmte Normen für das Umweltmanagement erfüllt, die Vorlage von Bescheinigungen unabhängiger Stellen, so nehmen sie auf das EMAS oder auf Normen für das Umweltmanagement Bezug, die auf den einschlägigen europäischen oder internationalen Normen beruhen und von entsprechenden Stellen gemäß dem Gemeinschaftsrecht oder gemäß einschlägigen europäischen oder internationalen Zertifizierungsnormen zertifiziert sind."*

j. Gewichtung von Zuschlagskriterien und ihre Bekanntmachung

Für die Gewichtung von Zuschlagskriterien und ihre Bekanntmachung (vgl. die §§ 10 und 10 b, 25 Nr. 3 Abs. 3, 25 b VOB/A, die §§ 9 und 9 b, 25 Nr. 3 VOL/A, die §§ 7 und 10 SKR VOB/A und die §§ 7 und 11 SKR VOL/A) sind die Regelungen des Art. 47 Abs. 4 lit. f und 55 Abs. 2 der Richtlinie 2004/17/EG anzuwenden. **Dabei ist zu berücksichtigen, dass im deutschen Recht gemäß § 97 Abs. 5 GWB stets das wirtschaftlichste Angebot den Zuschlag zu erhalten hat.** Insofern erübrigt sich an dieser Stelle die Zitierung der Alternative des Art. 55 Abs. 1 lit. b der Richtlinie 2004/17/EG. Die Vorschriften haben folgenden Wortlaut:

> (a) Art. 47
>
> „...
>
> *(4) Die Aufforderung zur Angebotsabgabe umfasst außerdem zumindest ...*
>
> *(f) die relative Gewichtung der Zuschlagskriterien oder gegebenenfalls die nach ihrer Bedeutung eingestufte Reihenfolge dieser Kriterien, wenn diese Angaben nicht in der Bekanntmachung, der Bekanntmachung über das Bestehen eines Prüfungssystems oder in den Verdingungsunterlagen enthalten sind."*

> (b) Art. 55
>
> „(1) Unbeschadet nationaler Rechts- und Verwaltungsvorschriften über die Vergütung bestimmter Dienstleistungen sind die für die Zuschlagserteilung maßgebenden Kriterien
>
> *a) entweder, wenn der Zuschlag auf das aus Sicht des Auftraggebers wirtschaftlich günstigste Angebot erfolgt, verschiedene mit*

> dem Auftragsgegenstand zusammenhängende Kriterien wie: Lieferfrist bzw. Ausführungsdauer, Betriebskosten, Rentabilität, Qualität, Ästhetik und Zweckmäßigkeit, Umwelteigenschaften, technischer Wert, Kundendienst und technische Hilfe, Zusagen hinsichtlich der Ersatzteile, Versorgungssicherheit, Preis ...
> ...
> *(2) Unbeschadet des Unterabsatzes 3 gibt der Auftraggeber im Fall von Absatz 1 Buchstabe a) an, wie er die einzelnen Kriterien gewichtet, die er ausgewählt hat, um das wirtschaftlich günstigste Angebot zu ermitteln.*
> *Diese Gewichtung kann mittels einer Marge angegeben werden, deren größte Bandbreite angemessen sein muss.*
> *Kann nach Ansicht des Auftraggebers die Gewichtung aus nachvollziehbaren Gründen nicht angegeben werden, so gibt der Auftraggeber die Kriterien in der absteigenden Reihenfolge ihrer Bedeutung an.*
> *Die relative Gewichtung oder die nach der Bedeutung eingestufte Reihenfolge der Kriterien wird – soweit erforderlich – in der als Aufruf zum Wettbewerb verwendeten Bekanntmachung, in der Aufforderung zur Interessensbestätigung gemäß Artikel 47 Absatz 5, in der Aufforderung zur Angebotsabgabe oder zur Verhandlung oder in den Verdingungsunterlagen angegeben."*

k. Ungewöhnlich niedrige Angebote

(a) Bei ungewöhnlich niedrigen Angeboten gilt – in Ergänzung zu § 25 Nr. 3 Abs. 2 VOB/A und § 25 Nr. 3 Abs. 2 VOL/A, – die Regelung des Art. 57 Abs. 1 Satz 1 der Richtlinie 2004/17/EG. Die Vorschrift hat folgenden Wortlaut:

> *„Erscheinen im Fall eines bestimmten Auftrags Angebote im Verhältnis zur Leistung ungewöhnlich niedrig, so **muss der Auftraggeber vor Ablehnung dieser Angebote schriftlich** Aufklärung über die Bestandteile des Angebots verlangen, wo er dies für angezeigt hält."*

(b) Bei ungewöhnlich niedrigen Angeboten wegen des Erhalts einer staatlichen Beihilfe ist – in Ergänzung zu § 25 Nr. 3 Abs. 2 VOB/A und § 25 Nr. 2

Abs. 2 VOL/A – die Regelung des Art. 57 Abs. 3 der Richtlinie 2004/17/EG anzuwenden. Die Vorschrift hat folgenden Wortlaut:

„(3) Stellt der öffentliche Auftraggeber fest, dass ein Angebot ungewöhnlich niedrig ist, weil der Bieter eine staatliche Beihilfe erhalten hat, so darf er das Angebot allein aus diesem Grund nur nach Rücksprache mit dem Bieter ablehnen, sofern dieser binnen einer von dem Auftraggeber festzulegenden ausreichenden Frist nicht nachweisen kann, dass die betreffende Beihilfe rechtmäßig gewährt wurde. Lehnt der Auftraggeber ein Angebot unter diesen Umständen ab, so teilt er dies der Kommission mit."

I. Abgrenzung von Aufträgen, die unter die Richtlinie 2004/18/EG über die Koordinierung der Verfahren zur Vergabe öffentlicher Bauaufträge, Lieferaufträge und Dienstleistungsaufträge fallen, von Aufträgen, die unter die Richtlinie 2004/17/EG fallen

Zur Abgrenzung von Aufträgen, die unter die Richtlinie 2004/18/EG fallen, von Aufträgen, die unter die Richtlinie 2004/17/EG fallen und solchen, die unter keine der genannten Richtlinien fallen, ist Art. 9 der Richtlinie 2004/17/EG anzuwenden. Die Vorschrift hat folgenden Wortlaut:

„(1) Für einen Auftrag zur Durchführung mehrerer Tätigkeiten gelten die Vorschriften für die Tätigkeit, die den Hauptgegenstand darstellt.

Die Wahl zwischen der Vergabe eines einzigen Auftrags und der Vergabe mehrerer getrennter Aufträge darf jedoch nicht mit der Zielsetzung erfolgen, die Anwendung dieser Richtlinie oder gegebenenfalls der Richtlinie 2004/18/EG zu umgehen.

(2) Unterliegt eine der Tätigkeiten, die der Auftrag umfasst, der vorliegenden Richtlinie, die andere Tätigkeit jedoch der genannten Richtlinie 2004/18/EG und ist es objektiv nicht möglich, festzustellen, welche Tätigkeit den Hauptgegenstand des Auftrags darstellt, so ist der Auftrag gemäß den Bestimmungen der genannten Richtlinie 2004/18/EG zu vergeben.

(3) Unterliegt eine der Tätigkeiten, die der Auftrag umfasst, der vorliegenden Richtlinie, die andere Tätigkeit jedoch weder der vorliegenden Richtlinie noch der genannten Richtlinie 2004/18/EG und

ist es objektiv nicht möglich, festzustellen, welche Tätigkeit den Hauptgegenstand des Auftrags darstellt, so ist der Auftrag gemäß den Bestimmungen der vorliegenden Richtlinie zu vergeben."

B. Das ÖPP-Beschleunigungsgesetz

Mit dem ÖPP-Beschleunigungsgesetz möchte der deutsche Gesetzgeber ausweislich der Gesetzesbegründung die Rahmenbedingungen für Öffentlich Private Partnerschaften (ÖPP) verbessern. Dieses Ziel soll durch eine breite, mehrere Rechtsgebiete umfassende Änderungsoffensive erreicht werden. Auch und gerade das Vergaberecht hat durch das ÖPP-Beschleunigungsgesetz zahlreiche Veränderungen erfahren. Diese sollen im Folgenden kurz vorgestellt werden.

I. Das neue Verfahren: Der wettbewerbliche Dialog

Der „wettbewerbliche Dialog" ist eine der wesentlichen Neuerungen, die im Rahmen der vergaberechtlichen Neuordnung, insbesondere der Neuschaffung der europarechtlichen Richtlinien, geschaffen wurden. Die Europäische Kommission schlug dieses Verfahren vor, weil die bisherigen Vergabeverfahren keine ausreichenden Dialogmöglichkeiten für öffentliche Auftraggeber vorsehen, die in besonders komplexen Märkten zwar ihren Bedarf kennen, aber nicht die beste Lösung identifizieren können, um ihn zu decken.

Der wettbewerbliche Dialog soll daher als ein flexibles Verfahren, das sowohl den Wettbewerb zwischen Wirtschaftsteilnehmern gewährleistet als auch dem Erfordernis gerecht wird, dass der öffentliche Auftraggeber alle Aspekte des Auftrags mit jedem Bewerber besprechen kann, bei besonders komplexen Vorhaben zum Einsatz gelangen.

Der wettbewerbliche Dialog ist durch das ÖPP-Beschleunigungsgesetz vom 8. September 2005 in § 101 Abs. 5 und 6 GWB n. F. sowie in § 6 a VgV n. F. umgesetzt worden.

> § 101 GWB lautet nunmehr:
> „(1) *Die Vergabe von öffentlichen Liefer-, Bau- und Dienstleistungsaufträgen erfolgt in offenen Verfahren, in nicht offenen Verfahren, in Verhandlungsverfahren oder im wettbewerblichen Dialog. (...)*
> (5) *Ein wettbewerblicher Dialog ist ein Verfahren zur Vergabe besonders komplexer Aufträge durch staatliche Auftraggeber. In diesem Verfahren erfolgen eine Aufforderung zur Teilnahme und anschließend Verhandlungen mit ausgewählten Unternehmen über alle Einzelheiten des Auftrags."*

§ 6 a VgV lautet nunmehr:

„*(1) Die staatlichen Auftraggeber können für die Vergabe eines Liefer-, Dienstleistungs- oder Bauauftrags oberhalb der Schwellenwerte einen wettbewerblichen Dialog durchführen, sofern sie objektiv nicht in der Lage sind,*
1. *die technischen Mittel anzugeben, mit denen ihre Bedürfnisse und Ziele erfüllt werden können oder*
2. *die rechtlichen oder finanziellen Bedingungen des Vorhabens anzugeben.*

(2) Die staatlichen Auftraggeber haben ihre Bedürfnisse und Anforderungen europaweit bekannt zu machen; die Erläuterung dieser Anforderungen erfolgt in der Bekanntmachung oder in einer Beschreibung.

(3) Mit den im Anschluss an die Bekanntmachung nach Absatz 2 ausgewählten Unternehmen ist ein Dialog zu eröffnen, in dem die staatlichen Auftraggeber ermitteln und festlegen, wie ihre Bedürfnisse am besten erfüllt werden können. Bei diesem Dialog können sie mit den ausgewählten Unternehmen alle Einzelheiten des Auftrags erörtern. Die staatlichen Auftraggeber haben dafür zu sorgen, dass alle Unternehmen bei dem Dialog gleich behandelt werden. Insbesondere dürfen sie nicht Informationen so weitergeben, dass bestimmte Unternehmen begünstigt werden könnten. Die staatlichen Auftraggeber dürfen Lösungsvorschläge oder vertrauliche Informationen eines Unternehmens nicht ohne dessen Zustimmung an die anderen Unternehmen weitergeben und diese nur im Rahmen des Vergabeverfahrens verwenden.

(4) Die staatlichen Auftraggeber können vorsehen, dass der Dialog in verschiedenen aufeinander folgenden Phasen abgewickelt wird, um die Zahl der in der Dialogphase zu erörternden Lösungen anhand der in der Bekanntmachung oder in der Beschreibung angegebenen Zuschlagskriterien zu verringern.

Im Fall des Satzes 1 ist dies in der Bekanntmachung oder in einer Beschreibung anzugeben. Die staatlichen Auftraggeber haben die Unternehmen, deren Lösungen nicht für die nächstfolgende Dialogphase vorgesehen sind, darüber zu informieren.

(5) Die staatlichen Auftraggeber haben den Dialog für abgeschlossen zu erklären, wenn

> 1. eine Lösung gefunden worden ist, die ihre Bedürfnisse erfüllt oder
> 2. erkennbar ist, dass keine Lösung gefunden werden kann; sie haben die Unternehmen darüber zu informieren.
>
> Im Fall des Satzes 1 Nr. 1 haben sie die Unternehmen aufzufordern, auf der Grundlage der eingereichten und in der Dialogphase näher ausgeführten Lösungen ihr endgültiges Angebot vorzulegen. Die Angebote müssen alle zur Ausführung des Projekts erforderlichen Einzelheiten enthalten. Der staatliche Auftraggeber kann verlangen, dass Präzisierungen, Klarstellungen und Ergänzungen zu diesen Angeboten gemacht werden. Diese Präzisierungen, Klarstellungen oder Ergänzungen dürfen jedoch keine Änderung der grundlegenden Elemente des Angebots oder der Ausschreibung zur Folge haben, die den Wettbewerb verfälschen oder diskriminierend wirken könnte.
>
> (6) Die staatlichen Auftraggeber haben die Angebote auf Grund der in der Bekanntmachung oder in der Beschreibung festgelegten Zuschlagskriterien zu bewerten und das wirtschaftlichste Angebot auszuwählen. Die staatlichen Auftraggeber dürfen das Unternehmen, dessen Angebot als das wirtschaftlichste ermittelt wurde, auffordern, bestimmte Einzelheiten des Angebots näher zu erläutern oder im Angebot enthaltene Zusagen zu bestätigen. Dies darf nicht dazu führen, dass wesentliche Aspekte des Angebots oder der Ausschreibung geändert werden, und dass der Wettbewerb verzerrt wird oder andere am Verfahren beteiligte Unternehmen diskriminiert werden ..."

1. Ablauf in zwei Phasen

Der wettbewerbliche Dialog läuft damit in zwei Phasen ab:

a. *Erste Phase*
- Veröffentlichung einer europaweiten Bekanntmachung, in welcher die staatlichen Auftraggeber ihre Bedürfnisse und Anforderungen formulieren;
- Auswahl geeigneter Unternehmen, mit denen das Verfahren durchgeführt werden soll;
- Eröffnung des Dialogs mit den ausgewählten Unternehmen;

- Ziel: Ermittlung, wie die Bedürfnisse des Auftraggebers am besten erfüllt werden können;
- Ende des Dialogs, wenn Ermittlung einer Lösung, die die Bedürfnisse erfüllt;

b. *Zweite Phase*
- Information der Unternehmen und Aufforderung, auf der Grundlage der eingereichten und in der Dialogphase näher ausgeführten Lösungen ein endgültiges Angebot vorzulegen;
- Wertung der Angebote;
- Zuschlag auf das wirtschaftlichste Angebot;

2. Kritikpunkte
- Spannungsverhältnis zum Vertraulichkeitsschutz;
- Verwendung der Dialogerkenntnisse zur Eigenoptimierung (fehlender Schutz für innovative Vorschläge);
- Rechtsunsicherheit bezüglich objektiver Unmöglichkeit der Auftraggeber;

3. Zwischenergebnis

Die Auftragsvergabe im Rahmen eines wettbewerblichen Dialogs wird auch künftig nicht der Regelfall sein.

Seine Anwendung ist nicht uneingeschränkt zulässig, sondern für sehr komplexe technische und wirtschaftliche Großvorhaben, bei denen der Auftraggeber insbesondere den aktuellen Stand von Technik und Forschung selbst gar nicht kennt, reserviert.

4. Der „wettbewerbliche Dialog" – Verfahren ohne Fristen?

Auffällig bei der Neuregelung ist, dass im Gegensatz zu den herkömmlichen Verfahren keine Fristen bestimmt sind.

Die in den Verdingungsordnungen vorgesehenen Fristen beziehen sich lediglich auf die „klassischen" Vergabeverfahren des offenen und nichtoffenen Verfahrens sowie des Verhandlungsverfahrens.

Solange noch keine Änderung von VOL/A bzw. VOB/A vorgenommen wurde, ist also festzuhalten, dass keine ausdrückliche Regelung im Hinblick auf bei einem wettbewerblichen Dialog anzuwendende Fristen besteht.

Vor diesem Hintergrund sind Auftraggeber bereits auf die Idee gekommen, einen wettbewerblichen Dialog als eine Möglichkeit der Verfahrensbeschleunigung zu nutzen.

Aus dieser fehlenden Normierung den Schluss zu ziehen, dass ein öffentlicher Auftraggeber, wenn er das Verfahren des wettbewerblichen Dialoges anwendet, keine Fristen einzuhalten hat, wäre jedoch falsch.

Es spricht viel dafür, dass es sich bei der fehlende Regelung der Fristen um eine „planwidrige Lücke" handelt. Diese kann insbesondere auf die unterschiedlichen „Gesetzgeber" zurückgeführt werden. Während GWB und VgV, welche jetzt durch das ÖPP-Beschleunigungsgesetz geändert wurden, von Bundesrat und Bundestag beschlossen wurden, liegt eine Neufassung der Verdingungsordnungen in den Händen der so genannten „Verdingungsausschüsse", die aus Mitgliedern der Verwaltung und Fachverbänden zusammengesetzt sind. Die bisher unterbliebene Regelung kann damit erklärt werden, dass die Neuregelung in ungewöhnlicher Eile beschlossen wurde; die für die Verdingungsordnungen zuständigen Ausschüsse hatten bisher keine Zeit, die diesbezüglichen Änderungen umzusetzen.

Art. 38 der Richtlinie 2004/18/EG, in der die Fristen für den Eingang der Anträge auf Teilnahme und der Angebote geregelt sind, enthält aber ausdrückliche Regelungen für den wettbewerblichen Dialog.

Gemäß Art. 38 Abs. 3 lit. a der Richtlinie 2004/18/EG beträgt die Frist für den Eingang der Teilnahmeanträge mindestens 37 Tage ab dem Zeitpunkt der Absendung der Bekanntmachung. Im Hinblick auf die Fristen ist der wettbewerbliche Dialog also ausdrücklich dem nichtoffenen Verfahren und dem Verhandlungsverfahren mit Teilnahmewettbewerb gleichgestellt.

Die Regelung des Art. 38 Abs. 3 lit. a der Richtlinie 2004/18/EG findet unmittelbare Anwendung, da die dafür erforderlichen Voraussetzungen (siehe oben: unbedingt und inhaltlich bestimmt) erfüllt sind.

Die Lücke der (noch) nicht geregelten Fristen ist also durch die unmittelbare Anwendung der einschlägigen Richtlinienvorschriften zu schließen.

II. Die Abkehr vom Eigenleistungserfordernis: § 4 Abs. 4 und § 6 Abs. 2 Nr. 2 VgV n. F.

§ 4 Abs. 4 VgV n. F. hat folgenden Wortlaut:

„Bei der Anwendung von Absatz 1 ist § 7 Nr. 2 Abs. 1 des 2. Abschnittes des Teiles A der Verdingungsordnung für Leistungen (VOL/A) mit der

Maßgabe anzuwenden, dass der Auftragnehmer sich bei der Erfüllung der Leistung der Fähigkeiten anderer Unternehmen bedienen kann."

§ 6 Abs. 2 Nr. 2 VgV n. F. lautet:

„§ 8 Nr. 2 Abs. 1 und § 25 Nr. 6 VOB/A finden mit der Maßgabe Anwendung, dass der Auftragnehmer sich bei der Erfüllung der Leistung der Fähigkeiten anderer Unternehmen bedienen kann."

Nach Maßgabe des § 4 Abs. 1 VgV sind bei der Vergabe von Liefer- und Dienstleistungsaufträgen die Bestimmungen des 2. Abschnittes des Teiles A der Verdingungsordnung für Leistungen (VOL/A) anzuwenden. Nach der Meinung des Gesetzgebers bedurfte die Anwendung der VOL/A jedoch der Modifikation: So wird zukünftig auf die gesetzliche Vorgabe eines Eigenleistungserfordernisses verzichtet.

Aus § 7 Nr. 2 Abs. 1 VOL/A wurde bisher in der deutschen Rechtsprechung die Verpflichtung des Auftragnehmers abgeleitet, einen substanziellen Anteil der vertraglichen Leistung als Eigenleistung zu erbringen. Problematisch war diese Eigenleistungserfordernis aus der Sicht des Gesetzgebers insbesondere vor dem Hintergrund der jüngeren EuGH-Rechtsprechung (zuletzt Rs. C-314/01 – Siemens/ARGE Telekom), wonach die verpflichtende Vorgabe eines Eigenleistungsanteils nicht mit den Vorgaben des Gemeinschaftsrechts vereinbar sei. Bieter könnten danach nicht deshalb ausgeschlossen werden, weil sie sich bei der Auftragsvergabe auf die Leistungsfähigkeit eines Dritten berufen, soweit sie den Nachweis erbringen, dass sie über die Mittel dieses leistungsfähigen Dritten verbindlich verfügen können.

Hinzu kam die Überlegung, dass gesetzliche Eigenleistungsquoten den Kreis potenzieller Bieter erheblich einschränken. Durch solche Quoten wird die gerade für die Realisierung von ÖPP wichtige Möglichkeit der Projektfinanzierung durch institutionelle Kapitalgeber erschwert.

Nach alledem kann sich in Zukunft ein Unternehmen bei der Erfüllung eines Auftrags der Kapazitäten anderer Unternehmen bedienen. Gleiches gilt auch für Bietergemeinschaften.

Auch nach § 6 Abs. 2 Nr. 2 ist der Auftragnehmer künftig nicht verpflichtet, einen wesentlichen Anteil der vertraglichen Leistung als Eigenanteil zu erbringen (siehe oben).

Diese Abkehr von der Pflicht zur wenigstens anteiligen Leistungserbringung im eigenen Betrieb bewirkt allerdings, dass bis zu einer Anpassung insbesondere Teil A der VOB in direktem Widerspruch zum Teil B steht, wo § 4 Nr. 8 immer noch klar verfügt: „Der Auftragnehmer hat die Leistung im eigenen Betrieb auszuführen." Für diesen Widerspruch muss eine praxistaugliche Lösung gefunden werden.

III. Die Zulassung von Projektanten: § 4 Abs. 5 und § 6 Abs. 3 VgV

§ 4 Abs. 5 VgV n. F. lautet:

> „Hat ein Bieter oder Bewerber vor Einleitung des Vergabeverfahrens den Auftraggeber beraten oder sonst unterstützt, so hat der Auftraggeber sicherzustellen, dass der Wettbewerb durch die Teilnahme des Bieters oder Bewerbers nicht verfälscht wird."

§ 6 Abs. 3 VgV n. F. lautet:

> „§ 4 Abs. 5 gilt entsprechend."

Der neu eingefügte § 4 Absatz 5 VgV soll die so genannte Projektantenproblematik klären. Sie betrifft die Frage, wie mit Unternehmen und Beratern umzugehen ist, die den Auftraggeber zunächst bei der Vorbereitung des Vergabeverfahrens beraten oder unterstützen und anschließend, nach Beginn des Vergabeverfahrens, als Bewerber bzw. Bieter am Vergabeverfahren teilnehmen möchten. In diesen Fällen können Gefahren für den Vergabewettbewerb bestehen, denn einerseits verfügt der Projektant durch seine vorbereitende Tätigkeit möglicherweise über einen (erheblichen) Informationsvorsprung. Zum andern kann ein Projektant unter Umständen durch seine vorbereitende Tätigkeit das Vergabeverfahren so beeinflussen, dass ihn z. B. die Leistungsbeschreibung einseitig begünstigt.

Bei ÖPP-Vorhaben stellt sich die Projektantenproblematik häufig in besonderem Maße, da die Auftraggeber schon frühzeitig auf externen spezialisierten Sachverstand angewiesen sind. Darüber hinaus greifen öffentliche Auftraggeber bei ÖPP-Vorhaben häufig im Vorfeld auf die Kompetenz späterer Bieter zurück, um die Marktfähigkeit und Realisierbarkeit des Vorhabens frühzeitig sicherzustellen. In vielen Fällen beruhen ÖPP-Vorhaben auch auf der Initiative potenzieller Anbieter.

Die deutsche Rechtsprechung zur Projektantenproblematik ist bislang uneinheitlich. Auf europäischer Ebene hat der EuGH mit Urteil vom 3. März 2005 über eine explizite Regelung zur Projektantenproblematik im belgischen Recht entschieden (Rs. C-21/03 und C-34/03). Der EuGH kam zunächst zu dem Ergebnis, dass die Beteiligung von Projektanten auf Bieterseite im Vergabeverfahren grundsätzlich geeignet ist, den ordnungsgemäßen Vergabewettbewerb zu gefährden. Er hielt jedoch eine Regelung für unverhältnismäßig und gemeinschaftsrechtswidrig, nach der jeder, der an der Vorbereitung des Vergabeverfahrens mitgewirkt habe, generell vom Vergabeverfahren auszuschließen sei. Es sei vielmehr geboten, in jedem Einzelfall zu hinterfragen, ob die Beteiligung im Vorfeld den Vergabewettbewerb nachhaltig negativ beeinflussen könne.

In Übereinstimmung mit den Vorgaben des europäischen Rechts verpflichtet die Neuregelung in Abs. 5 den Auftraggeber, bei einem Einsatz von so genannten Projektanten sicherzustellen, dass der Wettbewerb nicht verfälscht wird. Dies kann insbesondere bedeuten, dass der Auftraggeber einen etwaigen Informationsvorsprung des Projektanten gegenüber anderen Bietern oder Bewerbern ausgleicht. Nur wenn keine geeigneten Maßnahmen in Betracht kommen, die eine Verfälschung des Wettbewerbs verhindern, kommt ein Ausschluss des Projektanten vom Vergabeverfahren in Betracht.

IV. Vor der Auftragsvergabe kein Zwang mehr zu einer bestimmten Rechtsform für die Bietergemeinschaft: § 6 Abs. 2 Nr. 1 VgV

§ 6 Abs. 2 Nr. 1 VgV n. F. hat den folgenden Wortlaut:

> *„§ 2 Nr. 1 und § 25 Nr. 2 VOB/A gelten bei einer Auftragsvergabe an mehrere Unternehmen mit der Maßgabe, dass der Auftraggeber nur für den Fall der Auftragsvergabe verlangen kann, dass eine Bietergemeinschaft eine bestimmte Rechtsform annehmen muss, sofern dies für die ordnungsgemäße Durchführung des Auftrages notwendig ist."*

§ 6 Abs. 2 Nr. 1 übernimmt bei einer Auftragsvergabe an mehrere Unternehmen bzw. an eine Bietergemeinschaft den Regelungsgehalt des § 7 a Nr. 2

Abs. 6 VOL/A. Danach kann der Auftraggeber für den Fall der Auftragserteilung verlangen, dass eine Bietergemeinschaft eine bestimmte Rechtsform annehmen muss, sofern dies für die ordnungsgemäße Durchführung des Auftrags notwendig ist. Die Vorschrift korrigiert die Vergabepraxis für ÖPP-Vorhaben, wo gelegentlich bereits im Teilnahmewettbewerb von den Bewerbern verlangt wurde, dass sich diese schon zu diesem Zeitpunkt in der Rechtsform der zukünftigen Projektgesellschaft bewerben. Aufgrund des mit der Gesellschaftsgründung verbundenen Aufwands wird durch diese Praxis insbesondere der Mittelstand belastet. Hierdurch kann der Erfolg von ÖPP beeinträchtigt werden. Auch aus Sicht der Wirtschaft ist eine flexible Lösung vorzuziehen.

Der EuGH hat in der Rechtssache C-57/01 (*Makedonio Metro*) entschieden, dass bei der Vergabe einer öffentlichen Baukonzession von einer Bietergemeinschaft die Annahme einer bestimmten Rechtsform erst nach Zuschlagserteilung verlangt werden kann. Dementsprechend sieht die Neuregelung des § 6 Abs. 2 Nr. 1 vor, dass für den Fall der Auftragserteilung die Annahme einer bestimmten Rechtsform nur verlangt werden kann, wenn dies für die ordnungsgemäße Durchführung notwendig ist.

V. Die übrigen Neuerungen und Klarstellung durch das ÖPP-Beschleunigungsgesetz

1. § 6 Abs. 2 Nr. 3 VgV n. F. – Klarstellung für den Fall der Weitervergabe: Nur Teil B der VOB/B ist zugrunde zu legen

§ 6 Abs. 2 Nr. 3 VgV n. F.:

„§ 10 Nr. 5 Abs. 3 VOB/A gilt mit der Maßgabe, dass der Auftragnehmer bei der Weitervergabe von Bauleistungen nur die Bestimmungen des Teiles B der Vergabe- und Vertragsleistungen für Bauleistungen (VOB/B) zugrunde zu legen hat."

Mit der Neuregelung in § 6 Abs. 2 Nr. 3 soll klargestellt werden, dass Auftragnehmer bei der Weitervergabe von Bauleistungen an Nachunternehmer alleine die Bestimmungen des Teiles B der Vergabe- und Vertragsordnung für Bauleistungen (VOB/B) zugrunde zu legen haben. Nach geltendem Recht (§ 4 Nr. 8 Abs. 2 VOB/B) haben Auftragnehmer bei der Weitervergabe von Bauleistungen „die Vergabe- und Vertragsordnung für Bauleistungen zugrunde zu legen". Allerdings war bislang unklar, ob der weitervergebende Auftragnehmer die VOB insgesamt, d. h. VOB/A, VOB/B und VOB/C, oder lediglich die VOB/B anzuwenden hatte. Die Neuregelung des § 6 Abs. 2 Nr. 3 verdeutlicht, dass sich diese Verpflichtung nur auf die Verwendung der VOB/B bezieht.

2. § 99 Abs. 6 GWB n. F. – Klarstellung der Abgrenzung von Liefer-, Dienstleistungs- oder Bauauftrag

§ 99 Abs. 6 GWB n. F.:

> *„Ein öffentlicher Auftrag, der sowohl den Einkauf von Waren als auch die Beschaffung von Dienstleistungen zum Gegenstand hat, gilt als Dienstleistungsauftrag, wenn der Wert der Dienstleistungen den Wert der Waren übersteigt. Ein öffentlicher Auftrag, der neben Dienstleistungen Bauleistungen umfasst, die im Verhältnis zum Hauptgegenstand Nebenarbeiten sind, gilt als Dienstleistungsauftrag."*

Die Einordnung eines öffentlichen Auftrags als Liefer-, Dienstleistungs- oder Bauauftrag ist z. B. relevant für die Berechnung des Auftragswerts, von dem ab die Vergaberegeln anzuwenden sind. Bei Aufträgen, die mehrere Auftragsgegenstände umfassen (z. B. Kauf und Reparatur einer Ware oder Bau und Betrieb einer Anlage), bestehen oft Abgrenzungsprobleme. Insbesondere für Öffentlich Private Partnerschaften ist es wichtig und dient der Rechtsklarheit, festzulegen, wie eine Abgrenzung von Aufträgen vorzunehmen ist, deren Gegenstand sowohl Lieferungen als auch Dienstleistungen oder neben Dienstleistungen auch Bauleistungen umfasst. Während die Abgrenzung zwischen Lieferungen und Dienstleistungen nach dem jeweiligen Wert erfolgt, werden Dienstleistungen und Bauleistungen unabhängig vom jeweiligen Wert nach dem Hauptgegenstand des Auftrags abgegrenzt. Diese Abgrenzung entspricht Art. 1 Abs. 2 lit. d der Richtlinie 2004/18/EG.

C. Die Problematik der Inhouse-Vergabe/ Inhouse-Geschäfte

I. Einführung in die Problematik der Inhouse-Geschäfte

Für das Vorliegen eines vergaberechtlich relevanten öffentlichen Auftrags im Sinne von § 99 GWB ist es erforderlich, dass ein entgeltlicher Beschaffungsvorgang des öffentlichen Auftraggebers vorliegt (BayObLG, VergabeR 2002, 305, 306). Der Auftraggeber muss beschaffend am Markt teilnehmen (OLG Koblenz, VergabeR 2002, 148, 148). Reine Veräußerungsgeschäfte sind mangels des Tatbestandsmerkmals „Beschaffung" daher ebenso wenig vom Begriff des öffentlichen Auftrags umfasst wie unentgeltliche Verpflichtungen.

Auch bei Vorliegen eines entgeltlichen Beschaffungsvorgangs ist dennoch kein öffentlicher Auftrag anzunehmen, wenn der öffentliche Auftraggeber dadurch nicht am Markt teilnimmt. Eine solche Konstellation wird als Inhouse-Geschäft bezeichnet.

Eine Teilnahme am Markt liegt vor, wenn der öffentliche Auftraggeber seine interne Aufgabenorganisation verlässt und Verträge mit außen stehenden Dritten abschließt. Die Marktteilnahme ist nicht gegeben, wenn der öffentliche Auftraggeber eine Vereinbarung lediglich zur internen Aufgabenbewältigung abschließt (OLG Koblenz, Beschluss vom 13.12.2001 – 1 Verg. 4/01 – für eine Kooperationsvereinbarung zwischen zwei Verkehrsträgern im öffentlichen Personennahverkehr).

Den öffentlichen Auftraggeber trifft keine Pflicht, benötigte Leistungen nur am Markt zu beschaffen. Erst wenn entschieden wurde, einen außen stehenden Dritten mit der Leistungserbringung zu betrauen, ist das Vergaberecht anzuwenden (OLG Koblenz, Beschluss vom 13.12.2001 – 1 Verg. 4/01; VK bei der Bezirksregierung Düsseldorf, Beschluss vom 16.3.2004 – VK-3/2004-L). Da eine öffentliche Ausschreibung zeit- und kostenintensiv ist, versuchen öffentliche Auftraggeber immer häufiger, ihre Leistungen im Wege eines Inhouse-Geschäfts zu vergeben.

Problematisch wird dies, wenn der öffentliche Auftraggeber ein Unternehmen außerhalb der eigenen Organisation beauftragen will. Denn laut Art. 1 lit. a der europäischen Richtlinien 93/36/EWG und 93/37/EWG genügt es grundsätzlich, dass der Vertrag zwischen einem öffentlichen Auftraggeber und einer rechtlich von diesem verschiedenen natürlichen oder juristischen Person geschlossen wird. Bereits dann liegt nach den genannten Richtlinien ein öffentlicher Auftrag vor. Auch unter der Geltung der neuen Richtlinie 2004/18/EG hat sich daran nichts geändert. Art. 1 Abs. 2 lit. a stellt dort für die Definition eines öffentlichen Auftrags auf den Vertragsschluss zwischen einem oder mehreren Wirtschaftsteilnehmern und einem oder mehreren öffentlichen Auftraggebern ab.

Nur ausnahmsweise liegt in derartigen Fällen kein öffentlicher Auftrag vor. Dies setzt voraus, dass der öffentliche Auftraggeber über die betreffende Person eine ähnliche Kontrolle wie über seine eigene Dienststelle ausübt und diese Person zugleich im Wesentlichen für den oder die sie kontrollierenden öffentlichen Auftraggeber tätig wird (EuGH, Urteil vom 13.1.2005, Rs. C-84/03).

Damit sind die Kriterien genannt, die vorliegen müssen, um ein vergaberechtsfreies Inhouse-Geschäft annehmen zu können. Im Folgenden sollen zwei Konstellationen unterschieden werden. Zunächst werden Inhouse-Geschäfte mit gemischt-wirtschaftlichen Unternehmen näher behandelt. Im Anschluss daran wird die Situation bei Inhouse-Geschäften mit gemischt-öffentlichen Unternehmen dargestellt.

II. Inhouse-Geschäfte mit gemischt-wirtschaftlichen Unternehmen

Wie bereits erwähnt verlangt ein öffentlicher Auftrag im Sinne von § 99 GWB, dass an dem Vertrag zwei unterschiedliche Rechtssubjekte beteiligt sind (VK Nordbayern, Beschluss vom 27.5.2004 – 320.VK-3194 – 14/04). Schließt der öffentliche Auftraggeber einen Vertrag mit einem Rechtssubjekt, das irgendwie in die Organisation des öffentlichen Auftraggebers eingegliedert ist, kann es hier zu Schwierigkeiten kommen. Denn es stellt sich die Frage, wann der öffentliche Auftraggeber die Aufgabe noch selbst erledigt bzw., wann ein öffentlicher Auftrag vorliegt?

In seinem Urteil vom 18. November 1999 in der Rechtssache *Teckal* (Rs. C-107/98, Slg. 1999, I-8121 ff. = NZBau 2000, 90, 91) ist der EuGH davon ausgegangen, dass die Richtlinie 93/36/EWG anwendbar ist, wenn ein öffentlicher Auftraggeber einen schriftlichen entgeltlichen Vertrag über die Lieferung von Waren mit einer Institution, die sich formal von ihm unterscheidet und die ihm gegenüber eigene Entscheidungsgewalt besitzt, schließen will.

Unterscheidet sich die Einrichtung nicht vom Auftraggeber und/oder hat dieser die Entscheidungsgewalt auch über die Einrichtung, so liegt hingegen kein öffentlicher Auftrag vor. Mit anderen Worten: Der öffentliche Auftraggeber muss über das Unternehmen eine ähnliche Kontrolle ausüben wie über seine eigenen Dienststellen. Hinzu kommt, dass das Unternehmen seine Tätigkeit im Wesentlichen mit dem oder den öffentlichen Auftragebern ausführt, die seine Anteile innehat.

Ist an dem Unternehmen ein Privater, sei es in Person oder in Gestalt eines Unternehmens, beteiligt, so ist ausgeschlossen, dass der öffentliche Auftraggeber über dieses Unternehmen eine ähnliche Kontrolle ausübt wie über seine eigenen Dienststellen. Dies gilt auch dann, wenn es sich bei der privaten Beteiligung lediglich um eine Minderheitsbeteiligung handelt.

Dies lässt sich damit begründen, dass das Verhältnis eines öffentlichen Auftraggebers zu seinen Dienststellen durch Überlegungen und Erfordernisse bestimmt ist, die mit der Verfolgung von im öffentlichen Interesse liegenden Zielen zusammenhängen. Legt aber ein Privater Kapital in einem Unternehmen an, so verfolgt er damit regelmäßig keine öffentlichen, sondern (rein) private Interessen. Die Zielrichtung ist also eine andere. Hinzu kommt, dass durch eine Vergabe eines öffentlichen Auftrags an ein gemischt-wirtschaftliches Unternehmen das Ziel eines freien und unverfälschten Wettbewerbs ebenso behindert wird, wie durch den in der Richtlinie 92/50/EWG niedergelegten Grundsatz der Gleichbehandlung der Interessenten, wenn keine Ausschreibung durchgeführt wird. Der an dem beauftragten Unternehmen beteiligte private Dritte erhielte so einen Vorteil gegenüber seinen Konkurrenten (EuGH, Urteil vom 10.11.2005 – C-29/04; Urteil vom 11.1.2005 – C-26/03).

Ob es sich um eine Auftragsvergabe an eine gemischt-wirtschaftliche Gesellschaft handelt oder ob ein vergaberechtsfreies Inhouse-Geschäft vorliegt, muss anhand der Gesamtumstände, auch in zeitlicher Hinsicht, beurteilt werden. Dadurch sollen Umgehungsversuche verhindert werden (EuGH, Urteil vom 10.11.2005 – C-29/04).

Somit unterliegen beispielsweise Verträge öffentlicher Auftraggeber mit Kommunalversicherern dem Vergaberecht, wenn deren Mitglieder auch sonstige wirtschaftliche Vereinigungen sein können, sich also nicht vollständig in öffentlicher Hand befinden (OLG Köln, Urteil vom 15.7.2005 – 6 U 17/05).

Soll eine gemischt-wirtschaftliche Gesellschaft beauftragt werden, ist es unerheblich, in wessen Händen die Geschäftsanteile derjenigen Gesellschaften liegen, die an der gemischt-wirtschaftlichen Gesellschaft beteiligt sind. Dies gilt nach der Auffassung des OLG Celle selbst dann, wenn die Geschäftsanteile der Gesellschaften, die an der zu beauftragenden Gesellschaft beteiligt sind, insgesamt bei der öffentlichen Hand liegen. Anderenfalls würden Staatsunternehmen, unabhängig von ihren Zwecken und Zielen, bei der Vergabe von öffentlichen Aufträgen bevorzugt behandelt. Dies wäre mit der durch die Gemeinschaftsvorschriften (z. B. Dienstleistungskoordinierungsrichtlinie) bezweckten Öffnung des öffentlichen Auftragswesens für einen möglichst umfassenden Wettbewerb nicht vereinbar (OLG Celle, Beschluss vom 10.11.2005 – 13 Verg 12/05).

Von einem Inhouse-Geschäft ist somit beispielsweise dann auszugehen, wenn der öffentliche Auftraggeber eine GmbH mit Dienstleistungen betraut, die sich in seinem alleinigen Anteilsbesitz befindet, und über die er eine Kontrolle wie über eine eigene Dienststelle ausübt, und die beauftragte GmbH ihre Tätigkeit im Wesentlichen für diesen öffentlichen Auftraggeber verrichtet (OLG Düsseldorf, Beschluss vom 12.1.2004 – Verg 71/03).

Die Rechtsprechung des BGH geht davon aus, dass ein öffentlicher Auftraggeber dann die Kontrolle über ein Unternehmen wie über eine eigene Dienststelle innehat, wenn
- er alle Geschäftsanteile hält,
- die Auswahl der Rechtsform des künftigen Auftragnehmers ihm aufgrund der Organisationsstruktur umfassende Einfluss- und Steuerungsmöglichkeiten einräumt, die sicherstellen, dass der künftige Auftragnehmer keine eigene Entscheidungsgewalt hat.

Fraglich ist weiterhin, ob gegebenenfalls auch ein geringerer Anteil an den Geschäftsanteilen ausreicht, um eine derartige Kontrolle bejahen zu können. Ein Gesellschaftsanteil von nur 4,45 % reicht jedenfalls nicht aus (VK Lüneburg, Beschluss vom 15.1.2002 – 203-VgK-24/2001). Auch ein Gesellschaftsanteil von 51 % wird als nicht ausreichend betrachtet (VK Leipzig, Beschluss vom 29.2.2004 – 1/SVK/157-03).

Folgende Voraussetzungen wurden von der VK Arnsberg (Beschluss vom 5.8.2003 – VK 2-13/2003) und dem OLG Düsseldorf (Beschluss vom 15.10.2003 – Verg 50/03) festgelegt, bei deren Vorliegen man von einer notwendigen Beherrschung und Kontrolle ausgehen kann:
- Der Auftraggeber hält alle Geschäftsanteile.
- Die Unternehmensorganisation bietet umfassende Einfluss- und Steuerungsmöglichkeiten.

- Das Aufsichtsgremium besteht mehrheitlich aus Vertretern des Auftraggebers.
- Es besteht eine umfassende Berichtspflicht der Geschäftsführer.
- Es besteht ein zustimmungspflichtiger Katalog von Aufgaben, die der Geschäftsführer nur mit Zustimmung des Aufsichtsrats vornehmen darf.

Selbst bei einer 100%igen Tochtergesellschaft verneint der EuGH, dass es sich dabei um eine Kontrolle wie die über eine eigene Dienststelle handelt, wenn (z. B. bei einer Aktiengesellschaft) die Geschäftsführung beträchtliche Vollmachten zur Erledigung auch wichtiger Geschäfte hat, die praktisch ohne Kontrolle der Geschäftsführung durch die Anteilseigner ausgeübt werden können (EuGH, Urteil vom 13.10.2005 – C-458/03).

Die VK Halle hingegen lehnt eine Einschätzung als Kontrolle wie über eine eigene Dienststelle dann ab, wenn ein privater Mitgesellschafter des künftigen Auftragnehmers einen Gesellschaftsanteil von 10% besitzt. Als Begründung wird hier § 66 Abs. 2 GmbHG angeführt, nach dem dadurch bestimmte Minderheitenrechte ausgelöst werden (VK Halle, Beschluss vom 27.5.2002 – VK Hal 3/02).

Derlei prozentuale Kriterien zur Beantwortung der Frage der Kontrolle wie über eine eigene Dienststelle heranzuziehen, dürfte durch neuere Rechtsprechung des EuGH nicht mehr möglich sein.

Das BayObLG geht davon aus, dass nicht eine identische, sondern nur eine vergleichbare Kontrolle wie über eine eigene Dienststelle vorliegen muss. Hielte man eine identische Kontrolle für erforderlich, bliebe für eine Ausnahme nahezu kein Anwendungsbereich übrig. Es komme daher weniger auf eine „Beherrschung" an, als vielmehr auf die Möglichkeit einer „umfassenden Einflussnahme" auf das Unternehmen (BayObLG, Beschluss vom 22.1.2002 – Verg 18/01).

Der Streit in Literatur und Rechtsprechung, wie das Kriterium „Kontrolle wie über eine eigene Dienststelle" zu verstehen sei – schadet jede private Beteiligung oder kommt es auf die Kontrollmöglichkeiten des Auftraggebers an? -, hat durch die *Stadt Halle*-Entscheidung des EuGH seine Bedeutung verloren. Der EuGH urteilte hier klar und deutlich, dass jede, auch die nur minderheitliche, Beteiligung eines privaten Unternehmens am Kapital einer Gesellschaft, an der auch ein öffentlicher Auftraggeber beteiligt ist, es jedenfalls zur Folge hat, dass eine ähnliche Kontrolle über diese Gesellschaft wie über eine eigene Dienststelle durch die Vergabestelle ausgeschlossen ist (EuGH, Urteil vom 11.1.2005 – C-26/03).

III. Inhouse-Geschäfte mit gemischt-öffentlichen Unternehmen

Stellt sich also die Situation mittlerweile relativ klar dar, was gemischt-wirtschaftliche Unternehmen betrifft, so gilt dies nicht für gemischt-öffentliche Unternehmen. Denn die Frage, welche Voraussetzungen vorliegen müssen, damit eine Inhouse-Vergabe möglich ist, wenn ein Gemeinschaftsunternehmen beauftragt wird, das von mehreren öffentlichen Auftraggebern ohne Beteiligung eines privaten Partners gehalten wird, ist bisher nicht entschieden.

Schwierigkeiten ergeben sich hier vor allem in Bezug auf das Kontrollerfordernis, denn von einer Kontrolle wie über eine eigene Dienststelle über ein solches Unternehmen durch jeweils einen einzelnen Anteilseigner wird man wegen der Mitspracherechte der übrigen Mitgesellschafter nur dann sprechen können, wenn dieser Anteilseigner das Unternehmen deutlich dominiert, dessen Mitgesellschafter hingegen keine solche Kontrolle ausüben können.

Nach einer Meinung im Schrifttum ist ein Inhouse-Geschäft zwischen den Anteilseignern und dem Unternehmen möglich, auch wenn eine Dominanz eines Auftraggebers nicht vorliegt. Als Begründung wird unter anderem angeführt, dass auch im *Teckal*-Fall des EuGH, in dem die Voraussetzungen des Inhouse-Geschäfts erstmals formuliert wurden, die Gemeinde, um deren Auftrag es ging, nur einer von 45 kommunalen Gesellschaftern des Dienstleistungsunternehmens war und nur 0,9 % der Anteile an diesem Unternehmen hielt. Zumindest in der *Teckal*-Entscheidung hielt es der EuGH aber dennoch nicht für ausgeschlossen, dass die Voraussetzungen eines Inhouse-Geschäfts erfüllt waren. Allerdings legte er sich nicht endgültig fest, sondern wies die Prüfung dieser Frage dem nationalen Gericht zu.

Manche Stimmen wenden auch den aus § 36 Abs. 2 GWB abgeleiteten Gedanken der gemeinsamen Beherrschung an und kommen auf diesem Weg zu einer entsprechenden Einschätzung als – gemeinsame – Kontrolle durch die Mitgesellschafter.

In einer Entscheidung zur interkommunalen Zusammenarbeit lässt der EuGH erkennen, dass seiner Auffassung nach eine Inhouse-Vergabe an ein

Unternehmen, an dem ausschließlich Personen des öffentlichen Rechts beteiligt sind, zwar grundsätzlich möglich ist. Allerdings bleibt der EuGH auch in einem solchen Fall dabei, dass bereits dann ein vergaberechtspflichtiger öffentlicher Auftrag vorliegt, wenn der Vertrag zwischen einer Gebietskörperschaft und einer rechtlich von dieser verschiedenen Person geschlossen wurde. Auch die zugelassene Ausnahme klingt vertraut: „Etwas anderes kann nur dann gelten, wenn die Gebietskörperschaft über die betreffende Person eine Kontrolle wie über ihre eigenen Dienststellen ausübt und diese Person zugleich im Wesentlichen für die sie kontrollierende Gebietskörperschaft oder Gebietskörperschaften tätig ist." (EuGH, Urteil vom 13.1.2005 – C-84/03). Der EuGH geht also von der grundsätzlichen Zulässigkeit einer Inhouse-Vergabe an ein Unternehmen, an dem lediglich Personen des öffentlichen Rechts beteiligt sind, aus. Allerdings müssen dafür die im *Tekkal*-Urteil festgelegten Kriterien erfüllt sein.

Eine abweichende Meinung des Schrifttums geht hingegen davon aus, dass bei der Gründung eines Unternehmens, dessen Anteile ausschließlich von öffentlichen Stellen gehalten werden, die Auftraggeber den innerstaatlichen Bereich nicht verlassen. Damit handele es sich nicht um eine Beschaffung am (privaten) Markt, sondern um einen internen Organisationsakt staatlicher Stellen, auch wenn keine exklusive, sondern lediglich gemeinsame Kontrolle über das Unternehmen vorliegt. Angesichts des eben genannten Urteils des EuGH kann dem kaum zugestimmt werden.

In zwei demnächst zu entscheidenden Fällen könnte der EuGH in dieser Frage bald Klarheit schaffen. In ihren Schlussanträgen vom 12. Januar 2006 geht die Generalanwältin beim EuGH Christine Stix-Hackl davon aus, dass ein Inhouse-Geschäft mit einem Unternehmen möglich ist, an dem zwar mehrere juristische Personen beteiligt sind, die jedoch ausschließlich solche des öffentlichen Rechts sind (Rs. C-340/04). Der EuGH folgt in seiner Entscheidung zwar den Schlussanträgen des Generalanwalts relativ häufig, zwingend ist dies jedoch nicht, so dass die Entscheidung abzuwarten bleibt.

In dem zu entscheidenden Fall geht es um die Frage, unter welchen Voraussetzungen eine Vergabe eines öffentlichen Auftrags als so genannte „Quasi-Inhouse-Vergabe" gilt und damit nicht unter die Richtlinie 93/36/EWG fällt. Das Verfahren betrifft also die Auslegung und Anwendung der im *Teckal*-Urteil entwickelten und im *Stadt Halle*-Urteil näher präzisierten Kriterien.

Eine italienische Gemeinde schrieb die Lieferung von Energie sowie die Wartung, Anpassung und technische Umrüstung der Heizungsanlagen in den Gemeindegebäuden aus. Später hob die Gemeinde aber die Ausschreibung auf und behielt sich vor, den Auftrag nachfolgend unmittelbar einer Aktiengesellschaft zu erteilen, die zu 100 % von einer Holding kontrolliert wird, die ihrerseits wiederum eine Aktiengesellschaft ist, deren Grundkapital zu 99,98 % im Eigentum der Gemeinde steht. Die restlichen Anteile werden von einigen angrenzenden Gemeinden derselben Provinz gehalten.

Der Fall weist insofern Besonderheiten auf, durch die er sich von anderen, die so genannten Public Private Partnerships (PPP) betreffenden unterscheidet, als hier eine Beteiligung privater Unternehmen nicht gegeben ist. Damit geht es genau genommen nicht um eine gemischt-wirtschaftliche Einrichtung, sondern um eine Einrichtung, genauer um deren Muttergesellschaft, an der keine privaten Unternehmen beteiligt sind. Da der restliche Anteil von anderen Gemeinden, also von öffentlichen Einrichtungen, gehalten wird, handelt es sich um ein gemischt-öffentliches Unternehmen oder eine so genannte „Public Public Partnership".

Ein Interessenkonflikt, wie er oben bei den gemischt-wirtschaftlichen Unternehmen beschrieben wurde, könnte zunächst ausgeschlossen sein, da ausschließlich Gemeinden an dem Unternehmen beteiligt sind. Da Gemeinden im öffentlichen Interesse liegende Ziele verfolgen, könnte man daher zumindest auf den ersten Blick davon ausgehen, dass dem Kontrollkriterium sogar in seiner strengen Lesart entsprochen ist. Das kann man aber nur annehmen, wenn man die Voraussetzung des Interessengleichklangs so versteht, dass dieser bereits dann gegeben ist, wenn keine privaten Interessen involviert sind. Da aber nicht ausgeschlossen ist, dass Gemeinden auch verschiedene, widerstreitende Interessen vertreten können, kann man nicht pauschal von einem Interessengleichklang ausgehen.

Vielmehr müssen nach den Ausführungen der Generalanwältin hinsichtlich der Frage nach der Kontrolle wie über eine eigene Dienststelle bei gemischt-öffentlichen Unternehmen unter anderem folgende Umstände berücksichtigt werden:
- die Interessenlage der Anteilseigner;
- der Umfang der Möglichkeit der Einflussnahme auf die Ernennung des Verwaltungsrates und auf die Geschäftsführung und
- die Befugnisse des Verwaltungsrates des Unternehmens.

Solange aber der Gerichtshof nicht von seiner bisherigen Rechtsprechung abweicht und zumindest bei bestimmten gemischt-öffentlichen Partnerschaften das Kontrollkriterium als erfüllt ansieht, ist davon auszugehen, dass auch bei Vorliegen einer gemischt-öffentlichen Partnerschaft die Voraussetzungen für die *Teckal*-Ausnahmen vorliegen müssen. Übt ein öffentlicher Auftraggeber über das zu beauftragende Unternehmen nicht die Kontrolle wie über eine eigene Dienststelle aus, so liegt eine Inhouse-Vergabe selbst dann nicht vor, wenn das zu beauftragende Unternehmen ausschließlich von juristischen Personen des öffentlichen Rechts gebildet wird.

Erfüllt hingegen ein öffentlicher Auftraggeber das erste *Teckal*-Kriterium, so muss zusätzlich auch das zweite *Teckal*-Kriterium, die Tätigkeit im Wesentlichen für den Auftraggeber, erfüllt sein. Wann dies der Fall ist, ist nach wie vor umstritten. Jedenfalls genügt dem bloßen Wortlaut nach eine Geschäftstätigkeit, die nur mehrheitlich für die Vergabestelle erbracht wird, noch nicht. Denn bei einer derartigen Konstellation wird das Unternehmen regelmäßig in nicht unerheblichem Umfang am Markt tätig. Dies würde aber eine Ausnahme von der Vergabepflicht im Wege eines Inhouse-Geschäfts nicht rechtfertigen.

Das Wesentlichkeitskriterium betrifft die Frage nach einem bestimmten Mindestanteil an den von der kontrollierten Einrichtung insgesamt erbrachten Tätigkeiten. Es muss also der Umfang der insgesamt erbrachten Tätigkeiten und der Tätigkeiten, die für den Anteilseigner erbracht werden, ermittelt werden. Abzustellen ist dabei auf die tatsächlich erfolgten Tätigkeiten und nicht auf die nach Gesetz oder Unternehmenssatzung möglichen Tätigkeiten.

Teile der Literatur verwenden oftmals das 80 %-Kriterium aus Art. 13 der Richtlinie 93/38/EWG. Begründet wird das damit, dass dieses Kriterium „objektiv" oder „sachgerecht" sei. Genauso objektiv und sachgerecht wäre aber auch praktisch jeder andere beliebige fixe Prozentsatz. Häufig wird überdies die Starrheit eines fixen Prozentsatzes kritisiert.

Ein weiterer Punkt, der gegen die Übertragbarkeit dieses 80 %-Kriteriums spricht, ist die Tatsache, dass es sich bei der Richtlinie um eine nur bestimmte Sektoren betreffende Ausnahmevorschrift handelt. Die dort getroffene Wertung ist also nicht ohne weiteres auf andere Sachverhalte übertragbar. Hinzu kommt, dass der Gemeinschaftsgesetzgeber anlässlich der Novellierung der Richtlinien die 80 %-Schwelle auch auf die so genannte klassische Richtlinie hätte übertragen können. Davon hat er aber abgesehen und die Regelung lediglich für die Sektoren beibehalten.

Man wird also nicht die aus der Richtlinie 93/38/EWG entnommene 80 %-Schwelle ohne weiteres als Maßstab für die Beurteilung der Wesentlichkeit der Tätigkeiten heranziehen können.

Da es sich beim Wesentlichkeitskriterium um eine Voraussetzung für die Anwendung einer Ausnahme handelt, ist dieses eng auszulegen. Das hat auch der EuGH in der Rechtssache *Parking Brixen* bestätigt.

Im Vordringen befindet sich derzeit eine Ansicht, nach der die Wesentlichkeit nicht nur anhand quantitativer, sondern auch anhand qualitativer Umstände zu ermitteln sei. Demnach müsse auch untersucht werden, wie und gegenüber wem die betreffende kontrollierte Einrichtung ihre Tätigkeiten erbringt. Denn es mache einen Unterschied, ob für die Tätigkeit überhaupt ein Markt besteht und ob die Einrichtung einen Teil der an Dritte erbrachten Leistungen auf dem Markt anbietet.

Dritte sind hier nicht nur Private. Es kann sich dabei genauso um andere öffentliche Einrichtungen handeln, denn auch wenn eine Ware oder Dienstleistung nur von öffentlichen Stellen nachgefragt wird, kann dennoch ein Markt dafür bestehen. Schließlich kann es auch noch andere Anbieter geben. Die qualitativen Umstände hingen daher nicht allein von dem Verhältnis der anbietenden Einrichtung zur kontrollierenden Einrichtung ab, sondern auch von der wirtschaftlichen Stellung auf dem Markt.

Weiter muss unterschieden werden, ob alle Tätigkeiten der Einrichtung heranzuziehen sind, oder nur diejenigen, die tatsächlich an die kontrollierende Einrichtung erbracht werden. In diesem Fall würde für die Beurteilung die Tätigkeit A herangezogen, die das Unternehmen für die kontrollierende Stelle erbringt, nicht aber die Tätigkeit B, die das Unternehmen ausschließlich für Dritte erbringt.

Einer solchen Auslegung des Wesentlichkeitskriteriums ist aber mit Bedenken zu begegnen. Denn es handelt sich dabei um eine Ausnahme vom Regime der Richtlinie. Daher ist sie eng auszulegen. Erbringt eine Einrichtung bestimmte Tätigkeiten im Wesentlichen für die kontrollierende Einrichtung, gilt dies aber nicht für alle ihre Tätigkeiten, würde ein derartiges Verständnis des Wesentlichkeitskriteriums zu einer Ausweitung der von der Ausnahme erfassten Vorgänge führen.

Die Formulierung im *Teckal*-Urteils legt nahe, dass das Kriterium der Wesentlichkeit nicht allein dadurch erfüllt werden kann, dass die

Tätigkeit an einen Anteilseigner die Wesentlichkeitsschwelle übersteigt. Vielmehr kann es ausreichen, dass die gesamten, für alle Anteilseigner erbrachten Leistungen zusammengerechnet werden, und dieses Ergebnis in Relation zu den insgesamt verrichteten Tätigkeiten gesetzt wird.

Denn der EuGH formulierte: „... Etwas anderes kann nur dann gelten, wenn die Gebietskörperschaft über die fragliche Person eine Kontrolle ausübt wie über ihre eigenen Dienststellen und wenn diese Person zugleich ihre Tätigkeit im Wesentlichen für die Gebietskörperschaft oder die Gebietskörperschaften verrichtet, die ihre Anteile innehaben ..."

Will man die quantitativen Umstände ermitteln, so ist nicht allein auf den Umsatz abzustellen, sondern beispielsweise auch der Anteil der Einkünfte, der aus Tätigkeiten für die Anteilseigner stammt, ins Verhältnis zu den gesamten Einkünften zu setzen. Auch hier wird ein einfaches Überwiegen der Einkünfte aus der Tätigkeit für die kontrollierende Einrichtung nicht ausreichend sein.

Neben der bereits angeführten Auffassung, die das 80 %-Kriterium anwenden will, gibt es auch Stimmen, die verlangen, dass eine ausschließliche, oder zumindest nahezu ausschließliche Tätigkeit für den öffentlichen Auftraggeber gesellschaftsvertraglich abgesichert sein muss. Das sei der einzige Weg, dem Ausnahmecharakter des Inhouse-Geschäfts und der Gleichstellung zur Eigenleistung zu entsprechen. Ebenso wird die Meinung vertreten, es müsse eine Einzelfallbetrachtung durchgeführt werden, die keine starren Werte anwendet. Zu diesem Streitstand hat der EuGH in seinem *Halle*-Urteil keine Auslegungshilfe geboten, so dass eine endgültige Klärung noch aussteht.

Auch der Generalanwalt beim EuGH Geelhoed geht in seinen Schlussanträgen vom 12.1.2006 (Rs. C-410/04) davon aus, dass, selbst wenn der Vertragspartner eine Einrichtung ist, die sich von der öffentlichen Stelle rechtlich unterscheidet, eine Ausschreibung dann nicht zwingend ist, wenn diese Stelle, die ein öffentlicher Auftraggeber ist, über die fragliche Einrichtung eine ähnliche Kontrolle ausübt wie über ihre eigenen Dienststellen und diese Einrichtung ihre Tätigkeit im Wesentlichen mit der oder den öffentlichen Stellen verrichtet, die ihre Anteile besitzen. Dabei dürfe die Kontrolle des öffentlichen Auftraggebers nicht durch die – auch nur minderheitliche – Beteiligung eines privaten Unternehmens am Kapital der Gesellschaft geschwächt werden.

Zusammenfassend kann man also davon ausgehen, dass in einem Fall, in dem kein Privater beteiligt ist, eine Inhouse-Vergabe jedenfalls möglich ist, wenn die übrigen, oben genannten Voraussetzungen erfüllt sind.

Nach der Auffassung des Generalanwalts ist aber noch ein weiteres Kriterium zu beachten. Denn wenn die zuständige Verwaltung, nachdem die ersten beiden Kriterien bei der Vergabe der betreffenden Dienstleistung erfüllt worden sind, einen auch nur minderheitlichen Teil der Anteile der betreffenden Gesellschaft auf ein privates Unternehmen übertragen würde, so hätte dies zur Folge, dass über eine künstliche Konstruktion, die mehrere unterschiedliche Phasen umfasst (Gründung der Gesellschaft – Vergabe des öffentlichen Auftrags an diese Gesellschaft – Übertragung eines Teils ihrer Anteile auf ein privates Unternehmen) einem gemischt-wirtschaftlichen Unternehmen ohne vorherige Ausschreibung eine Konzession für eine öffentliche Dienstleistung erteilt werden könnte.

Damit wären aber die Grundsätze der Gleichbehandlung, Nichtdiskriminierung und Transparenz nicht mehr gewahrt. Deshalb müssten nach Ansicht des Generalanwalts die beiden Kriterien (Kontrollkriterium und Wesentlichkeitskriterium) auch nach der Vergabe einer öffentlichen Dienstleistung an eine Gesellschaft dauerhaft erfüllt sein.

In diesem Zusammenhang beachtenswert ist auch eine Entscheidung des OLG Celle (Beschluss vom 10.11.2005 – 13 Verg 12/05). Darin geht das Gericht davon aus, dass die Vorschriften über das öffentliche Auftragswesen ausnahmsweise dann nicht anwendbar sind, wenn sich der Auftragnehmer eines entgeltlichen Vertrages zwar rechtlich vom öffentlichen Auftraggeber unterscheidet, jedoch tatsächlich so agiert, als wenn er zu ihren Dienststellen gehörte. Voraussetzung dafür ist jedoch (vgl. EuGH, Urteil vom 18.9.1999 – C-107/98; EuGH vom 11.1.2005 – C-26/03), dass an dem Auftragnehmer zu 100 % öffentliche Stellen beteiligt sind.

Die Annahme einer solchen öffentlichen Stelle scheidet jedoch aus, wenn das Unternehmen Gewinnerzielungsabsichten verfolgt und als werbendes Unternehmen am Markt auftritt und seine Leistungen anbietet. Denn dann ist das Unternehmen eine eigene rechtliche Persönlichkeit, die eine erwerbswirtschaftliche Tätigkeit ausübt. Dann ist es aber ohne Bedeutung, wer an ihm beteiligt ist. Geht ein Unternehmen als von dem Auftraggeber verschiedene Rechtspersönlichkeit erwerbswirtschaftlichen Zwecken nach, so stellt es keine öffentliche Stelle dar. Eine Auftragsvergabe an ein solches Unternehmen unterliegt dem Vergaberecht.

IV. Fazit

Grundsätzlich liegt ein öffentlicher Auftrag bereits dann vor, wenn ein Vertrag zwischen einem öffentlichen Auftraggeber und einer rechtlich von diesem verschiedenen natürlichen oder juristischen Person geschlossen wird. Dies gilt sowohl für die Beauftragung gemischt-wirtschaftlicher Unternehmen, als auch für die Beauftragung gemischt-öffentlicher Unternehmen. Für beide sind auch die Voraussetzungen gleich, bei denen eine Ausnahme von der Vergaberechtspflichtigkeit gemacht werden kann. In beiden Fällen muss der öffentliche Auftraggeber über das zu beauftragende Unternehmen eine Kontrolle wie über seine eigenen Dienststellen ausüben. Außerdem muss das zu beauftragende Unternehmen zugleich im Wesentlichen für den kontrollierenden öffentlichen Auftraggeber tätig sein.

Die Einzelheiten hierzu sind noch etwas undeutlich. Es ist zu hoffen, dass der EuGH hier in den nächsten anstehenden Entscheidungen Klarheit schafft. Jedoch ist nicht zu erwarten, dass dadurch eine Inhouse-Vergabe an eine Public Private Partnership oder eine Public Public Partnership in Zukunft an geringeren Anforderungen zu messen sein wird.

D. Wertbarkeit von Nebenangeboten nur bei Angabe technischer Mindestanforderungen?

Seit der EuGH-Entscheidung vom 16. Oktober 2003 zur Angabe von Mindestanforderungen an Nebenangebote ist umstritten, welcher Art diese Mindestanforderungen sein müssen und in welchem Umfang eine Angabe zu erfolgen hat.

Seit Mitte des Jahres 2004 wird dieser von Anfang bestehende Meinungsstreit zunehmend offen ausgetragen. Mittlerweile gibt es einige divergierende Entscheidungen von Vergabekammern und Vergabesenaten, so dass es sich anbietet, im Rahmen einer Bestandsaufnahme die zurzeit vertretenen Auffassungen zu systematisieren und zu bewerten.

Dieser Meinungsstreit wird auch dadurch sehr relevant, dass, wie bereits dargestellt, aufgrund der unmittelbar anzuwendenden Richtlinienvorschriften, öffentliche Auftraggeber nunmehr zwingend in den Verdingungsunterlagen Mindestanforderungen an Nebenangebote formulieren müssen, wenn sie dieses zulassen.

I. Der Ausgangspunkt: Die Entscheidung des Europäischen Gerichtshofes

Der Entscheidung des EuGH vom 16. Oktober 2003 – Rs. C-421/01 – lag eine europaweite Ausschreibung der Österreichischen Autobahnen- und Schnellstraßen-Finanzierungs-AG von Brücken- und Straßenbaumaßnahmen zugrunde. Die Ausschreibung ließ Alternativangebote zu, ohne indessen ausdrückliche Festlegungen in Bezug auf die technischen Mindestanforderungen für diese zu treffen. Es wurden auch keine Zuschlagskriterien zur Beurteilung der wirtschaftlichen und technischen Qualität der Angebote – sei es für ausschreibungskonforme Angebote, sei es für Alternativangebote – benannt.

Auch wurde in der Ausschreibung weder festgelegt, dass Alternativangebote eine gleichwertige Leistungserbringung sicherstellen müssen, noch, was unter gleichwertiger Leistungserbringung zu verstehen ist.

Ein Bieter reichte ein Alternativangebot ein. Der Auftraggeber lehnte dieses Angebot als nicht gleichwertig ab. Der Bieter leitete daraufhin ein Nachprüfungsverfahren ein. Im Rahmen des Verfahrens wurde dem EuGH die

Frage vorgelegt, ob es mit den Art. 19 und 30 Baukoordinierungsrichtlinie 93/37/EWG zu vereinbaren sei, wenn der Auftraggeber nicht näher definiere, anhand welcher konkreten Vergleichsparameter die Gleichwertigkeit zu überprüfen sei.

Der EuGH kam in seiner Entscheidung zu dem Schluss, dass ein öffentlicher Auftraggeber, der nicht ausgeschlossen habe, dass Änderungsvorschläge vorgelegt würden, in den Verdingungsunterlagen die Mindestanforderungen zu erläutern habe, die diese Änderungsvorschläge erfüllen müssten. Denn nur eine Erläuterung in den Verdingungsunterlagen ermögliche den Bietern in gleicher Weise die Kenntnis von den Mindestanforderungen, die ihre Änderungsvorschläge erfüllen müssten, um vom Auftraggeber berücksichtigt werden zu können.

Es gehe dabei um eine Verpflichtung zur Transparenz, die die Beachtung des Grundsatzes der Gleichbehandlung der Bieter gewährleisten solle, der bei jedem von der Richtlinie erfassten Vergabeverfahren für Aufträge einzuhalten sei.

Habe der Auftraggeber entgegen Art. 19 der Baukoordinierungsrichtlinie keine Angaben zu Mindestanforderungen gemacht, könne ein Änderungsvorschlag selbst dann nicht berücksichtigt werden, wenn die Änderungsvorschläge nicht, wie in Art. 19 Abs. 2 vorgesehen, in der Bekanntmachung für unzulässig erklärt worden seien.

Wie anfangs bereits festgestellt, kann diesen und den übrigen Ausführungen des EuGH indes nicht entnommen werden, welcher Art bzw. welchen Umfangs diese Mindestanforderungen sein müssen. Divergierende Auslegungen durch die nationalen Vergabekammern und Vergabesenate waren damit vorprogrammiert.

II. Die enge Auslegung der EuGH-Entscheidung

Die überwiegende Zahl der Vergabekammern und Vergabesenate, die sich bisher mit der Frage der Angabe von Mindestanforderungen an Nebenangebote zu befassen hatte, neigt zu einer engen Auslegung der EuGH-Entscheidung, stellt mithin hohe Anforderungen an die Angabe von Mindestanforderungen.

Eine solche enge Auslegung haben zunächst das Bayerische Oberste Landesgericht sowie die Vergabekammer bei der Bezirksregierung Köln vorgenommen.

1. Die Entscheidung des Bayerischen Obersten Landesgerichtes

Die Entscheidung des BayObLG vom 22. Juni 2004 – Verg 13/04 – bezog sich auf einen Fall, in dem die Vergabestelle die Elektroinstallationsarbeiten für den Neubau einer Grundschule im offenen Verfahren europaweit ausgeschrieben hatte. In der Bekanntmachung wurden Nebenangebote und Änderungsvorschläge zugelassen. Bestandteil der Vergabeunterlagen waren die Bewerbungsbedingungen gemäß Formblatt KVM BwB. Danach durften Leistungen, die von den vorgesehenen technischen Spezifikationen abweichen, nur angeboten werden, wenn sie mit dem geforderten Schutzniveau in Bezug auf Sicherheit, Gesundheit und Gebrauchstauglichkeit gleichwertig waren, wobei die Gleichwertigkeit mit dem Angebot nachzuweisen und die Abweichung im Angebot eindeutig zu bezeichnen waren.

Die Vergabestelle beabsichtigte, den Zuschlag auf ein Nebenangebot des nach Submission zweitplatzierten Bieters zu erteilen. Hiergegen wandte sich ein Mitbewerber, der allerdings selbst vom Hauptangebot abweichende Fabrikate angeboten hatte.

Das BayObLG stellte fest, dass die Antragsgegnerin weder in der Bekanntmachung noch in den Verdingungsunterlagen Anforderungen an Nebenangebote und deren Wertung formuliert, sondern sich darauf beschränkt habe, Nebenangebote zuzulassen. In den Bewerbungsbedingungen sei zwar der Nachweis der Gleichwertigkeit gefordert, doch enthalte diese Anforderung keine Beschreibung von Mindestanforderungen. Es könne auch nicht auf die Anforderungen zurückgegriffen werden, welche das Leistungsverzeichnis aufstelle, denn das Leistungsverzeichnis befasse sich nur mit den Anforderungen, welche an das Hauptangebot gestellt würden.

Diesen Ausführungen des BayObLG kann eigentlich nur entnommen werden, dass es vor dem Hintergrund der EuGH-Entscheidung vom 16. Oktober 2003 jedenfalls nicht ausreicht, wenn der Auftraggeber sich auf die Zulassung von Nebenangeboten und die Forderung nach deren Gleichwertigkeit beschränkt.

Gleichwohl hat die VK Nordbayern in ihrer Entscheidung vom 6. August 2004 – 320.VK-3194-26/04 – darüber hinausgehend ausgesprochen, dass auch die in den Bewerbungsbedingungen des Auftraggebers enthaltene Forderung, dass Nebenangebote alle Leistungen umfassen müssen, die zu einer einwandfreien Ausführung der Bauleistung erforderlich sind, keine der EuGH-Rechtsprechung entsprechende konkrete Vorgabe von Mindestbedingungen darstelle.

Auch in ihren Entscheidungen vom 24. August 2004 – 320.VK-3194-30/04 – und vom 2. Dezember 2004 – 320.VK-3194-47/04 – gelangte die VK Nordbayern – jeweils ohne größeren Begründungsaufwand – zu dem gleichen Ergebnis. Dem hat sich die VK Thüringen, Beschluss vom 1. November 2004 – 360-4002.20-033/04-MGN – in einem ähnlich gelagerten Fall – ebenfalls ohne nähere Begründung – angeschlossen.

2. Die Entscheidung der Vergabekammer Köln

Am selben Tag wie das BayObLG hatte sich auch die VK Köln mit der Frage der Mindestanforderungen an Nebenangebote auseinander gesetzt.

Über die Erwägungen des BayObLG hinaus traf die VK Köln allerdings folgende zwei Feststellungen:

Zum einen nahm sie ausdrücklich eine europarechtskonforme Auslegung der VOB/A-Vorschriften, insbesondere von § 10 Nr. 5 Abs. 4 vor.

Entgegen Art. 19 Abs. 2 Baukoordinierungsrichtlinie könnten Nebenangebote gemäß § 10 Nr. 5 Abs. 4 VOB/A auch dann in die Angebotswertung einbezogen werden, wenn der Auftraggeber in den Verdingungsunterlagen nicht die Mindestanforderung erläutert habe, die Nebenangebote/Änderungsvorschläge erfüllen müssten. Diese deutsche Regelung stehe damit im Widerspruch zum insoweit eindeutigen Wortlaut des Art. 19 Abs. 2 Baukoordinierungsrichtlinie. Da nach dem *„effet util"*-Grundsatz den Regelungen des Gemeinschaftsrechts zur Durchsetzung zu verhelfen sei, seien nationale Regelungen europarechtskonform auszulegen. Das bedeute für den vorliegenden Fall, dass, auch wenn sich dies nicht unmittelbar aus den Regelungen der VOB/A ergebe, der Antragsgegner gemäß der Vorgabe des Art. 19 Abs. 2 Baukoordinierungsrichtlinie in den Verdingungsunterlagen die Mindestbedingungen hätte erläutern müssen, die Nebenangebote erfüllen müssten.

Zum anderen erwähnte die VK Köln eher beiläufig, dass nicht nur die formalen Voraussetzungen anzugeben seien, die Änderungsvorschläge oder Nebenangebote erfüllen müssten, sondern auch und gerade „technische" Mindestanforderungen.

Die letztgenannte Erwägung hat das OLG Rostock in seiner Entscheidung vom 24. November 2004 – 17 Verg 6/04 – aufgegriffen und davon gesprochen, dass „materielle" Mindestbedingungen formuliert werden müssten.

Die in dem Formblatt EVM (B) BwB/E 212 enthaltenen Bedingungen für die Einreichung von Nebenangeboten stellten solche Anforderungen nicht dar. Vielmehr enthielten diese lediglich formale Kriterien, denen Nebenangebote genügen müssten. Welchen materiellen Mindestanforderungen sie entsprechen müssten, lasse sich dem Formblatt EVM BwB/E 212 nicht entnehmen. Ohne solche materiellen Mindestanforderungen werde die Ausschreibung der Verpflichtung zur Transparenz, die die Beachtung des Grundsatzes der Gleichbehandlung der Bieter gewährleisten solle, der bei jedem von der Richtlinie erfassten Vergabeverfahren für Aufträge einzuhalten sei, nicht gerecht.

III. Die weite Auslegung der EuGH-Entscheidung: Vergabekammer Schleswig-Holstein und Vergabekammer Lüneburg

Die Vertreter einer weiten Auslegung der EuGH-Entscheidung, die nur geringe Anforderungen an die Angabe von Mindestanforderungen an Nebenangebote stellen wollen, sind bisher in der Minderzahl. Lediglich die VK Schleswig-Holstein und die VK Lüneburg haben ihren Entscheidungen eine solche Auslegung zugrunde gelegt.

So führt die VK Schleswig-Holstein in ihrer Entscheidung vom 3. November 2004 – VK-SH 28/04 – aus, dass es dem öffentlichen Auftraggeber zwar nicht verwehrt sei, weitere Mindestbedingungen (z. B. hinsichtlich der technischen Leistungsfähigkeit oder der Materialbeschaffenheit) festzulegen, dass er dazu aber nicht verpflichtet sei.

Entgegen der Auffassung des BayObLG könne die Festlegung von technischen Mindestbedingungen nicht verlangt werden. Denn Sinn und Zweck der Zulassung von Nebenangeboten sei es, dass der öffentliche Auftraggeber in die Lage versetzt werden solle, von den Realisierungsideen der Bieter zu profitieren. Der Auftraggeber, der von bestimmten technischen Entwicklungen oder neuen Produkten auf dem Markt keine Kenntnis habe, könne eine Leistungsbeschreibung gar nicht formulieren, die diese Möglichkeiten einbeziehe. Folge man dem BayObLG, würde das Risiko der Leistungsbeschreibung für Nebenangebote dem öffentlichen Auftraggeber zugemutet, was letztlich dazu führen würde, dass aufgrund mangelnder Kenntnis von neuen Produkten oder Entwicklungen Nebenangebote nicht mehr zugelassen werden könnten, wenn der öffentliche Auftraggeber diese nicht schon bei Erstellung der Leistungsbeschreibung im Blick gehabt habe. Eine derartige Betrachtung würde dem Zweck von

Nebenangeboten zuwiderlaufen und sei daher vom EuGH auch so nicht formuliert worden.

Die VK Lüneburg teilt in ihrer Entscheidung vom 6. Dezember 2004 – 203-VgK-50/2004 – ausdrücklich die Auffassung der VK Schleswig-Holstein, dass sich aus dem Urteil des EuGH vom 16. Oktober 2003 das vom BayObLG statuierte restriktive Erfordernis der Definition und Bekanntmachung von technischen Mindestanforderungen als zwingende Voraussetzung für die Wertbarkeit von Nebenangeboten nicht ableiten lasse. Die Vergabekammer vertrete die Auffassung, dass eine transparente und den Anforderungen des Gleichheitsgrundsatzes genügende Wertung technischer Nebenangebote bereits dadurch gewährleistet werde, dass der Auftraggeber verpflichtet sei, in den Verdingungsunterlagen gemäß § 9 Abs. 1 VOB/A die Leistung eindeutig und erschöpfend zu beschreiben und gemäß § 9 Nr. 3 Abs. 1 VOB/A alle für eine einwandfreie Preisermittlung relevanten Umstände festzustellen und in den Verdingungsunterlagen anzugeben habe. Die damit zwingend vorgegebene Bekanntmachung und Definition von Eckpunkten des Auftragsgegenstandes biete bereits eine hinreichende Grundlage der Wertbarkeit von Nebenangeboten.

IV. Fazit und vermittelnde Auffassung der Vergabekammer Bund

Im Ergebnis stehen sich – was die Angabe von Mindestanforderungen an Nebenangebote betrifft – derzeit zwei Lager gegenüber: Die überwiegende Auffassung verlangt im Anschluss an die Entscheidung des BayObLG die Angabe von technischen Mindestbedingungen, die Gegenauffassung hält dies unter Berufung auf die Entscheidung der VK Schleswig-Holstein nicht für erforderlich und auch nicht für geboten.

Unter Berücksichtigung von Sinn und Zweck eines Nebenangebots sowie von Praktikabilitätserwägungen erscheint die Auffassung der VK Schleswig-Holstein vorzugswürdig.

Die gegenteilige Auffassung dürfte – wie pikanterweise die VK Köln als Vertreterin der herrschenden Meinung selbst in einer Art „obiter dictum" festgestellt hat – für die Vergabestellen im Hinblick auf die erforderlichen Festlegungen von Mindestbedingungen für Änderungsvorschläge nicht nur mit einem erheblichen Mehraufwand verbunden sein, sondern auch dazu führen, dass Vergabestellen, die sich nicht in der Lage sehen, sinnvolle Eckdaten denkbarer Nebenangebote hinreichend konkret festzulegen, sich gezwungen sehen, die Abgabe von Nebenangeboten nicht mehr zuzulassen. Ebenso dürfte es innovativen Bietern schwer werden, neue Lösungen, die bisher so nicht bekannt waren, mit Aussicht auf Erfolg anbieten zu können.

Einen vermittelnden – und eher praxisgerechten – Ansatz wählt die Vergabekammer des Bundes im Einzelfall. Ein Auftraggeber kommt den Anforderungen der Baukoordinierungsrichtlinie nach, wenn er fordert, dass ein Nebenangebot den Konstruktionsprinzipien und den vom Auftraggeber vorgesehenen Planungsvorgaben entsprechen muss. Dies ist ausreichend. Weitergehende Anforderungen an Mindestbedingungen sind aus der Rechtsprechung des EuGH nicht ableitbar. Sinn eines Nebenangebotes ist es, eine vom Hauptangebot abweichende Lösung vorzuschlagen. Damit sollen im Vergabeverfahren innovative Vorschläge berücksichtigt werden können, über welche die Vergabestelle zum Zeitpunkt der Ausschreibung naturgemäß keine weitergehenden Vorstellungen hat. Eine weitergehende Aufnahme von technischen Mindestanforderungen, beispielsweise für einzelne Bestandteile des Leistungsverzeichnisses, würde den Auftraggeber, der schließlich bereits ein bestimmtes Planungskonzept aufgestellt hat, überfordern. Es bleibt ihm hinsichtlich der Festlegung von Mindestbedingungen für Nebenangebote nur die Möglichkeit, die Gleichwertigkeit mit den allgemeinen Planungsvorgaben und Konstruktionsprinzipien festzuschreiben. Anderenfalls bliebe die Kreativität eines Bieters, über ein Nebenangebot ein anderes (günstigeres) Verfahren oder andere Teile vorzuschlagen, auf der Strecke (2. VK des Bundes beim Bundeskartellamt, Beschluss vom 14.12.2004 – VK 2-208/04).

E. Die Wertung unangemessen niedriger Preise von Teilleistungen (Mischkalkulation)

Seit der „Mischkalkulations-Entscheidung" des BGH (Beschluss vom 18.5.2004 – X ZB 7/04) sind mehrere Entscheidungen ergangen, die sich mit der gleichen Problematik zu befassen hatten.

I. Ausschluss nicht ohne vorherige Angebotsaufklärung

Das OLG Rostock hat in seinem Beschluss vom 15. September 2004 – 17 Verg 4/04 – die Auffassung vertreten, dass Einheitspreise von 0,01 Euro auf diverse Einzelpositionen jedenfalls nicht ohne vorherige Aufklärung des Angebotsinhalts als Verstoß gegen § 21 Abs. 1 Satz 3 VOB/A anzusehen seien und dass allein die Eintragung von Einheitspreisen von 0,01 Euro nicht den Schluss zulasse, dass der Bieter die für einzelne Leistungspositionen anfallenden Preise auf verschiedene Einheitspreise anderer Leistungspositionen verteilt habe.

Dieser Entscheidung lag folgender Sachverhalt zugrunde:

> *Die Vergabestelle schrieb Bauleistungen für den Um- und Ausbau eines Autobahnteilstücks im offenen Verfahren aus. Mit ihrer Bieterinformation teilte sie dem preisgünstigsten Bieter mit, dass sein Angebot von der Wertung ausgeschlossen wird, weil zahlreiche Leistungspositionen mit 0,01 Euro angeboten wurden. Die Vergabestelle nahm in dieser Bieterbenachrichtigung ausdrücklich Bezug auf den Beschluss des OLG Düsseldorf vom 26. November 2003 – Verg 53/03. Die angerufene Vergabekammer Schwerin hatte – noch vor Erscheinen der Entscheidung des BGH vom 18. Mai 2004 – entschieden, dass das Angebot formal vollständig war. Wegen des Preisabstandes zum Nächstplatzierten von ca. 14 % bestehe aber hinreichende Veranlassung zur Aufklärung nach § 25 Nr. 3 Abs. 2 Satz 1 VOB/A.*

Auf der Grundlage dieses Sachverhalts kam das OLG Rostock zu dem Ergebnis, dass die vom BGH aufgestellten Voraussetzungen für das Vorliegen einer unzulässigen Mischkalkulation nicht gegeben seien:

Die Eintragung von Einheitspreisen von 0,01 Euro lasse nicht – ohne dass weitere Umstände hinzuträten – den Schluss darauf zu, dass der Bieter für einzelne Leistungspositionen geforderte Einheitspreise auf verschiedene Einheitspreise anderer Leistungspositionen verteilt habe, was unzulässig sei.

Es könne nicht ausgeschlossen werden, dass der in der Leistungsbeschreibung vorgesehene Preis, so wie gefordert, vollständig und mit dem Betrag angegeben sei, der für die betreffende Leistung beansprucht werde.

Die Einheitspreise von 0,01 Euro könnten beispielsweise auf Verwertungserlösen oder Einkaufsrabatten beruhen, die es dem Bieter ermöglichten, die Leistung unter dem üblichen Marktpreis anzubieten. Aus der VOB/A sei nicht erkennbar, dass Bieter gehindert seien, solche für sie günstigen Umstände in die Kalkulation einzubringen. Sei zweifelhaft, ob das Angebot die tatsächlich geforderten Preise für die jeweiligen Leistungspositionen aufweise, könne sich die Vergabestelle gemäß § 24 Nr. 1 VOB/A über die Angemessenheit der Preise unterrichten. Ergebe sich durch die Erklärungen des Bieters, dass die ausgewiesenen Preise die von ihm für die Leistungen geforderten Preise vollständig wiedergäben, könne das Angebot nicht nach § 25 Nr. 1 Abs. 1 b VOB/A ausgeschlossen werden.

II. Zwingender Ausschluss auch nach Offenlegung einer Mischkalkulation

Das Bayerische Oberste Landesgericht hat in seinem Beschluss vom 20. September 2004 – Verg 21/04 – entschieden, dass ein Bieter, der in seinem Angebot die von ihm tatsächlich für einzelne Leistungspositionen geforderten Einheitspreise auf verschiedene Einheitspreise anderer Leistungspositionen verteile, nicht die von ihm geforderten Preise im Sinne von § 21 Nr. 1 Abs. 1 Satz 3 VOB/A benenne und dass der zwingende Ausschluss durch die Offenlegung der Mischkalkulation im Rahmen von Nachverhandlungen nicht verhindert werden könne.

Diese Entscheidung beruhte auf folgendem Sachverhalt:
Die Vergabestelle schrieb im offenen Verfahren nach VOB/A europaweit ein Projekt zur Verbesserung des Hochwasserschutzes aus. Bei dem streitigen Los gab der für den Zuschlag vorgesehene Bieter A ein um 1,33 % teureres Angebot als die Antragstellerin ab. Im Aufklärungsgespräch mit der Antragstellerin nach § 24 VOB/A hinterfragte die Vergabestelle die Preisbildung der Position Baustelleneinrichtung des Leistungsverzeichnisses. Nach dem Text des Leistungsverzeichnisses war unter anderem die fortwährende Anwesenheit der Bauleitung in dieser Position zu berücksichtigen. Die Antragstelle-

rin legte ihre Kalkulation offen und erklärte, sämtliche mit der Bauleitung zusammenhängenden Kosten in die Baustoffpositionen eingerechnet zu haben. Die Vergabestelle kündigte an, das wirtschaftlichere Angebot des Bieters A zu beauftragen, weil das Angebot der Antragstellerin Spekulationspotenzial und ein Kostenrisiko enthalte. Die Vergabekammer wies den Nachprüfungsantrag zurück, weil ein offenkundiger Fehler der Vergabestelle bei der Ermittlung des wirtschaftlichsten Angebots nicht feststellbar sei.

Nach Auffassung des BayObLG ist das Angebot der Antragstellerin gemäß § 21 Nr. 1 Abs. 1 VOB/A in Verbindung mit § 25 Nr. 1 Abs. 1 b VOB/A von der Wertung auszuschließen, weil es zur Position Baustelleneinrichtung im Leistungsverzeichnis nicht den tatsächlich geforderten Einheitspreis enthalte, sondern wesentliche Anteile dieser Leistung in Einheitspreise anderer Positionen einrechne und diese dort „verstecke":

Es sei Sache des Auftraggebers, welche Preise und Angaben er für bestimmte im Leistungsverzeichnis beschriebene Leistungen fordere.

Es komme nicht darauf an, ob die Bauleitungskosten zur Baustelleneinrichtung gehörten oder im Allgemeinen den Baustellengemeinkosten zuzuschlagen seien.

Aufgrund der Schwierigkeiten auf der Baustelle sei es dem Auftraggeber wichtig gewesen, die Baustelle durchgängig mit einer qualifizierten und durchsetzungsfähigen Führungskraft zu besetzen und dafür eine Preisangabe des Bieters zu fordern.

Auch wenn ein Bieter seine Mischkalkulation nach Angebotsabgabe offen lege und die tatsächlich geforderten Einheitspreise benenne, könne die Vergabestelle das Angebot aus Wettbewerbs- und Gleichbehandlungsgründen nicht werten.

III. Ausschluss bei zahlreichen „0,00 Euro"-Preisen

Die Vergabekammer Rheinland-Pfalz hat am 11. November 2004 in der Angelegenheit VK 16/04 beschlossen, dass die Angabe des Einheits- und Gesamtpreises von „0,00 Euro" bei insgesamt 14 Einzelpositionen eine unzulässige Preisangabe darstelle, wenn diese Leistungspositionen in die Einheitspreise anderer Positionen eingerechnet seien.

Die Vergabekammer hatte folgenden Sachverhalt zu beurteilen:
Die Vergabestelle schrieb die Lieferungen und Leistungen zur betriebstechnischen Ausrüstung für einen Tunnel europaweit im offenen Verfahren

nach VOB/A aus. Ein Bieter erklärte mit seinem Angebot: „Vorsorglich weisen wir darauf hin, dass Positionen, deren Preis im Leistungsverzeichnis mit „0" angegeben ist, in anderen Positionen enthalten sind." Es handelte sich insoweit um 14 Positionen, wobei jeweils unmittelbar bei der jeweiligen Position auf die Position hingewiesen wurde, in der die Leistung enthalten war. Die Vergabestelle schloss das Angebot nach § 21 Nr. 1 Abs. 1, § 25 Nr. 1 Abs. 1 b VOB/A aus. Der Bieter leitete daraufhin ein Nachprüfungsverfahren ein.

Die VK Rheinland-Pfalz bestätigt den Ausschluss des Angebots:
Die Angabe des Einheits- und Gesamtpreises von „0,00 Euro" bei insgesamt 14 Einzelpositionen stelle eine unzulässige Preisangabe dar.

Es sei allein Sache des Auftraggebers, welche Preise und Angaben er für bestimmte im Leistungsverzeichnis beschriebene Leistungen fordere.

Jeder in der Leistungsbeschreibung vorgesehene Preis sei so wie gefordert vollständig und mit dem Betrag anzugeben, der für die betreffende Leistung beansprucht werde, denn ein transparentes, auf Gleichbehandlung aller Bieter beruhendes Vergabeverfahren sei nur zu erreichen, wenn in jeder sich aus den Verdingungsunterlagen ergebenden Hinsicht vergleichbare Angebote abgegeben würden.

Diesem Erfordernis habe der Bieter nicht entsprochen: Er habe offenkundig 14 Leistungspositionen in die Einheitspreise anderer Positionen eingerechnet. Der Bieter habe damit einzelne Positionen, und zwar die mit Null ausgewiesenen Positionen, abgepreist und diese Anteile bei bestimmten anderen Positionen eingerechnet, so dass diese entsprechende Aufpreisungen erfahren hätten.

Der Bieter habe jedoch für ein den Verdingungsunterlagen entsprechendes Angebot zu sorgen und dürfe nicht durch das eigenmächtige Mischen von Angebotspreisen die geforderte Preisgestaltung unterlaufen.

Ob den Auf- und Abpreisungen letztlich eine spekulative Motivation zugrunde liege oder nicht, oder ob Nachtragsforderungen gerade bei den vermengten Preispositionen wahrscheinlich seien, sei für die Frage der Anforderungen an den rechtmäßigen Angebotsinhalt ohne Belang. Spekulative Beweggründe seien im Einzelfall auch nur schwer feststell- und nachweisbar.

Soweit der Bieter sich auf den Standpunkt stelle, dass für die strittigen Positionen ein gesonderter Preis nicht sinnvoll zu bilden sei, müsse er diesen Vorbehalt bereits nach Durchsicht der Angebotsunterlagen gegenüber der Vergabestelle rügen, um so selber auf eine Änderung der Verdingungsunterlagen hinwirken zu können.

IV. Ausschluss auch bei deutlicher Abweichung von Durchschnittspreisen?

Stemmer vertritt in seinem Beitrag „Mischkalkulationen sind unzulässig, sind spekulative Preisgestaltungen passé?" (VergabeR 2004, 549) die Auffassung, dass bei einer deutlichen Abweichung einzelner Preise vom Durchschnitt der Mitbieter eine Wertung mit berichtigten Mengen in der realistisch zu erwartenden Größe erfolgen könne.

Stemmer geht davon aus, dass nach der „Mischkalkulations-Entscheidung" des BGH damit gerechnet werden müsse, dass Bieter künftig „Auf- und Abpreisungen" nicht mehr offen (z. B. als Cent-Positionen), sondern verdeckt (z. B. mit 20 % bis 30 % Auf- oder Abschlag) vornehmen.

In diesem Rahmen werde ein Bieter regelmäßig den Verdacht einer Mischkalkulation durch betriebsspezifische Eigenheiten ausräumen können.

Das Angebot könne dann nicht wegen unvollständiger Preise nach § 21 VOB/A in Verbindung mit § 25 Nr. 1 VOB/A ausgeschlossen werden.

Dem kann Stemmer zufolge nur dadurch begegnet werden, dass die Ausschreibungsunterlagen zu überprüfen und die finanziellen Folgen eventueller Mengen- oder Leistungsänderungen zu untersuchen seien, wenn der Auftraggeber bei der Angebotswertung über den Preisspiegel erkenne, dass einzelne Preise deutlich vom Durchschnitt der Mitbieter oder Erfahrungswerten abwichen.

Die fiktiven Mengenänderungen seien dann in der realistisch zu erwartenden Größe zu berücksichtigen.

Anschließend sei durch eine Prognoseentscheidung zu ermitteln, ob das Ausmaß der mit einer derartigen Preisgestaltung verbundenen Risiken und die Wahrscheinlichkeit ihrer Verwirklichung die Wirtschaftlichkeit eines solchen Angebotes in Frage stelle.

Dem ist entgegengehalten, dass Massenermittlungen bekanntermaßen einem gewissen Risiko unterliegen.

Auch sorgfältige Planung kann nicht immer vor Änderungen bei der Bauausführung schützen.

Wenn nun der Auftraggeber bereits bei einer Abweichung von Einzelpreisen in Höhe von 20 % bis 30 % der Durchschnittswerte berechtigt sein soll, das Massengerüst nachträglich zu korrigieren und eine Wertung mit der nunmehr von ihm für richtig gehaltenen Menge vorzunehmen, ist Manipulationen Tür und Tor geöffnet.

Mit dieser Methode ist es relativ einfach möglich, missliebige Bieter „nach hinten zu rechnen".

Stellt sich nach der Submission durch die Spekulationspreise des vorne liegenden Bieters heraus, dass die ausgeschriebenen Massen oder Leistungen in erheblichem Maße unrichtig sind, sollte die Ausschreibung aufgehoben und die gesamte Leistung in korrigierter Form neu ausgeschrieben werden.

V. Nachträgliche Bereinigung von Mischkalkulationen bei Massen- und Leistungsänderungen?

In Bezug auf die Frage, wie bei Massen- oder Leistungsänderungen mit Verträgen umzugehen ist, bei denen im Vergabeverfahren das Vorliegen einer Mischkalkulation gar nicht geprüft oder jedenfalls trotzdem der Zuschlag erteilt wurde, kommt Stemmer (a. a. O.) zu dem Ergebnis, dass insoweit auf die „bereinigten" Preiselemente zurückzugreifen sei.

Habe der Auftragnehmer Einheitspreise deutlich überhöht bzw. zu niedrig kalkuliert, könne bei Nachtragsvereinbarungen folglich eine Korrektur erfolgen.

Zwar gehe die VOB beim Einheitspreisvertrag grundsätzlich davon aus, dass bei Massen- oder Leistungsänderungen die Vertragspreise „fortgeschrieben" würden.

Durch eine Mischkalkulation trete jedoch eine Störung ein, die beseitigt werden müsse, sobald eine Partei gemäß § 2 Nr. 3, 5 VOB/B Preisanpassung verlange.

Bei der Berechnung des neuen Preises sei dann nicht mehr nur an den vertraglichen Einheitspreis der betroffenen Position, sondern an die kalkulatorisch miteinander verbundenen Einheitspreise anzuknüpfen.

Diese seien aufzuspalten und der Preisfortschreibung nur die bereinigten Preiselemente zugrunde zu legen.

Auch bei reinen Spekulationspreisen – ohne Preisverlagerung, aber mit erheblicher Abweichung vom üblichen Preis – seien bei Massen- oder Leistungsänderungen nicht mehr die Vertragspreise „fortzuschreiben", sondern dem „neuen Preis" die tatsächliche Kostensituation zugrunde zu legen.

Dazu ist Folgendes zu sagen;
Wird der Zuschlag erteilt, kommt ein wirksamer Bauvertrag zustande, der beide Seiten bindet.

Die „Fortschreibung" der darin enthaltenen Einheitspreise auf der Grundlage der Urkalkulation bei Massenmehrungen und Leistungsänderungen kann zwar im Einzelfall zu unbilligen Ergebnissen führen, ist aber immerhin ein einheitlicher, für beide Seiten gleichermaßen geltender Maßstab.

Der Vorschlag, künftig bei „nicht kostenorientert kalkulierten Preisen" davon abzurücken, ist nicht praktikabel. Bei Erstellung der Preisspiegel ist immer wieder festzustellen, dass die einzelnen Preisangaben der verschiedenen Bieter sehr weit auseinanderklaffen.

Erst recht kann der öffentliche Auftraggeber nicht ermitteln, wie hoch die betriebsspezifischen Kosten im konkreten Fall anzusetzen sind. Es gibt eben gerade keinen „normalen" Preis.

Jede Firma hat das Recht, innerhalb der vom BGH gezogenen Grenzen ihren individuellen Preis anzubieten, der mit dem Zuschlag Vertragspreis wird. Nur darauf kann bei Nachträgen aufgebaut werden.

VI. Zwischenergebnis: Beweislast beim Bieter

Vor dem Hintergrund der oben zitierten Rechtsprechung und Literatur ist davon auszugehen, dass der Auftraggeber beim (gehäuften) Vorliegen von Cent-/Nullpreisen verpflichtet ist, vom jeweiligen Bieter gemäß § 24 VOB/A Aufklärung zu verlangen, ob diese Preise auf einer Mischkalkulation fußen oder nicht.

Bestätigt der betreffende Bieter daraufhin die Verwendung einer Mischkalkulation, ist sein Angebot auszuschließen, selbst wenn er gleichzeitig die tatsächlich geforderten Einheitspreise benennt.

Bei der Angabe von Nullpreisen besteht die (widerlegbare) Vermutung einer Mischkalkulation. Demgegenüber ist dann Zurückhaltung geboten, wenn keine Cent-/Nullpreise vorliegen, sondern lediglich größere Preisabweichungen.

Insoweit ist zwar ebenfalls vom Bieter Aufklärung zu verlangen, im Zweifel jedoch von einer ordnungsgemäßen Kalkulation auszugehen.

Alles in allem trägt nach der oben genannten Rechtsprechung grundsätzlich der Bieter die Beweislast für seine sachgerechte Kalkulation und das Nichtvorliegen einer Mischkalkulation.

Zu beachten ist, dass die Aufklärung schriftlich und auch bei unangemessen niedrigen Preisen von Teilleistungen/-positionen verlangt werden muss.

Weist der Bieter auf ein solches Aufklärungsverlangen hin nicht schlüssig nach, dass sein Preis sachgerecht kalkuliert und Kostenanteile nicht in andere Positionen verschoben sind, ist sein Angebot (zwingend) auszuschließen.

Für einen solchen schlüssigen Nachweis ist regelmäßig erforderlich, dass der Bieter die Kostenanteile der Einheitspreise und die Preisermittlungsgrundlagen offen legt.

VII. Gegenposition: Beweislast für Mischkalkulation doch beim Auftraggeber?

Schien nach den oben aufgeführten Urteilen die Beweislast für das Nichtvorliegen einer Mischkalkulation noch recht klar beim Bieter zu liegen, so gibt es inzwischen auch einige Entscheidungen, die in eine andere Richtung weisen und die Beweislast zumindest dann wieder auf den Auftraggeber zurückverlagern, wenn der Bieter in einem ersten Schritt seiner Aufklärungspflicht nachgekommen ist.

Für den Fall, dass Zweifel daran bestehen, dass die Einheitspreise die tatsächlich geforderten Preise für die jeweilige Position enthalten, ist eine Aufklärung erforderlich. Insbesondere ungewöhnlich niedrig ausgepreiste Angebote in einzelnen Leistungsverzeichnispositionen begründen eine widerlegliche Vermutung für eine Mischkalkulation (siehe oben). Sie widersprechen dem allgemeinen Erfahrungssatz, ein Bieter kalkuliere auf dem einschlägigen Markt seinen Preis so, dass eine einwandfreie Leistungsausführung einschließlich Gewährleistung und die Erzielung einer Gewinnspanne möglich ist (Brandenburgisches OLG, Beschluss vom 13.9.2005 – Verg W 9/05). Ergibt die Aufklärung auf Grund der vom Bieter gelieferten Angaben, dass die ausgewiesenen Preise tatsächlich die für die Leistung geforderten Preise nachvollziehbar ausweisen, kann das Angebot nicht mehr gemäß § 25 Nr. 1 Abs. 1 lit. b VOB/A ausgeschlossen werden. Ist der Bieter jedoch nicht in der Lage, nachzuweisen, dass die von ihm angebotenen Einheitspreise den tatsächlich von ihm geforderten Betrag für die Leistung ausweisen, ist die Vergabestelle nicht verpflichtet weitere Ermittlungen darüber anzustellen, welche Preise für die Leistung tatsächlich gefordert werden. Die Vergabestelle ist auch nicht verpflichtet nachzuweisen, in welche Positionen Kostenanteile anderer Positionen verlagert wurden, was im Fall einer Verteilung auf mehrere Positionen so gut wie ausgeschlossen wäre. Es reicht der Beleg aus, dass im Angebot des Bieters nach Aufklärung Einheitspreise vorliegen, die nicht den tatsächlich für diese Leistung geforderten Betrag enthalten (Ist die Leistung zu diesem Preis nach Angabe der Umstände, individuellen Möglichkeiten des Bieters und der anfallenden Kosten so wie angegeben durch den Bieter realisierbar?). Kann der Bieter diese Frage nicht nachvollziehbar beantworten, ist sein Angebot gemäß § 25 Nr. 1 Abs. 1 lit. b in Verbindung mit § 21 Nr. 1 Abs. 1 VOB/A auszuschließen. Das bedeutet auch, dass, den Nachweis über das Vorliegen tatsächlicher Einheitspreise betreffend, der Bieter in der Pflicht ist und nicht die Vergabestelle. Die gelieferten Nachweise müssen für die Vergabestelle nachvollziehbar sein und haben im Bedarfsfall auch die Kalkulationsgrundlagen (Aufgliederung der Leistung in deren Einzelbestandteile) zu enthalten. Die Vergabestelle hat die von dem Bieter vorgelegten Erklärungen zu prüfen und zu bewerten, vorausgesetzt seine abgegebenen Erklärungen sind nachvollziehbar und ermöglichen somit überhaupt eine Prüfung (VK beim Niedersächsischen Ministerium für Wirtschaft, Arbeit und Verkehr – Regierungsvertretung Lüneburg, Beschluss vom 5.7.2005 – VgK-26/2005; VK beim Thüringer Landesverwaltungsamt, Beschluss vom 23.9.2005 – 360-4002.20-007/05-NDH; Beschluss vom 28.4.2005 – 360-4002.20-005/05-MGN).

Im Rahmen der Überprüfung auffälliger Cent-Positionen kommt es bei der vergaberechtlichen Nachprüfung durch die Vergabekammer einzig und allein darauf an, was der betroffene Bieter aufgrund einer fristgebundenen Vorlageverpflichtung des Auftraggebers in concreto zu deren Rechtfertigung vorlegen sollte – und auch vorgelegt hat –, nicht aber darauf, was etwa ein allgemeines Rundschreiben (z. B. das ARS 25/2004) abstrakt fordert oder welche Nachweise danach tauglich oder weniger tauglich erscheinen (Brandenburgisches OLG, Beschluss vom 13.9.2005 – Verg W 9/05). Würde man dies anders sehen wollen, hätte es die Vergabestelle in der Hand, eine an der Oberfläche bleibende Abfrage beim betroffenen Bieter vorzunehmen, um dessen Angebot dann – ohne konkrete Nachfrage oder Bietergespräch – nur deshalb nach § 25 Nr. 1 Abs. 1 lit. b in Verbindung mit § 21 Nr. 1 Abs. 1 S. 3 VOB/A auszuschließen, weil dieser seiner (nur) aus dem allgemeinen Rundschreiben abgeleiteten Nachweispflicht nicht gründlich genug nachgekommen ist. Bei einer derart sanktionierten Vorgehensweise wäre der

Manipulation, insbesondere in mehrzügigen Entscheidungsprozessen mit unterschiedlichen Behörden, Tür und Tor geöffnet (1. VK des Freistaates Sachsen beim Regierungspräsidium Leipzig, Beschluss vom 27.4.2005 – 1/SVK/032-05).

Entscheidend ist also, ob ein Bieter zu streitigen Positionen des Leistungsverzeichnisses plausible Erklärungen samt abgeforderter Unterlagen beibringt und den Verdacht einer Mischkalkulation etc. durch Vorlage der Urkalkulation zerstreut; dann ist ein Ausschluss unter Hinweis auf ein angeblich höheres Nachweisniveau (z. B. aufgrund eines allgemeinen Rundschreibens) vergaberechtswidrig (OLG Rostock, Beschluss vom 6.7.2005 – 17 Verg 8/05; OLG Dresden, Beschluss vom 1.7.2005 – WVerg 7/05; VK Schleswig-Holstein beim Ministerium für Wissenschaft, Wirtschaft und Verkehr, Beschluss vom 6.10.2005 – VK-SH 27/05; 1. VK des Freistaates Sachsen beim Regierungspräsidium Leipzig, Beschluss vom 12.7.2005 – 1/SVK/073-05; Beschluss vom 27.4.2005 – 1/SVK/032-05).

Das OLG Koblenz stellt dagegen im Zusammenhang mit der Frage, ob eine Mischkalkulation erkennbar ist, darauf ab, welche Erklärung der Bieter zu sehr niedrigen Preisen abgibt und ob es konkrete Anhaltspunkte für eine Mischkalkulation gibt (OLG Koblenz, Beschluss vom 10.5.2005 – 1 Verg 3/05; im Ergebnis ebenso Brandenburgisches OLG, Beschluss vom 13.9.2005 – Verg W 9/05).

Nach Auffassung des OLG Naumburg ist in solchen Fällen im Zweifelsfalle der Nachweis der Unvollständigkeit eines Angebots von der Vergabestelle zu führen, die sich auf das Vorliegen eines zwingenden Ausschlussgrundes nach § 25 Nr. 1 Abs. 1 VOB/A beruft. Es gilt nichts anderes als für alle anderen zwingenden Ausschlussgründe nach § 25 Nr. 1 Abs. 1 VOB/A. Im Zweifel sind also die Preisangaben von Bietern als vollständig und zutreffend gemachte hinzunehmen (OLG Naumburg, Beschluss vom 22.9.2005 – 1 Verg 7/05; im Ergebnis ebenso OLG Rostock, Beschluss vom 6.7.2005 – 17 Verg 8/05; Beschluss vom 17.6.2005 – 17 Verg 8/05).

VIII. Derzeitiger Stand der Dinge

Besonders die letztgenannte Entscheidung des OLG Naumburg macht deutlich, dass das Pendel im Moment eher wider in die andere Richtung schwingt und im Falle einer letztlich unklaren Beweislage der Auftraggeber die Beweislast trägt und er somit das Angebot nicht ausschließen kann.

Letztlich kann man damit wohl als den derzeitigen Stand Folgendes festhalten: Erregen die Angaben im Angebot den Verdacht, mischkalkulatorisch ermittelt zu sein, ist zunächst der Bieter in der Pflicht. Er muss an der Aufklärung mitwirken und eine plausible Erklärung für die ungewöhnlich niedrigen Einheitspreise liefern. Macht er die entsprechenden Angaben und sind diese plausibel, kann der Auftraggeber sich jedenfalls nicht dadurch um eine Entscheidung im konkreten Einzelfall drücken, dass er die Nichterfüllung eines höheren Beweisniveaus anprangert, wie es etwa in einem allgemeinen Rundschreiben gefordert wird. Damit hat sich die Beweislast zwar nicht komplett auf den Auftraggeber zurückverlagert, es ist ihm aber nicht mehr möglich, seine Ausschlussentscheidung nur auf die Nichterfüllung der Beweislast zu stützen.

F. Rechtschutz unterhalb der Schwellenwerte? Anmerkung zum Beschluss des Oberverwaltungsgerichtes Koblenz vom 25. Mai 2005 – 7 B 10356/05. OVG

Das Verwaltungsgericht Koblenz hatte bereits mit seinem Beschluss vom 30. Januar 2005 den Verwaltungsrechtsweg in einem Vergabeverfahren über Rüstungsbeschaffung für eröffnet erklärt. Diese Entscheidung wurde nunmehr im oben genannten Beschluss des OVG Koblenz bestätigt. Das OVG ist der Auffassung, dass dem Abschluss eines privatrechtlichen Vertrages durch Zuschlag (zweite Stufe) eine erste Stufe in Gestalt eines eigenständigen Vergabeverfahrens vorausgehe, welche verwaltungsgerichtlich überprüfbar sei.

Der Entscheidung des OVG Koblenz (OVG Koblenz, Beschluss vom 25.5.2005 – 7 B 10356/05.OVG) liegt ein Vergabeverfahren im Rüstungsbereich zugrunde. Von einem unterliegenden Unternehmen wurde ein Antrag auf einstweilige Anordnung vor dem Verwaltungsgericht Koblenz gestellt. Der Rechtsweg zu den Verwaltungsgerichten wurde auch im Beschwerdeverfahren vom OVG Koblenz bejaht.

Konsequenz der Entscheidung ist, dass – zumindest in Rheinland-Pfalz – nicht nur im Bereich der Rüstungsbeschaffung, sondern auch für Aufträge unterhalb der Schwellenwerte, der Rechtsweg zu den Verwaltungsgerichten eröffnet sein wird! Das OVG ist in der Begründung des Beschlusses der Auffassung, dass Vergabeverfahren in einen öffentlich-rechtlichen und einen privatrechtlichen Teil zu trennen seien. Der öffentlich-rechtliche Teil sei vollumfänglich verwaltungsgerichtlich überprüfbar. Dies unabhängig von der Frage, um welche Art der Beschaffung es sich handelt. Allein für die Fälle, in denen der Rechtsweg zu den Vergabekammern eröffnet sei, sind nur diese ausschließlich für die Überprüfung eines Vergabeverfahrens zuständig.

Nicht nur für den Bereich der Rüstungsbeschaffung, sondern auch für sämtliche anderen Beschaffungen unterhalb der Schwellenwerte oder im Anwendungsbereich des § 100 Abs. 2 gilt nunmehr nach Auffassung des OVG Koblenz: Der Weg zu den Verwaltungsgerichten ist zulässig.

I. Kein Verwaltungsakt bei der Beschaffung

Es ist aus logischen Gründen jedoch nicht geboten, einen Verwaltungsakt im Beschaffungsvorgang zu fingieren mit der Folge, dass vor dem Verwaltungsgericht auf seine Aufhebung oder auf die nachträgliche Feststellung seiner Rechtswidrigkeit oder auf seine Vornahme geklagt werden könnte. Dies wird vom OVG Koblenz auch nicht angenommen.

Der Vorzug eines Bewerbers wirkt sich nur als Vorrang bei der Wertung der Angebote aus. Sind die aus förmlichen Gründen ungeeigneten Angebote ausgeschieden und ist aus den verbleibenden Angeboten ein Angebot als das unter Berücksichtigung aller Umstände wirtschaftlichste ausgewählt, dann ist der bevorzugte Bieter anhand der Zuschlagskriterien zu ermitteln.

Die Rangfolge bevorzugter Bieter wird nach den von den Bewerbern nachzuweisenden Bevorzugungsmerkmalen, also nach formellen Gesichtspunkten ermittelt. Die Ermittlung der Rangfolge bleibt ein innerer Vorgang der auftraggebenden Stelle, die bereits vor Durchführung des Verfahrens feststeht. Bei der Überprüfung, ob die selbst gewählten Kriterien der Vergabestelle eingehalten sind, können diese Kriterien auch nicht mehr abgeändert werden. Die Vergabestelle trifft daher über die spätere Rangfolge keine den Einzelfall des Bewerbers verbindlich regelnde hoheitliche Entscheidung (VG Berlin 31. Kammer, Beschluss vom 5.11.1993 – 31 A 859.93).

II. Die Entscheidung über den Zuschlag bleibt ein privatrechtlicher Vertrag!

Bei der staatlichen Auftragsvergabe erfolgt der Abschluss des Verfahrens durch privatrechtliche Verträge. Die Vorschriften des Vergaberechts gehören zwar dem öffentlichen Recht an, deswegen allein ist jedoch nicht vorgegeben, ob der Hoheitsträger öffentlich-rechtlich oder privatrechtlich tätig wird. Die Entscheidung über den Zuschlag erfolgt regelmäßig über ein und dieselbe Maßnahme, nämlich die Entscheidung über die Annahme oder die Ablehnung des Angebots anhand der zuvor vorgenommenen Wertung. Ein und dieselbe Maßnahme kann aber nach der Rechtsprechung des Bundesverwaltungsgerichts nicht gleichzeitig eine öffentlich-rechtliche und eine privatrechtliche Willenserklärung sein (BVerwGE 14, 65(68); BVerwG in DVBl 70, 866 ff.). Dies sieht das OVG Koblenz nunmehr anders. Es bleibt jedoch auch bei der Auffassung, dass der Zuschlag als solcher privatrechtlicher Natur ist.

Nur ausnahmsweise kann eine öffentlich-rechtliche Streitigkeit vorliegen, wenn der Ausschluss eines Bieters allein als sicherheits- oder gewerbepolizeiliche Maßnahme erfolgt. Dies setzt jedoch voraus, dass die Zuschlagsentscheidung gerade nicht aus vergaberechtlicher Sicht während eines Vergabeverfahrens begründet wird, sondern mit anderen konkreten öffentlich-rechtlicher Vorgaben.

Solche öffentlich-rechtlichen Vorgaben sind jedenfalls nicht in der VOL/VOB oder VOF zu sehen, da diese gerade die Gleichbehandlung aller Bieter vorsehen und nicht die Bevorzugung eines bestimmten Bieters.

III. Rechtsweg zu den Verwaltungsgerichten – Die Rechtsprechung des Bundesverwaltungsgerichtes lehnt bislang eine zweistufige Vergabe ab – bleibt es dabei?

Notwendig für eine Rechtswegeröffnung zu den Verwaltungsgerichten ist, dass es sich um eine öffentlich-rechtliche Streitigkeit handelt. Der Streit während eines Beschaffungsvorgangs, stellt jedoch nach der bisherigen Ansicht keine öffentlich rechtliche Streitigkeit im Sinne des § 40 VwGO dar.

Eine öffentlich-rechtliche Streitigkeit wäre dann zu bejahen, wenn ein Über- und Unterordnungsverhältnis zwischen Auftraggeber und Bieter vorliegt.

Die in einem Vergabeverfahren beteiligten Unternehmen müssten also dem Auftraggeber untergeordnet sein. Nach allgemeinen vergaberechtlichen Grundsätzen ist dies jedoch gerade nicht der Fall. Auftraggeber und Unternehmer stehen im Vergabeverfahren grundsätzlich auf gleicher Stufe. Der Auftraggeber kann den beteiligten Bietern nicht vorgeben, welche Handlungen vorzunehmen sind und welche nicht. Insbesondere der Grundsatz der Gleichbehandlung, Transparenz und Fairness sprechen deutlich gegen ein solches Über- und Unterordnungsverhältnis.

Öffentlich-rechtlich sind zudem alle Streitigkeiten, deren Gegenstand sich als unmittelbare Folge des öffentlichen Rechts darstellt. Dies ist dann der Fall, wenn das Rechtsverhältnis, aus dem ein Klageanspruch hergeleitet wird, öffentlich-rechtlicher Natur ist.

Die Entscheidung, ob beschafft wird, stellt einen lediglich internen Verwaltungsvorgang dar, der einer gerichtlichen Überprüfung entzogen ist. Und die Rechtsnatur des Vergabeverfahrens selbst wurde bislang als privatrechtlich eingestuft, da eine Trennung dieses Vorgangs von den Gerichten als unnatürlich angesehen wurde.

Eine zweistufige Vergabe von öffentlichen Aufträgen bringt eine Vielzahl von Problemen mit sich. Die Annahme einer der Vergabeentscheidung (öffentlich-rechtliche Stufe) nachfolgenden Einigung (privatrechtliche Stufe) zwischen Auftraggeber und Auftragnehmer über den Abschluss eines privatrechtlichen Vertrages ist eigentlich reine Fiktion. Eine klare Trennung zwischen beiden Stufen ist nicht möglich. Die Vergabeentscheidung kann nicht abstrakt erfolgen. Sie enthält bereits inhaltliche Aussagen, die auch im Vertrag zwischen Auftraggeber und Auftragnehmer festgelegt werden können.

Der einheitliche Vorgang „Vergabe eines öffentlichen Auftrags" wird letztlich in zwei unterschiedliche Rechtsverhältnisse aufgeteilt. Probleme ergeben sich dann, wenn die Vergabeentscheidung durch die Widerspruchsbehörde oder das Verwaltungsgericht aufgehoben wird.

Beurteilte man die Vergabeentscheidung als Wirksamkeitsvoraussetzung für den Vertrag, wäre dieser unwirksam, sobald die Vergabeentscheidung aufgehoben würde. Ein derartiges Maß an Rechtsunsicherheit ist von der Rechtsordnung nicht hinzunehmen. Selbst wenn eine öffentliche Aufgabe vorliegt, darf nicht ohne weiteres auf den öffentlich-rechtlichen Charakter ihrer Ausführung geschlossen werden. Entscheidend ist, welcher Rechtsform sich der Auftraggeber bedient. Nur wenn das öffentliche Recht beispielsweise auch die Ausführung der Aufgabe steuert, also den Verwaltungsvollzug ausschlaggebend prägt, könnte man von einer öffentlich-rechtlichen Streitigkeit ausgehen. Gerade die Vertragsdurchführung und Abwicklung spielen sich jedoch auf rein privatrechtlicher Ebene ab.

IV. Unzumutbare Verzögerung durch die verwaltungsgerichtlichen Verfahren – Konsequenz der Rechtsprechung

Die Verzögerung durch Nachprüfungsverfahren stellt eine Belastung nicht nur für den öffentlichen Auftraggeber, sondern auch für denjenigen Bieter dar, der den Zuschlag erhalten soll, wenn sich der Nachprüfungsantrag im Ergebnis als unbegründet erweist. Das ist umso eher hinnehmbar, je größer das Auftragsvolumen und damit das Interesse der übergangenen Bieter an dem Auftrag ist. Die Bieter sind bei einem Ausschluss des Primärrechtsschutzes nicht rechtlos gestellt, sondern genießen bei Verstößen gegen die Vergabevorschriften jedenfalls Sekundärrechtsschutz in Form von Schadensersatzansprüchen, insbesondere wegen Verschuldens bei Vertragsschluss. Die widerstreitenden Interessen der verschiedenen Bieter untereinander und im Verhältnis zur Vergabestelle lassen es deshalb nicht als von vornherein mit Art. 3 GG unvereinbar erscheinen, wenn die Gewährung von Primärrechtsschutz von der Erreichung eines bestimmten Auftragsumfangs abhängig gemacht wird.

Da im Verwaltungsprozess keine Fristen wie im GWB vorgesehen sind, ist eine weitere Verzögerung der Vergabeverfahren durch Öffnung des Verwaltungsrechtsweges unvermeidbar. Hierdurch kann ein nicht zu vernachlässigender Investitionsstau entstehen, der letztlich so vom Gesetzgeber nicht gewollt war. Durch die Öffnung des Verwaltungsrechtsweges für die Bieter an die Verwaltungsgerichte könnte jeder Beschaffungsvorgang vollständig zum Erliegen gebracht werden. Der Beschleunigungsgrundsatz aus dem GWB gilt im Verwaltungsprozess gerade nicht. Die Öffnung des Rechtsweges hat letztlich zur Konsequenz, dass durch die Einlegung eines Antrags auf einstweilige Anordnung vor dem Verwaltungsgericht zunächst über die Frage des Umfangs der Akteneinsicht gestritten werden wird. Schon dieser Streit, der unabhängig von der Frage der Begründetheit einer etwaigen Rechtsverletzung durch sämtliche Instanzen geklärt werden muss, führt in Kombination mit der materiellen Entscheidung zu erheblichen Verzögerungen, die vom Vergaberecht so nicht vorgesehen und vom Gesetzgeber so nicht gewollt sind.

Die Vergabestelle wird eine vollumfängliche Einsicht in die Vergabeakten durch das Verwaltungsgericht nicht zulassen. Dies wird regelmäßig von dem antragstellenden Unternehmen nicht hingenommen werden.

Da die VwGO keine Prüfung der Geheimhaltung durch das Gericht vorsieht, hat die vergebende Stelle gemäß § 99 VwGO darüber zu entscheiden, welche Teile der Vergabeakte dem antragstellenden Unternehmen zur Einsicht überlassen werden können. Gegen die Verweigerung der Akteneinsicht sind Rechtsmittel möglich, die letztlich im „In-camera-Verfahren" dazu führen, dass höchstrichterlich zunächst über den Umfang der Akteneinsicht gestritten werden wird, bevor überhaupt eine materiellrechtliche Entscheidung ergehen kann. Da die Vergabestelle im Prozess immer auf der Gegenseite des antragstellenden Unternehmens steht und eine richterlich neutrale Entscheidung über den Umfang der Akteneinsicht immer erst durch das „In-camera-Verfahren" herbeigeführt werden kann, liegt es in der Natur der Sache, dass die Vergabestelle und das antragstellende Unternehmen in der Regel über den Umfang der zu gewährenden Akteneinsicht streiten werden. Das führt zu nicht unerheblichen Verzögerungen, die mit den im GWB verankerten vergaberechtlichen Grundsätzen nur schwer vereinbar sind. Im Gegensatz zu anderen Verfahren steht das Nachprüfungsverfahren vor der Vergabekammer unter einem erheblichen Beschleunigungsgebot. Die Vergabekammern haben ihre Entscheidung beispielsweise innerhalb von fünf Wochen nach Eingang des Antrags zu treffen und zu begründen (vgl. § 113 GWB).

Letztlich bedeutet der Rechtsschutz vor den Verwaltungsgerichten, dass die Vergabestellen weiter im Voraus planen müssen, wenn rechtssicher unterhalb der Schwellenwerte bzw. im Bereich des § 100 Abs. 2 GWB beschafft werden soll, als dies im Oberschwellenbereich notwendig wäre. Diese Konsequenz kann von der Rechtsordnung nicht geduldet werden und spricht gegen die eindeutige Intention des Gesetzgebers, die sich beispielsweise in § 113 GWB manifestiert hat.

Gerade für den Bereich der Vergaben unterhalb der Schwellenwerte ist eine langjährige Vorausplanung letztlich nicht praktikabel. Der diesbezügliche Bedarf entsteht im Verhältnis zum Auftragswert relativ kurzfristig. Je geringer der Auftragswert ist, umso geringer ist in der Regel die Zeitspanne, in der beschafft werden müsste.

V. Fazit

Zwar sollte die Entscheidung des OVG Koblenz vom 25. Mai 2005 mit Zurückhaltung behandelt werden, da sie sich deutlich von der bisher herrschenden Rechtsauffassung unterscheidet; abzuwarten ist, wie sich die anderen Verwaltungsgerichte und insbesondere das Bundesverwaltungsgericht hierzu positionieren werden.

Möglicherweise löst diese Entscheidung jedoch auch eine Kettenreaktion in der verwaltungsgerichtlichen Rechtsprechung aus und führt damit zu einer Korrektur des bislang als zu gering angesehenen Rechtsschutzes für Bieter bei Vergaben unterhalb der Schwellenwerte.

Eine endgültige Entscheidung des Bundesverfassungsgerichts zum Primärrechtsschutz ist bislang noch nicht ergangen, so dass auch diese Entwicklung abzuwarten ist.

Unter Berufung auf die Rechtsprechung des OVG können nun zumindest unterlegene Bieter in Vergabeverfahren in Rheinland-Pfalz vor den Verwaltungsgerichten Anträge auf einstweilige Anordnung stellen, mit dem

Ziel, die Auftragsvergabe durch die Gerichte überprüfen zu lassen. Dies geschieht auch bereits. So hat das VG Neustadt an der Weinstraße bereits in zwei Beschlüssen vom 19. Oktober 2005 – 4 L 1925/05.NW – und 20. Februar 2006 – 4 L 210/06 – den Rechtsweg zu den Verwaltungsgerichten als eröffnet angesehen und Anträge auf Erlass einer einstweiligen Anordnung in Vergabeverfahren unterhalb der Schwellenwerte als zulässig erachtet. Das VG hat sich dabei in seiner Begründung jeweils ausdrücklich auf den hier diskutierten Beschluss des OVG Rheinland-Pfalz bezogen und sich der Argumentation des OVG mit der Zweistufigkeit der Vergabeentscheidung angeschlossen.

In Vergabeverfahren unterhalb der Schwellenwerte werden die Rechte der Bieter nach der noch vorherrschenden Rechtsauffassung in den anderen Bundesländern nur im Sekundärrechtsschutz eingeklagt werden können. Ob die Verwaltungsgerichte der Auffassung des OVG Koblenz auch außerhalb von Rheinland-Pfalz folgen, bleibt zunächst abzuwarten. Es ist jedoch zu erwarten, dass – unter Bezugnahme auf den Beschluss des OVG Koblenz – demnächst weitere Klagen unterlegener Bieter vor den Verwaltungsgerichten eingehen.

Bleiben die Verwaltungsgerichte – trotz der dogmatischen Bedenken – bei dieser Praxis, stehen den Bietern im Verwaltungsverfahren mehr Rechte zu, als in einem Vergabenachprüfungsverfahren. Über die verwaltungsgerichtliche Akteneinsicht – bei der § 111 GWB zumindest nicht unmittelbar Anwendung findet – könnten durch den Bieter letztlich mehr Einblicke in die Vergabeakte erlangt werden, als während eines Vergabenachprüfungsverfahrens. Ob dies vom Gesetzgeber so gewollt war, ist mehr als fraglich.

Für die vergaberechtliche Praxis bedeutet die Entscheidung des OVG Koblenz nunmehr auch, dass die Unterlegenen eines Vergabeverfahrens unterhalb der europäischen Schwellenwerte nicht nur auf eine („form-, frist- und fruchtlose") Rechtsaufsichtsbeschwerde angewiesen sind. Der Gang zu den Verwaltungsgerichten kommt als echte Alternative in Betracht!

G. Die Landesvergabegesetze

I. Zur Frage der „Tariftreueerklärungen" nach den Landesvergabegesetzen

Nach Inkrafttreten des Gesetzes zur Änderung der Rechtsgrundlagen für die Vergabe öffentlicher Aufträge (Vergaberechtsänderungsgesetz/VgRÄG) haben auch die Bundesländer auf dem Gebiet des Vergaberechts umfangreiche gesetzgeberische Aktivitäten entwickelt. Die Landestariftreuegesetze der Länder füllen ganz überwiegend die Öffnungsklausel in § 97 Abs. 4 2. Hs. GWB aus, nach der „andere oder weitergehende Anforderungen" dann zulässig sind, wenn diese durch Bundes- oder Landesgesetz festgelegt worden sind. Insbesondere wird als „andere oder weitergehende Anforderung" die Verpflichtung des Bieters zur Zahlung von Tariflöhnen (so genannte „Tariftreue") festgeschrieben. Derartige Tariftreuegesetze sind im Augenblick in Bayern, Bremen, Hamburg, Niedersachsen, Nordrhein-Westfalen, dem Saarland und Schleswig-Holstein in Kraft. In Nordrhein-Westfalen steht allerdings die Aufhebung des Tariftreuegesetzes im Rahmen eines Mittelstandsförderungspaktes unmittelbar bevor, während in Hamburg bei der Abfassung der Entwürfe für ein neues Vergabegesetz die Regelungen über die Tariftreueerklärung nicht angetastet wurden. In Sachsen-Anhalt wurde das Landestariftreuegesetz aus dem Jahr 2001 mit dem Regierungswechsel wieder außer Kraft gesetzt. Das Berliner Landesvergabegesetz wird auf Veranlassung des Bundesgerichtshofs auf seine Verfassungsmäßigkeit überprüft, insoweit wurden vom Bundesgerichtshof insbesondere die fehlende Gesetzgebungskompetenz und ein Verstoß gegen Art. 9 Abs. 3 GG geprüft. Eine Entscheidung des Bundesverfassungsgerichts steht noch aus. Ein Vorstoß für ein Bundestariftreuegesetz scheiterte 2002 im Vermittlungsausschuss.

Ursprünglich war der Anwendungsbereich der Tariftreueverpflichtung auf Bauaufträge beschränkt, in den neueren Landestariftreuegesetzen werden jedoch auch Dienstleistungen des ÖPNV (so in Bremen, Hamburg, Nordrhein-Westfalen und Schleswig-Holstein) und des Abfallbereichs (Schleswig-Holstein) mit einbezogen. In Niedersachsen sind die ÖPNV-Leistungen jüngst wider aus dem Anwendungsbereich herausgenommen worden (Gesetz zur Änderung des Landesvergabegesetzes vom 9.12.2005, siehe Anhang.).

Mit dem Begriff der „Tariftreue" in den Landesvergabegesetzen ist Folgendes gemeint: Der Bieter in einem Vergabeverfahren muss sich mit Abgabe eines Angebots zur Zahlung bestimmter, im Gesetz präzise festgelegter Tariflöhne verpflichten. Tut er dies nicht, riskierte er, dass sein Angebot von vornherein als unvollständig ausgeschlossen wird. Bei Verstößen gegen die Tariftreueverpflichtung drohen dem Unternehmen u. a. der Ausschluss von weiteren Aufträgen und Vertragsstrafen. Die Bieter sind verpflichtet, die Verpflichtung zur Zahlung von Tariflöhnen auch auf ihre Nachunternehmen auszudehnen (so genannte „Nachunternehmererklärung").

Der Ausdruck „Tariftreue" ist vor diesem Hintergrund etwas irreführend. Es handelt sich nicht um eine Überprüfung von bestehenden rechtlichen Verpflichtungen; vielmehr sollen gerade tarifungebundene Bieter dazu gezwungen werden, Tariflöhne zu zahlen, obwohl solche Unternehmen nur zur Zahlung der gesetzlichen oder der für allgemeinverbindlich erklärten Mindestlöhne, nicht der Tariflöhne, verpflichtet sind.

Es verwundert daher nicht, dass solche Tariftreueverlangen sowohl politisch als auch hinsichtlich ihrer rechtlichen Zulässigkeit heftig umstritten sind. Für die Auftraggeber ergeben sich, insbesondere wenn eine Vielzahl von Tarifverträgen einschlägig ist, ganz erhebliche Rechtsanwendungsprobleme; auch die Überprüfung und Durchsetzung der Tariftreueverpflichtung dürfte in vielen Fällen auf Schwierigkeiten stoßen.

Neben den oben erwähnten verfassungsrechtlichen Bedenken sind Tariftreueverlangen insbesondere aus wettbewerbspolitischer Sicht wegen ihres Eingriffs in den Preiswettbewerb bedenklich. Im Fall der Berliner Tariftreueerklärung hatten daher Bundeskartellamt und Kammergericht die Tariftreueerklärung als Marktmachtmissbrauch im Sinne der §§ 19 und 20 GWB und die Nachunternehmererklärung als unzulässige Preisbindung im Sinne von § 14 GWB angesehen, wobei die Tariftreueerklärungen zum Zeitpunkt dieser Entscheidungen lediglich auf der Grundlage von Verwaltungsvorschriften verlangt wurden.

Wie bei anderen beschaffungsfremden Kriterien ist es auch im Fall der Tariftreueverlangen seit langem umstritten, ob solche zusätzlichen Kriterien, die aufgrund von politischen Erwägungen verlangt werden, mit den europäischen Vergabekoordinierungsrichtlinien in Einklang zu bringen sind. Nachdem die Rechtsprechung des EuGH die Richtlinien im Hinblick auf derartige „vergabefremde Kriterien" nicht für anwendbar gehalten hatte, scheint der EuGH in jüngster Zeit eine Kehrtwende vollzogen zu haben und es für erforderlich zu halten, dass die jeweiligen Vergabekriterien einen Bezug zum Gegenstand des Auftrags haben. Vom Blickpunkt des Europarechts kommt hinzu, dass es jedenfalls auch ein Ziel der Landestariftreuegesetze war, den Wettbewerbsvorteil von ausländischen Unternehmen in Form von niedrigeren Lohnkosten zu beseitigen. Insoweit ist zurzeit noch zu klären, ob ein solches staatliches Verhalten nicht als Verstoß gegen die europäischen Grundfreiheiten, insbesondere die Dienstleistungsfreiheit, zu qualifizieren ist. Die aktuelle Rechtsprechung des EuGH deutet darauf hin, dass zwar die gesetzliche Festsetzung von Mindestlöhnen zulässig ist, darüber hinausgehende Anforderungen aber als eine unzulässige Behinderung anzusehen sind.

Neben der Tariftreueverpflichtung sind in den Landesgesetzen von Bremen, Hamburg, Nordrhein-Westfalen und Niedersachsen Bestimmungen für die Überprüfung von unangemessen niedrigen Angeboten enthalten. So ist z. B. nach dem nordrhein-westfälischen TariftG der Auftraggeber verpflichtet, die Kalkulation zu überprüfen, wenn das Angebot des Bieters um mehr als 10 % vom nächst höheren Angebot abweicht (§ 5 TariftG NRW).

Hinsichtlich weiterer politischer Kriterien, die mit Hilfe von (Landes-)Rechtsverordnungen oder gar Verwaltungsvorschriften verfolgt werden sollen, ist darauf hinzuweisen, dass § 97 Abs. 4 2. Hs. GWB zwingend den Erlass eines Landes- oder Bundesgesetzes im formellen Sinne erfordert. Soweit die Länder solche Bestimmungen erlassen hatten, sind diese nach Inkrafttreten des VgRÄG oberhalb der Schwellenwerte nicht mehr anwendbar.

Eine Sonderstellung unter den Landesvergabegesetzen nehmen das Sächsische Vergabegesetz (SächsVergabeG) und die Sächsische Vergabedurchführungsverordnung (SächsVergabeDVO) ein. Beide Regelungen haben nicht, wie die Gesetze der übrigen Bundesländer, eine Verpflichtung zur „Tariftreue" oder die Festlegung von sonstigen „vergabefremden" Kriterien im Sinne von § 97 Abs. 4 2. Hs. GWB zum Ziel, sondern dienen in erster Linie der Erleichterung der Rechtsanwendung durch Präzisierung der bestehenden Vorschriften. Gleichzeitig wird die Anwendung der Basisparagraphen von VOL/A, VOB/A und VOF für die klassischen öffentlichen Auftraggeber auch unterhalb der Schwellenwerte zwingend vorgeschrieben (§ 1 Abs. 1 S. 2 SächsVergabeG). Interessant ist, dass der Landesgesetzgeber ein eigenes Nachprüfungsverfahren bei der jeweiligen Aufsichtsbehörde vorsieht (§ 9 SächsVergabeDVO in Verbindung mit § 7 SächsVergabeG).

Nach Ansicht der VK Sachsen ist das SächsVergabeG allerdings nur unterhalb der Schwellenwerte anwendbar.

II. Korruptionsregister und Register über unzuverlässige Unternehmen

Korruptionsregister dienen, wie schon der Name erkennen lässt, der Korruptionsbekämpfung.

Konkret soll ein Korruptionsregister die Entscheidungsgrundlage des öffentlichen Auftraggebers in Vergabeverfahren verbreitern. Eintragungen im Register sind im Rahmen der Zuverlässigkeitsprüfung bei jeder Vergabe zu berücksichtigen und können, je nach Ausgestaltung der entsprechenden Regelung, zu einem generellen befristeten Ausschluss von Vergabeverfahren der öffentlichen Hand führen.

Die einem Register zugeschriebene langfristige Wirkung besteht in der mit einem Vergabeausschluss verbundenen Abschreckungswirkung. Die schwer wiegende Konsequenz des Verlustes des Zugangs zu öffentlichen Aufträgen soll die in der Wirtschaft, zumindest grundsätzlich, stets angestellte Kosten-Nutzen-Rechnung zu Gunsten des ordnungsgemäßen Verhaltens verschieben. Wirken soll ein Korruptionsregister aber auch als Anreiz dazu, in den Unternehmen, strukturelle und/oder organisatorische Maßnahmen zu treffen, die korruptes Handeln erschweren.

Inwieweit ein Register die erwünschten Wirkungen tatsächlich haben kann hängt natürlich von seiner tatsächlichen Ausgestaltung ab.

In der Vergangenheit sind bereits zwei Anläufe zur Einführung eines bundesweiten Korruptionsregisters gescheitert. Zuletzt sah der Regierungsentwurf für ein reformiertes Vergaberecht aus dem März 2005 die Einführung eines solchen Registers vor. Dieser Teil der Reform hat jedoch das Schicksal des restlichen Entwurfs geteilt und ist mit dem jetzt erfolgten Umstieg auf eine Reform des bestehenden Systems vorerst in der Versenkung verschwunden. Unklar ist, ob und wann die Idee eines Bundesregisters wieder aufleben wird.

Damit existieren nach wie vor nur verschiedene landesrechtliche Regelungen, von denen drei beispielhaft im Folgenden vorgestellt werden sollen.

1. **Auf Runderlassen bzw. Verwaltungsvorschriften basierende Lösungen**

Mehrere Bundesländer haben den relativ einfachen und schnellen Weg der Einführung von auf Erlassen basierenden Registern gewählt, so etwa Niedersachsen und Baden-Württemberg.

a. Die niedersächsische Regelung

In Niedersachsen wurde durch Runderlass des Ministers für Wirtschaft vom 31. August 2000 bei der Oberfinanzdirektion Hannover eine Melde- und Informationsstelle für Vergabesperren eingerichtet, die am 1. Dezember 2000 ihre Arbeit aufgenommen hat.

Der Runderlass stellt einen Katalog von schweren Verfehlungen auf, bei denen ein Ausschluss vom Vergabeverfahren nach § 7 Nr. 5 lit. c VOL/A, § 8 Nr. 5 Abs. 1 lit. c VOB/A und § 11 lit. b und c. VOF erfolgen kann. Ferner wird geregelt, wann eine schwere Verfehlung als ausreichend nachgewiesen gilt, welche Folgen eine Verfehlung hat und wie bei einem Ausschluss zu verfahren ist. Enthalten sind auch Regelungen zur Frage der Wiederzulassung und über die Pflicht zur Meldung eines Ausschlusses an die oben erwähnte Melde- und Informationsstelle für Vergabesperren. Betroffenen Bietern ist Gelegenheit zur Stellungnahme zu geben, sie sind vor einem Ausschluss anzuhören. Ab einem Auftragswert von 50.000 Euro hat eine Vergabestelle ihrerseits beim Register nach eingetragenen Vergabesperren anzufragen.

Rechtliche Grundlage der erforderlichen Datenverarbeitung ist eine von Bieter abzugebende Eigenerklärung, in der er in die Datenübermittlung einwilligt. Diese Einwilligung erfolgt freiwillig und kann auch jederzeit mit Wirkung für die Zukunft widerrufen werden. Allerdings ist ein Angebot, das die Erklärung nicht enthält, von der Wertung ausgeschlossen, wenn eine entsprechende Erklärung auch bei Zuschlagserteilung nicht vorliegt. Für weitere Details siehe den Abdruck des Runderlasses im Anhang.

b. Die Regelung in Baden-Württemberg

Die baden-württembergische Regelung ist ganz ähnlich aufgebaut. Auch hier besteht auf der Grundlage der Verwaltungsvorschrift Korruptionsbekämpfung und Verhütung eine Melde- und Informationsstelle für Vergabesperren, die seit dem 1. Januar 2005 dem Regierungspräsidium Karlsruhe zugeordnet ist.

Auch hier wird ein Katalog an schweren Verfehlungen aufgestellt sowie das Verfahren bei einem Ausschluss wegen Unzuverlässigkeit, insbesondere die Verpflichtung zum Nachweis der Verfehlung, geregelt. Vorgesehen ist auch hier eine Pflicht zur Meldung des Ausschlusses, die durch eine Pflicht zur Abfrage des Registers ab einem Schwellenwert von 50.000 Euro (ohne Mehrwertsteuer) ergänzt wird. Auch hier hat das betroffene Unternehmen begrenzte Rechtsschutzmöglichkeiten, insbesondere ist es zu hören und kann von der meldenden Stelle auch die Löschung des Eintrags verlangen, wenn es beispielsweise Selbstreinigungsmaßnahmen durchgeführt und damit die Zweifel an seiner Zuverlässigkeit beseitigt hat. Für weitere Einzelheiten siehe den Abdruck des Erlasses im Anhang.

c. Gemeinsame Elemente der landesrechtlichen Regelung

Die jeweiligen Regelungen in Niedersachsen und Baden-Württemberg sind in einigen Punkten durchaus leicht unterschiedlich. So betont der niedersächsische Erlass etwas mehr die Freiwilligkeit des Verfahrens und tendiert bei der Definition der Grenze, ab der von einem Nachweis der Verfehlung auszugehen ist, stärker zu der bieterfreundlicheren Variante einer rechtskräftigen Verurteilung oder Bestrafung. Letztlich teilen sich beide Erlasse aber die grundsätzliche Struktur. Sie setzten bei der vergaberechtlichen Möglichkeit zum Ausschluss von unzuverlässigen Bietern an, definieren einen Katalog von Verfehlungen, die in der Regel zu einem Unzuverlässigkeitsurteil führen und beziehen Stellung zu der Frage, ab wann der öffentliche Auftraggeber eine Verfehlung als nachgewiesen betrachten darf bzw. muss. Weitergehend sind dann noch eine Melde- und eine Abfrageverpflichtung für den öffentlichen Auftraggeber im Hinblick auf das Korruptionsregister enthalten, sowie gewisse Regelungen zur Wahrung der Rechte des betroffenen Bieters, insbesondere die Pflicht zur vorherigen Anhörung und die Möglichkeit zur Gegendarstellung bis hin zu einem Anspruch auf Löschung des Registereintrags bei einer nachgewiesenen Beseitigung der Ursachen für die Verfehlung.

Diese Grundstruktur findet man auch in den gesetzlichen Regelungen über Korruptionsregister.

2. Die Regelung durch Gesetz in Nordrhein-Westfalen

Den Anstoß zur Schaffung des Gesetzes zur Verbesserung der Korruptionsbekämpfung und zur Einrichtung und Führung eines Vergaberegisters in Nordrhein-Westfalen (Korruptionsbekämpfungsgesetz/KorruptionsbG) vom 16. Dezember 2004 gab der Müllskandal in Köln, der zur Schaffung des Untersuchungsstabes Antikorruption (USA) führte. Dieser war interdisziplinär mit Staatsanwälten, Preisprüfern, Steuerfahndern und Kriminalpolizisten besetzt und wurde mit der Untersuchung der Errichtungs- und Betreiberverträge von Müllverbrennungsanlagen der letzten zehn Jahre in NRW beauftragt. Die Arbeit erfolgte im vorprozessordnungsrechtlichen Bereich, d. h., man war auf die freiwillige Mitarbeit der Kommunen und Betreibergesellschaften angewiesen. Dieses Prinzip der Freiwilligkeit funktionierte nur solange, bis die Untersuchungen zu einem ersten Ergebnis führten und die Ernsthaftigkeit der Untersuchung vom Kreis der Betroffenen erkannt wurde.

Der Landesregierung wurde aufgrund der Erfahrungen des Untersuchungsstabes bewusst, dass das Prinzip der Freiwilligkeit bei der Korruptionsbekämpfung nicht das letzte Wort sein konnte und begann, eine Konzeption zur Umsetzung der Erkenntnisse des Untersuchungsstabes zu erarbeiten.

Erste Konsequenz hieraus war die Schaffung des Dezernats 15 beim LKA NRW, das seit 1. April 2004 die zentrale Anlaufstelle für schwere Wirtschaftsstraftaten ist und ebenfalls interdisziplinär arbeitet.

Weitere Konsequenz ist das am 16. Dezember 2004 vom Landtag verabschiedete KorruptionsbG, das von den damaligen Regierungsfraktionen SPD und B90/Grüne vorgelegt wurde und am 1.März 2005 in Kraft getreten ist.

a. Schwerpunkte des Gesetzes

Das Gesetz hat zwei Schwerpunkte: einmal das Vergaberegister, zum anderen die Transparenzregeln für Mandatsträger.

Daneben erhofft sich der Gesetzgeber durch die Anzeigepflicht strafbaren Verhaltens gegenüber dem LKA durch die Dienststellenleiter eine effektivere Strafverfolgung komplexer Korruptionssachverhalte.

b. Geltungsbereich des Gesetzes

Der Geltungsbereich des Gesetzes erstreckt sich auf natürliche und juristische Personen sowie Personengesellschaften, nicht nur auf Unternehmen. Das Gesetz erfasst auch Personen, die nicht an verantwortlicher Stelle für ein Unternehmen tätig sind.

Es sieht die verbindliche Erfassung des kommunalen Sektors inklusive ausgegliederter privatisierter Betriebe vor, auf die die Kommune Einfluss nehmen kann. Und es gilt auch für Abgeordnete, Mandatsträger und sachkundige Bürger und Bürgerinnen.

c. *Das Vergaberegister*
aa. *Verfehlungen*
Die Verfehlungen, die zu einem Eintrag führen können, sind abschließend aufgeführt: Es handelt sich neben den typischen Bestechungs- und Wettbewerbsdelikten im Wesentlichen um Verstöße gegen das Kriegswaffenkontrollgesetz, das Arbeitnehmerüberlassungsgesetz und das Schwarzarbeitergesetz.

Verfehlungen führen nicht erst bei rechtskräftiger Verurteilung zu einem Eintrag, sondern bereits im Vorfeld, z. B. bei Zulassung der Anklage oder auch für die Dauer der Durchführung eines Straf- oder Bußgeldverfahrens, aber auch bei Einstellung des Verfahrens nach § 153 a StPO. In Nordrhein-Westfalen hat man sich daher im Rahmen der Diskussion „Unschuldsvermutung contra Abschreckungseffekt" für eine etwas härtere Gangart entschieden.

Als Argument dafür wird angeführt, dass für den Abschreckungseffekt, den das Register entfalten soll, die Zeitnähe zwischen Tat und Eintragung von wesentlicher Bedeutung ist: Die abschreckende und damit präventive Wirkung wird umso geringer, je länger der zeitliche Abstand zwischen Tat und Eintrag ist. Daher sei ein Eintrag in das Register auf der Basis des Vergabeausschlusses wegen Unzuverlässigkeit – für den nach den Vergaberegelungen keine Verurteilung erforderlich ist – sehr wirkungsvoll. Ein Eintrag ausschließlich nach rechtskräftiger Verurteilung führe im Hinblick auf die oft jahrelangen Verfahren dagegen zur Wirkungslosigkeit des Registers. Das vielfach angeführte Argument der Unschuldsvermutung - kein Eintrag vor rechtskräftiger Verurteilung - führe hier ins Leere. Das Korruptionsregister sei kein Strafregister, man befinde sich nicht im Strafrecht, sondern im Verwaltungs- und Fiskalrecht. Diese Auffassung finde Unterstützung in der Spruchpraxis der Gerichte, nach der der Nachweis der Unzuverlässigkeit weder die Anklageerhebung noch gar eine rechtskräftige Verurteilung voraussetzt (OLG Saarbrücken, Beschluss vom 29.12.2003 - 1 Verg 4/03).

*bb. Das Register als reine Informationsstelle, Rechtsschutz
gegen Ausschlussentscheidungen*

Das in der Informationsstelle geführte Korruptionsregister soll dem verwaltungsinternen Austausch von Erkenntnissen dienen. Die Informationsstelle ist keine Behörde mit eigenen Entscheidungskompetenzen. Sie schließt nicht von Vergaben aus, sie trifft keine Entscheidungen über die Verkürzung der gespeicherten Ausschlusszeiten.

Sie soll praktisch die Rolle einer Datenbank spielen, auf die die Vergabestellen Zugriff haben, um Daten abzurufen und einzustellen und sich so zu einem unbürokratischen und vor allem schnellen Instrument entwickeln.

Es gibt keinen Automatismus zwischen Speicherung und Ausschluss von weiteren Vergaben; diese Entscheidung trifft auch weiterhin die bei der Informationsstelle anfragende Vergabestelle im eigenen Ermessen. Die Informationsstelle trifft keine materiellen Entscheidungen, gegen die Rechtsschutz zulässig wäre. Diesen insoweit zu gewähren, hieße auch unterhalb der Schwellenwerte den Rechtsweg zu eröffnen, was nach Meinung der Verantwortlichen mit den derzeitigen Verdingungsordnungen nicht in Einklang zu bringen ist. Einer Eintragung hat allerdings eine Anhörung der Betroffenen, auch nach Datenschutzgesetz Nordrhein-Westfalen, durch die Vergabestelle vorauszugehen.

Aus Verhältnismäßigkeitsgründen erfolgt keine Speicherung des Gesamtunternehmens, wenn nur Teile eines Unternehmens betroffen sind, sondern nur die Speicherung der Daten dieses betroffenen Unternehmensteiles.

Wird vom Eingetragenen nachgewiesen, dass die Zuverlässigkeit wieder hergestellt ist oder bestimmte personelle, organisatorische und Schaden ausgleichende Maßnahmen umgesetzt wurden, kann die Eintragung vor Ablauf der Eintragungsfrist gelöscht werden.

Diese Möglichkeiten sollen den Aufbau korruptionshemmender Strukturen im Unternehmen fördern und dabei im Sinne einer aktiven Korruptionsprävention in Unternehmen effektiver sein als ein unflexibler Ausschluss, der lediglich auf Abschreckung setzt und den Unternehmen keinen weiteren Anreiz zu eigenen Anstrengungen bietet.

cc. Verpflichtung zur Meldung

Eine weitere Effektivierung des Registers soll dadurch erreicht werden, dass sich die Verpflichtung zur Meldung nicht nur auf Vergabestellen erstreckt, sondern auf alle Stellen im Land Nordrhein-Westfalen, die in § 1 des Gesetzes näher bestimmt sind, also insbesondere die Behörden, Einrichtungen, Landesbetriebe und Sondervermögen des Landes, die Gemeinden, Gemeindeverbände und die sonstigen der Aufsicht des Landes unterstellten Körperschaften, Anstalten und Stiftungen des öffentlichen Rechts, sowie die juristischen Personen und Personenvereinigungen, bei denen die absolute Mehrheit der Anteile oder die absolute Mehrheit der Stimmen den öffentlichen Stellen zusteht oder deren Finanzierung zum überwiegenden Teil durch Zuwendungen solcher Stellen erfolgt (§ 1 Abs.1 Nr. 1, 2 und 7 KorruptionsbG).

Das Register enthält neben Informationen zu Vergabeausschlüssen auch Hinweise auf Verfehlungen, die nicht zu Vergabeausschlüssen geführt haben (§ 4 Abs. 1).

Damit wird die Meldung auch anderer Verfehlungen erfasst, die für die Beurteilung der Zuverlässigkeit wichtig sind, z. B. im Zusammenhang mit Genehmigungsverfahren.

dd. Einsichtsrechte der Staatsanwaltschaft und anderer Behörden
Den Staatsanwaltschaften des Landes, dem LKA NRW sowie den Prüfeinrichtungen (LRH, komm. RPÄ, GPA, IR, § 2 GE) wird neben den Vergabestellen ebenfalls Einblick in das Register gewährt (§ 8 Abs. 2). Die Strafverfolger sollen so die Gelegenheit erhalten, weitere Informationen zur Verdachtsunterstützung oder -gewinnung zu erhalten, z. B. die Innenrevisionen dazu, wie die öffentlichen Stellen mit gemeldeten Eintragungen umgehen.

ee. Öffnung für andere Länder und den Bund
Öffentliche Stellen, nicht nur Vergabestellen, anderer Länder und des Bundes haben die Möglichkeit am Korruptionsregister des Landes Nordrhein-Westfalen teil zu haben. Meldungen sind immer möglich (§ 6 Abs. 2), Abfragen jedoch nur von den Generalstaatsanwaltschaften der Länder und von Vergabestellen ab einem Auftragsvolumen von 50.000 Euro (§ 8 Abs. 3).

d. Anzeigepflichten und Transparenz
Neben den Regelungen zur Einrichtung und Führung eines Vergaberegisters sieht das Gesetz aus Nordrhein-Westfalen auch Anzeige- und Transparenzregelungen vor.

Die Anzeigeverpflichtung beim Verdacht auf ein strafbares korruptes Handelns trifft die Behördenleiter ebenso wie die jeweiligen Prüfeinrichtungen (LRH, RPÄ oder GPA). Die Verpflichtung ersetzt bei den Behördenleitern das bisher eingeräumte Ermessen. Soweit der Behördenleiter selbst als befangen gilt, ist für eventuell erforderliche Aussagegenehmigungen die oberste Aufsichtsbehörde zuständig.

Die Anzeigeverpflichtung besteht gegenüber dem LKA oder der StA; das führt zu einer größeren Bewertungssicherheit von Sachverhalten, als wenn die jeweilige örtliche Polizeidienststelle zuständig wäre.

In weiteren Vorschriften (die §§ 13 und 14) ist für die Prüfeinrichtungen (LRH, IR öffentlicher Stellen, GPA) eine Beratungspflicht über Aufdeckungsmöglichkeiten und Verhinderungen von einschlägigen Verfehlungen (nach § 5 Abs.1) sowie das Einsichtsrecht in Personalakten festgeschrieben. Damit aber die Beratungspflicht nicht missbraucht wird, entscheiden die Prüfeinrichtungen über Art und Umfang der Beratung selbst.

Die Auskunftspflicht über die Vermögensverhältnisse (§ 15) bezieht sich unter Berücksichtigung des durch die Verfassung geschützten Begriffs des Eigentums und datenschutzrechtlicher Bestimmungen nur auf Einzelfälle aus gegebenem Anlass. Das bedeutet, ein Auskunftsersuchen ist nur dann zulässig, wenn die Prüfeinrichtung im Rahmen ihrer jeweiligen Einzelfallprüfung auf einen Sachverhalt stößt, der Fragen aufwirft, die sich nach der Aktenlage (z. B. bei möglicher Einflussnahme eines Vorstandsmitglieds einer Anstalt öffentlichen Rechts bei einer Vergabe- oder Subventionsentscheidung) nicht klären lassen und deren Beantwortung für die ordnungsgemäße Prüfung des Sachverhalts aber notwendig ist. Nur in diesen Fällen ist die Prüfeinrichtung berechtigt, Auskünfte uneingeschränkt zu diesem Sachverhalt einzufordern. Demgegenüber ist ein generelles Auskunftsverlangen unzulässig.

Korruption soll mit Transparenz bekämpft werden (die §§ 16 bis 19 KorruptionsbG). Transparenz bedeutet in diesem Zusammenhang, Entscheidungsabläufe und Entscheidungen nachvollziehbar zu machen, sowohl bei Mandatsträgern als auch bei Entscheidungsträgern und Angestellten in Verwaltungen und Unternehmen.

Um die Verquickung von privaten und dienstlichen Interessen erkennbar zu machen, regelt der Gesetzentwurf auch die Anzeigepflicht und Veröffentlichung (§ 17) der wirtschaftlichen und persönlichen Verhältnisse von Behördenleitern usw., Ratsmitgliedern (entsprechend den Regelungen zum NKF) und Mitgliedern der Landesregierung. Schon jetzt besteht zwar nach der Gemeindeordnung NRW (§ 43) eine Auskunftsverpflichtung über die persönlichen und wirtschaftlichen Verhältnisse, das KorruptionsbG entkoppelt diese Verpflichtung jedoch vom eigenen Eindruck der Befangenheit.

Da auch die Problematik „Nebentätigkeiten von Hauptverwaltungsbeamten" immer wieder Gegenstand von Diskussionen war, sieht das KorruptionsbG vor, dass Hauptverwaltungsbeamte diese Tätigkeit anzuzeigen haben. Dies gilt auch für die Aufstellung der Einnahmen (§18). Bislang bestand hier in NRW eine Lücke in der Gemeindeordnung. Da gemeindliche Hauptverwaltungsbeamte - anders als etwa in Baden-Württemberg - keinen Dienstvorgesetzten haben, brauchten sie ihre Nebentätigkeiten nicht anzuzeigen oder genehmigen lassen.

Zusätzlich wurde die Anzeigepflicht für Tätigkeiten nach Beendigung des Beschäftigungsverhältnisses (§ 19) auf alle Beschäftigten des öffentlichen Dienstes und die Mitglieder der Landesregierung, die Versorgungsbezüge erhalten, ausgedehnt. Die Dienststelle hat den Beschäftigten beim Ausscheiden aus dem öffentlichen Dienst auf diesen Umstand hinzuweisen.

3. Zusammenfassung

Diese kurze Darstellung dreier Regelungen auf Landesebene zeigt, dass sie alle eine ähnliche Grundstruktur aus Verfehlungskatalog, Definition der Nachweisgrenze und verfahrenstechnischen Regelungen der Eintragung ins und Austragung aus dem Register haben. Es lassen sich aber auch kleine Unterschiede erkennen, insbesondere was die Balance zwischen Unschuldsvermutung und Verfahrensbeschleunigung angeht. Teilweise reichen schon mehr oder weniger starke Verdachtsmomente für eine Eintragung aus, teilweise nicht. Der etwas breitere Ansatz des nordrhein-westfälischen Gesetzes mit seinen zusätzlichen Regelungen bezüglich Anzeigepflichten und der Herstellung von Transparenz ändert an der grundsätzlichen Struktur des Registers nichts.

Letztlich sind aber alle diese Regelungen hinfällig, wenn im Rahmen der jetzt für Ende 2006 geplanten Vergaberechtsreform doch ein entsprechendes Bundesgesetz erlassen wird. Denn es handelt sich um Regelungen im Bereich des Rechts der Wirtschaft, dass nach Art. 74 Abs. 1 Nr. 11 GG der konkurrierenden Gesetzgebung unterliegt. Das bedeutet konkret, dass die Länder in diesem Bereich nur solange Regelungen erlassen dürfen, bis der Bund ihn durch die Verabschiedung eines eigenen Gesetzes an sich zieht. Die Absicht dazu besteht nach wie vor, und es ist nur eine Frage der Zeit, bis zumindest ein neuer Gesetzentwurf vorliegt.

H. Ausblick auf die kommende Reform

I. Reform innerhalb des bestehenden Systems

Wie schon mehrfach erwähnt, ist die in den Entwürfen für eine Vergaberechtsreform aus dem März 2005 noch enthaltene Abkehr vom Kaskadensystem aus GWB, VgV und Verdingungsordnungen inzwischen kein Thema mehr.

Im Kapitel 6.8 „Bauwesen und Bauwirtschaft als Schlüsselbranche" legt die Koalitionsvereinbarung der jetzigen Regierungsparteien vom 11. November 2005 fest:

> „Um öffentliche Investitionen zu beschleunigen, novellieren wir das Vergaberecht **im Rahmen des bestehenden Systems**. (...) VOB und VOL sichern der öffentlichen Hand eine wirtschaftliche und sparsame Beschaffung. Deshalb muss eine auf qualitative Aspekte abzielende und mittelstandsgerechte Vereinfachung des Vergaberechts unter Aufrechterhaltung der VOB erfolgen."

Die Koalitionsvereinbarung sieht also eine Vergaberechtsreform unter **Beibehaltung der Zweiteilung des Vergaberechts und unter Beibehaltung des Kaskadenprinzips** vor. Eine einheitliche neue VgV und der Wegfall der Verdingungsordnungen werden abgelehnt. Die Verdingungsordnungen VOB, VOL, VOF bleiben bestehen.

Nach Auskunft des Bundesministeriums für Wirtschaft und Technologie und entsprechenden Presseberichten wird die Neuregelung des deutschen Vergaberechts diese Vorgaben der Koalitionsvereinbarung beachten.

Die Reform des Vergaberechts wird im Rahmen und unter Beibehaltung des bestehenden Kaskadensystems erfolgen, VOB, VOL und VOF bleiben erhalten. Die bisherige Normenstruktur (GWB, VgV, Verdingungsordnungen) ist somit auch weiterhin maßgebend. Die Rechtsanwender brauchen sich damit auch künftig nicht umzustellen.

II. Voraussichtlicher zeitlicher Ablauf der Reform

Um die Zeit der bereits behandelten unmittelbaren Geltung der Richtlinienvorschriften so kurz wie möglich zu halten und doch noch so schnell wie möglich zu einer Umsetzung zu kommen, ist nach den Verlautbarungen des Bundesministeriums für Wirtschaft und Technologie derzeit folgendes Vorgehen geplant.

In einem ersten Schritt soll ein Teil der Richtlinienregelungen in die Verdingungsordnungen VOB, VOL und VOF einfließen, insbesondere die im Teil I vorgestellten unmittelbar geltenden Normen. Die Verfahrensvorschriften, wie etwa die über die Bekanntmachung und die Fristen, werden entsprechend ergänzt. Wichtig ist die künftig notwendige Angabe der Gewichtung der Zuschlagskriterien. Die Anpassung der Verdingungsordnungen soll bis Mai 2006 abgeschlossen sein. Das in den Richtlinien vorgesehene neue Verfahren des wettbewerblichen Dialogs ist bereits durch das Gesetz zur Beschleunigung der Öffentlich Private Partnerschaften (ÖPP-Beschleunigungsgesetz) als § 6 a in die VgV eingefügt worden.

Parallel dazu wird mit einer neuen Vergabeverordnung die Rechtsgrundlage für die geänderten Verdingungsordnungen geschaffen werden. Für den Baubereich ist bereits vom Deutschen Vergabe- und Verdingungsausschuss (DVA) eine VOB-„Übergangslösung" erarbeitet worden, die bereit steht, umgesetzt zu werden. Für die Neuformulierung der VOL und der VOF soll auf die Schnelle zu den entsprechenden Gremien geladen werden. Auch insoweit sind die materiellrechtlichen Änderungen bereits erarbeitet und es steht nur noch die eigentliche Abstimmung in den Gremien aus.

Bereits absolviert ist ein dritter Schritt: Es existieren mittlerweile Mitteilungen der Bundesregierung zur unmittelbaren Wirkung der EG-Richtlinien und ihren Neuregelungen ab dem 1. Februar. Diese liegen auch der oben in Teil A erfolgten Darstellung zugrunde.

Der Vollzug des vierten Schritts, also der neue Anlauf zur Vereinfachung des Vergaberechts im Rahmen einer weiteren Reform, ist wohl nicht vor dem Herbst 2006 zu erwarten.

Anhang

Verwaltungsvorschrift der Landesregierung und der Ministerien zur Verhütung unrechtmäßiger und unlauterer Einwirkungen auf das Verwaltungshandeln und zur Verfolgung damit zusammenhängender Straftaten und Dienstvergehen (Korruptionsverhütung und -bekämpfung Baden-Württemberg)

vom 19. Dezember 2005

Inhaltsübersicht

1. Anwendungsbereich
2. Begriffsbestimmungen, gesetzliche Regelungen
3. Verhütung von Korruption
3.1 Maßnahmen in den Behörden der Landesverwaltung
3.1.1 Geschäftsverteilung
3.1.2 Verbesserung der Abläufe
3.1.3 Führung und Fachaufsicht
3.1.4 Aufklärung und Fortbildung
3.1.5 Begrenzung der Verwendungszeiten (Rotation)
3.2 Hinweise auf Regelungen in anderen Verwaltungsvorschriften
3.2.1 Annahme von Geschenken und sonstigen Vorteilen
3.2.2 Nebentätigkeiten
3.2.3 Vergabeverfahren
3.2.4 Pfändungen und Abtretungen
3.3 Melde- und Informationsstelle für Vergabesperren
3.3.1 Grundsätzliches
3.3.2 Schwere Verfehlungen
3.3.3 Verfahren beim Ausschluss wegen Unzuverlässigkeit
3.3.4 Einrichtung der Melde- und Informationsstelle für Vergabesperren, Meldung
3.3.5 Anfragen an die Melde- und Informationsstelle, Auskünfte
3.3.6 Unterrichtung des betroffenen Bewerbers oder Bieters
3.4 Förmliche Verpflichtung nichtbeamteter Personen
4. Bekämpfung von Korruption
4.1 Informationsgewinnung
4.1.1 Hinweise auf Korruption
4.1.2 Rechtsaufsicht und Prüfung

4.1.3 Unterrichtung von Vorgesetzten, Dienstvorgesetzten oder übergeordneten Behörden
4.2 Maßnahmen bei Auftreten eines Verdachts
4.3 Unterrichtung der Strafverfolgungsbehörden
5. Schlussbestimmungen

1. Anwendungsbereich
(1) Die Maßnahmen aller Behörden des Landes zur Korruptionsprävention bestimmen sich nach dieser Verwaltungsvorschrift. Behörden im Sinne dieser Verwaltungsvorschrift sind auch Dienststellen und andere Einrichtungen des Landes ohne Behördencharakter.
(2) Die Verwaltungsvorschrift gilt auch für die Gerichte des Landes, soweit sie in Justizverwaltungsangelegenheiten tätig sind.
(3) Unbeschadet des Absatzes 4 wird den Körperschaften, Anstalten und Stiftungen unter der Aufsicht des Landes empfohlen, diese Verwaltungsvorschrift (entsprechend) anzuwenden. Sie haben dann das Recht, am Verfahren der Melde- und Informationsstelle für Vergabesperren teilzunehmen.
(4) Nummer 3.3 wird für die kommunalen Auftraggeber (Gemeinden, Landkreise und die sonstigen juristischen Personen des öffentlichen Rechts), für die das Gemeindewirtschaftsrecht gilt, als verbindlicher Vergabegrundsatz im Sinne von § 31 Abs. 2 der Gemeindehaushaltsverordnung (GemHVO) bekannt gegeben. Dasselbe gilt für Sonder- und Treuhandvermögen kommunaler Auftraggeber unter den Voraussetzungen des § 45 Abs. 1 GemHVO. Regelungen nach Nr. 3.3.3 Absatz 5 trifft die jeweilige Körperschaft, Anstalt oder Stiftung.
(5) Öffentlichen Unternehmen oder Unternehmen in einer Rechtsform des privaten Rechts mit Sitz in Baden-Württemberg, deren Anteile mehrheitlich einer Gebietskörperschaft gehören oder deren Anteile ihr zu 25 % und zusammen mit anderen Gebietskörperschaften die Anteile mehrheitlich gehören, wird empfohlen, diese Verwaltungsvorschrift (entsprechend) anzuwenden. Absatz 3 Satz 2 gilt entsprechend.

2. Begriffsbestimmungen, gesetzliche Regelungen
Besonders gefährdet durch unrechtmäßige und unlautere Einflüsse sind alle Bereiche, die im unmittelbaren Kontakt mit dem Bürger oder der Wirtschaft Aufträge vergeben, Fördermittel bewilligen, über Genehmigungen

und andere begünstigende Verwaltungsakte oder Gebote und Verbote entscheiden.
(2) Der Begriff »Korruption« ist nicht verbindlich definiert und kurz zu beschreiben. Im Kern wird er von Strafvorschriften umrissen. Dies sind
a) die Bestechungsdelikte:
  - Abgeordnetenbestechung (§ 108e des Strafgesetzbuches – StGB),
  - Bestechlichkeit und Bestechung im geschäftlichen Verkehr (§§ 299, 300 StGB),
  - Vorteilsannahme (§ 331 StGB),
  - Bestechlichkeit (§ 332 StGB),
  - Vorteilsgewährung (§ 333 StGB),
  - Bestechung (§ 334 StGB), auch in Verbindung mit Unterlassen einer Diensthandlung (§ 336 StGB),
  - Besonders schwere Fälle der Bestechlichkeit und Bestechung (§ 335 StGB) und
b) die »Begleitdelikte«, insbesondere
  - Verletzung von Privatgeheimnissen (§ 203 StGB),
  - Verwertung fremder Geheimnisse (§ 204 StGB),
  - Unterschlagung (§ 246 StGB),
  - Strafvereitelung im Amt (§ 258a StGB),
  - Betrug (§ 263 StGB),
  - Subventionsbetrug (§ 264 StGB),
  - Untreue (§ 266 StGB),
  - Urkundenfälschung (§ 267 StGB),
  - Wettbewerbsbeschränkende Absprachen bei Ausschreibungen (§ 298 StGB),
  - Rechtsbeugung (§ 336 StGB),
  - Falschbeurkundung im Amt (§ 348 StGB),
  - Verletzung des Dienstgeheimnisses und einer besonderen Geheimhaltungspflicht (§ 353b StGB),
  - Verleitung eines Untergebenen zu einer Straftat (§ 357 StGB),
  - Verrat von Geschäfts- oder Betriebsgeheimnissen (§ 17 UWG).
(3) Das Dienstrecht soll eine unparteiische, uneigennützige, unabhängige und gemeinwohlorientierte Amtsausübung der Beamten gewährleisten. Schuldhafte Pflichtverletzungen werden, auch wenn sie keine Straftatbestände erfüllen, als Dienstvergehen disziplinarisch geahndet.

(4) Arbeits- und tarifrechtliche Regelungen lassen bei Pflichtverletzungen abgestufte Maßnahmen zu.

3. Verhütung von Korruption

Verhütung von Korruption muss bereits dort ansetzen, wo die Gefahr besteht, dass mit unlauteren Mitteln Einfluss genommen wird. Allerdings sind vor allem längerfristige Einflüsse schwer zu erkennen. So sind die Grenzen zwischen Kontaktpflege und unlauterer Gewährung von Vorteilen oft fließend. Deshalb muss von Anfang an möglichen Korruptionsversuchen entgegengetreten werden.

3.1 Maßnahmen in den Behörden der Landesverwaltung

3.1.1 Geschäftsverteilung

(1) Bei den Ministerien werden alle Maßnahmen zur Verhütung und Bekämpfung der Korruption im gesamten Ressortbereich in einer Organisationseinheit koordiniert. Diese stimmt die Maßnahmen – soweit erforderlich – auch mit anderen Ressorts ab und veranlasst, dass Hinweisen auf Verdacht von Korruption nachgegangen wird.

(2) Bei allen anderen Behörden obliegt diese Aufgabe der Leitung, wenn sie sie nicht ausdrücklich im Geschäftsverteilungsplan einer bestimmten Organisationseinheit zuweist.

3.1.2 Verbesserung der Abläufe

(1) Die wichtigsten dienstrechtlichen, organisatorischen, haushalts- und kassenrechtlichen Regelungen, die auch korruptionshemmend wirken, sind in Anlage 1 enthalten; diese Regelungen sind strikt einzuhalten.

(2) Die Behördenleitung stellt sicher, dass in korruptionsgefährdeten Bereichen in regelmäßigen Abständen geprüft wird, ob in den Arbeitsabläufen insbesondere bei der Vergabe von Lieferungen und Leistungen
  – das Vier-Augen-Prinzip eingehalten wird und
  – Transparenz gewährleistet ist, indem Entscheidungen nachvollziehbar und aktenkundig begründet werden.

(3) Bei der Vergabe von öffentlichen Aufträgen nach den haushalts- und vergaberechtlichen Bestimmungen sind Vorbereitung, Planung und Bedarfsbeschreibung einerseits und die Durchführung des Vergabeverfahrens andererseits sowie möglichst auch die spätere Abnahme und Abrechnung grundsätzlich organisatorisch zu trennen. In den

Fällen, in denen dies zu einem unverhältnismäßigen Mehraufwand führen würde, ist anstatt einer organisatorischen Trennung die Verfahrenstransparenz im Sinne von Absatz 2 zu gewährleisten, so dass stets das Vier-Augen-Prinzip eingehalten wird und Entscheidungen nachvollziehbar und aktenkundig begründet werden. Ausschreibungen und freihändige Vergaben sind auf unzulässige Einflüsse zu kontrollieren.

3.1.3 Führung und Fachaufsicht
(1) Auch bei kooperativem Führungsstil können die Vorgesetzten nicht darauf verzichten, Mitarbeiterinnen und Mitarbeiter zu kontrollieren.
(2) Geregelte Informations- und Beteiligungsverfahren der Fachaufsicht sind mit anlassbezogenen oder regelmäßigen Kontrollen zu verbinden.
(3) Dabei ist jeweils auf Anzeichen von Korruption zu achten.

3.1.4 Aufklärung und Fortbildung
(1) Alle Mitarbeiterinnen und Mitarbeiter sollen in regelmäßigen Abständen in Dienstbesprechungen und anderen internen Veranstaltungen über Formen der Korruption und über Maßnahmen zur Korruptionsverhütung und -bekämpfung unterrichtet werden. Dabei sollen auch die Konsequenzen von Pflichtverletzungen dargestellt werden. Zu diesen Veranstaltungen können Experten der Justiz, der Polizei sowie der Bau- und Finanzverwaltung hinzugezogen werden.
(2) Zu den Veranstaltungen im Rahmen der allgemeinen dienstlichen Fortbildung und zu der ergänzenden fach- und behördenspezifischen Fortbildung sind vor allem Vorgesetzte sowie Mitarbeiterinnen und Mitarbeiter aus besonders korruptionsgefährdeten Bereichen sowie aus deren Aufsichts- und Prüfungsbehörden zu entsenden.

3.1.5 Begrenzung der Verwendungszeiten (Rotation)
Jahrelang unveränderte dienstliche Verwendung kann Verbindungen entstehen lassen, die unlautere Einflüsse erleichtern. Es wird daher empfohlen, die Verwendungszeiten in besonders gefährdeten Bereichen auf fünf Jahre zu begrenzen. Wo dies wegen der geringen Zahl der Stellen oder starker Spezialisierung nicht möglich ist, müssen Vorgesetzte besonders sorgfältig auf Anzeichen für Korruption achten.

3.2 Hinweise auf Regelungen

3.2.1 Annahme von Geschenken und sonstigen Vorteilen sowohl für Beamte (nach § 89 des Landesbeamtengesetzes) als auch für Angestellte, Arbeiter, Praktikanten und Auszubildende (nach entsprechenden tarifvertraglichen Bestimmungen, z. B. § 10 des Bundes- Angestelltentarifvertrages, § 12 des Manteltarifvertrages-Arbeiter) gilt das Verbot, Belohnungen oder Geschenke anzunehmen, ohne dass die zuständige Stelle zugestimmt hat. Einzelheiten sind insbesondere in den Hinweisen zu § 89 der Verwaltungsvorschrift des Innenministeriums zur Durchführung des Landesbeamtengesetzes (VwV-LBG) sowie in den Hinweisen des Finanzministeriums zum Arbeits- und Tarifrecht, Sozialversicherungsrecht, Zusatzversorgungsrecht geregelt (vergleiche Anlage 1).

3.2.2 Nebentätigkeiten
Bei Nebentätigkeiten ist darauf zu achten, dass sie mit dienstlichen Interessen und Pflichten vereinbar sind. Sie dürfen nicht genehmigt werden, wenn zu besorgen ist, dass dienstliche Interessen beeinträchtigt werden. Eine erteilte Genehmigung ist zu widerrufen, wenn dienstliche Interessen beeinträchtigt werden. Genehmigungsfreie Nebentätigkeiten sind zu untersagen, wenn dienstliche Pflichten verletzt werden. Wegen der Einzelheiten wird auf die in Anlage 1 genannten Vorschriften verwiesen.

3.2.3 Vergabeverfahren
Bei der Vergabe von Aufträgen sind die einschlägigen Vorschriften des Haushalts- und Vergabewesens (siehe Anlage 1) strikt zu beachten. Die Beauftragten für den Haushalt prüfen, wenn sie gemäß § 9 Abs. 2 der Landeshaushaltsordnung (LHO) beteiligt werden, auch, ob das wirtschaftlichste Angebot den Zuschlag erhalten soll und ob die Art der Vergabe hinreichend begründet ist.

3.2.4 Pfändungen und Abtretungen
Pfändungen und Abtretungen können ein Indikator für die wirtschaftliche Notlage von Bediensteten sein. Sind solche Bediensteten in korruptionsanfälligen Bereichen eingesetzt, besteht potenziell ein erhöhtes Risiko. Die Verfahrenshinweise des Finanzministeriums für die personalverwaltenden Stellen des Landes beim Eingang von Pfändungs- und Abtretungsmitteilungen des Landesamts für Besoldung und Versorgung vom 8. De-

zember 2004 sind zu beachten (nicht veröffentlicht; Az. des Finanzministeriums: 1-0300.2/ 3).

3.3 Melde- und Informationspflicht für Vergabesperren
Als Vergaberichtlinie nach § 55 Abs. 2 LHO wird für die Behörden des Landes bestimmt:

3.3.1 Grundsätzliches
(1) Wesentliche Voraussetzung für die Vergabe öffentlicher Aufträge ist die Zuverlässigkeit der Bewerber und Bieter. So sehen zum Beispiel § 8 Nr. 5 der Vergabe- und Vertragsordnung für Bauleistungen, Teil A (VOB/A) und § 7 Nr. 5 Buchst. c der Verdingungsordnung für Leistungen (VOL) ausdrücklich vor, solche Unternehmen von der Teilnahme am Wettbewerb auszuschließen, die nachweislich eine schwere Verfehlung begangen haben, die ihre Zuverlässigkeit in Frage stellt. Nach § 25 Nr. 1 Abs. 2 VOB/A bzw. § 25 Nr. 1 Abs. 2 Buchst. b VOL können diese Unternehmen von der Wertung und damit der Auftragsvergabe ausgeschlossen werden.
(2) Der Ausschluss unzuverlässiger Bewerber oder Bieter gilt für die Vergabe von Bau-, Liefer- und Dienstleistungen und unabhängig davon, ob VOB oder VOL anzuwenden ist oder ob es um freiberufliche Leistungen geht. Die folgenden Regelungen sind entsprechend anzuwenden.

3.3.2 Schwere Verfehlungen
(1) Schwere Verfehlungen, die nach Maßgabe von Nummer 3.3.3 in der Regel zum Ausschluss des Bewerbers oder Bieters von der Teilnahme am Wettbewerb und zur Meldung bei der Melde- und Informationsstelle für Vergabesperren führen, sind unabhängig von der Beteiligungsform, bei Unternehmen auch unabhängig von der Funktion des Täters oder Beteiligten, insbesondere:
(2) Straftaten, die im Geschäftsverkehr oder in Bezug auf diesen begangen worden sind, unter anderem Betrug, Subventionsbetrug, Untreue, Urkundenfälschung, wettbewerbsbeschränkende Absprachen bei Ausschreibungen, Bestechung – auch im geschäftlichen Verkehr – oder Vorteilsgewährung, – das Anbieten, Versprechen oder Gewähren von unerlaubten Vorteilen an Personen, die Amtsträgern oder für den öffentlichen Dienst Verpflichteten nahe stehen, oder an freiberuflich Tätige, die

bei der Vergabe im Auftrag einer öffentlichen Vergabestelle tätig werden.

(2) Verstöße gegen das Gesetz gegen Wettbewerbsbeschränkungen, unter anderem Absprachen über die Abgabe oder Nichtabgabe von Angeboten sowie die Leistung von konkreten Planungs- und Ausschreibungshilfen, die dazu bestimmt sind, den Wettbewerb zu unterlaufen, führen dann neben dem Ausschluss auch zur Meldung, wenn Tatsachen auch auf unrechtmäßige oder unlautere Einflussnahme auf das Vergabeverfahren hindeuten.

3.3.3 Verfahren beim Ausschluss wegen Unzuverlässigkeit
Die Vergabestelle entscheidet im einzelnen Vergabeverfahren ob ein Bewerber oder Bieter wegen Unzuverlässigkeit von der Teilnahme am Wettbewerb bzw. von der Auftragsvergabe ausgeschlossen werden soll.

(2) In die Entscheidung sind die nach Maßgabe von Nummer 3.3.5 einzuholenden Auskünfte der Melde- und Informationsstelle über Vergabesperren sowie die der Vergabestelle bekannten Feststellungen anderer Stellen, etwa der Rechnungsprüfung, der Strafverfolgungsbehörden oder der Landeskartellbehörde einzubeziehen.

(3) Bei nachgewiesenen schweren Verfehlungen ist der Bewerber oder Bieter in der Regel auszuschließen. Der Nachweis ist erbracht, wenn aufgrund der vorliegenden Tatsachen keine vernünftigen Zweifel an der schweren Verfehlung bestehen. Der Bewerber oder Bieter kann dann auch nicht als Nachunternehmer oder in einer Arbeitsgemeinschaft am Auftrag teilhaben. Bei der Entscheidung über den Ausschluss ist zu bestimmen, ob und gegebenenfalls für welchen Zeitraum der Bewerber oder Bieter im Bereich der Vergabestelle ausgeschlossen bleibt.

(4) Soll ein Bewerber oder Bieter trotz Zweifel an seiner Zuverlässigkeit nicht ausgeschlossen werden, so sind die hierfür maßgeblichen Gründe aktenkundig zu machen. Dies kommt beispielsweise in Betracht, wenn kein oder nur ein geringer Schaden eingetreten ist bzw. wäre, der Schaden ersetzt oder verbindlich anerkannt wurde und wenn der Bewerber oder Bieter unverzüglich durch geeignete organisatorische oder personelle Maßnahmen Vorsorge gegen die Wiederholung schwerer Verfehlungen getroffen hat. Über die Vergabe entscheidet in solchen Fällen die Behördenleitung, wenn dies nicht allgemein oder im Einzelfall delegiert wurde.

(5) Die Ministerien können bestimmen, dass die Entscheidungen nach Absatz 1 und 4 ganz oder zum Teil von einer anderen Stelle getroffen werden müssen.

3.3.4 Einrichtung der Melde- und Informationsstelle für Vergabesperren, Meldung, Löschung der Meldung

(1) Die Melde- und Informationsstelle für Vergabesperren ist beim Regierungspräsidium Karlsruhe, 76247 Karlsruhe eingerichtet; E-Mail: poststelle@rpk.bwl.de.

(2) Alle Stellen, die Bewerber oder Bieter wegen schwerer Verfehlungen nach Nr. 3.3.2 ausschließen, benachrichtigen hiervon unverzüglich die Melde- und Informationsstelle. Dabei sind die aus Anlage 2 ersichtlichen Angaben zu machen.

(3) Die betroffenen Bewerber oder Bieter können gegenüber der Melde- und Informationsstelle jederzeit Stellung zu den über sie dort vorhandenen Meldungen über Vergabesperren nehmen. Die Melde- und Informationsstelle hat bei einem Vorbringen des Betroffenen Kontakt zu der Stelle aufzunehmen, die die Vergabesperre und die Eintragung veranlasst hat, und diese um Überprüfung der Richtigkeit des Vorbringens zu bitten. Ergibt sich danach, dass die zu dem Betroffenen gespeicherten Daten unrichtig sind, sind diese zu löschen oder zu berichtigen (§§ 22, 23 LDSG).

(4) Ein von der Teilnahme am Wettbewerb ausgeschlossener Bewerber oder Bieter kann von der Stelle, die eine Meldung an die Melde- und Informationsstelle gemacht hat, verlangen, dass sie den Ausschluss von der Teilnahme am Wettbewerb in ihrem Bereich aufhebt und die Löschung der Meldung veranlasst. Dem soll entsprochen werden, wenn die Beweislage sich nachträglich ändert und Zweifel am Vorliegen einer schweren Verfehlung entstehen oder wenn die Zuverlässigkeit nach den in Nr. 3.3.3 Abs. 4 Satz 2 genannten Kriterien als wieder hergestellt anzusehen ist. Wird dem Begehren entsprochen, unterrichtet die Stelle unverzüglich die Melde- und Informationsstelle. Die Regelungen des Landesdatenschutzgesetzes über die Löschung und Sperrung personenbezogener Daten (§§ 23, 24) sind zu beachten.

(5) Die Meldungen sowie alle damit zusammenhängenden Daten werden nach Ablauf des zweiten auf die Meldung folgenden Jahres bzw. nach

Ablauf einer im Vergabeverfahren festgelegten längeren Sperrfrist oder aufgrund einer Mitteilung nach Absatz 4 vernichtet. Wird innerhalb der Frist eine weitere schwere Verfehlung gemeldet, werden die Meldungen nach Ablauf der zuletzt endenden Sperrfrist vernichtet.

3.3.5 Anfragen an die Melde- und Informationsstelle, Auskünfte
(1) Bei Aufträgen mit einem Wert von über 50.000 Euro (ohne Mehrwertsteuer) fragt die Vergabestelle vor der Vergabe (Zuschlag) grundsätzlich schriftlich bei der Melde- und Informationsstelle nach, ob Meldungen einer anderen Vergabestelle über den Bewerber oder Bieter vorliegen, der den Zuschlag erhalten soll. Bei bevorstehenden Vergaben unterhalb der genannten Wertgrenze steht die Anfrage im pflichtgemäßen Ermessen der Vergabestellen.
(2) Eine schriftliche Anfrage nach Absatz 1 kann unterbleiben, wenn auf andere Weise, z. B. durch Internet-Bekanntmachung der Melde- und Informationsstelle auf der Internetseite des Regierungspräsidiums Karlsruhe, sichergestellt ist, dass zweifelsfrei Kenntnis über das Fehlen entsprechender Eintragungen erlangt werden kann.
(3) Auskünfte über vorliegende Meldungen werden nur auf schriftliche Anfrage erteilt. Sie werden der anfragenden Vergabestelle nur übermittelt, damit diese über einen Ausschluss im anhängigen Vergabeverfahren entscheiden kann. Dabei ist der Inhalt einer vorliegenden Stellungnahme des betroffenen Bewerbers oder Bieters zur Meldung mitzuteilen.

3.3.6 Unterrichtung des betroffenen Bewerbers oder Bieters
(1) Werden Vergabeunterlagen übersandt bzw. wird zur Abgabe von Angeboten aufgefordert, sind die Adressaten darüber zu unterrichten, dass vor einer Vergabe von Aufträgen bei der Melde- und Informationsstelle für Vergabesperren angefragt werden kann, um die Zuverlässigkeit zu prüfen, und dass ein Ausschluss wegen schwerer Verfehlungen im laufenden Verfahren der Melde- und Informationsstelle mitgeteilt wird.
(2) Gleichzeitig mit der Meldung über einen verhängten Ausschluss an die Melde- und Informationsstelle ist der Bewerber bzw. Bieter hiervon zu unterrichten. Es ist dabei darauf hinzuweisen, dass es ihm freisteht, gegenüber der Melde- und Informationsstelle zur Sache Stellung zu nehmen.

3.4 Förmliche Verpflichtung nicht beamteter Personen
Werden öffentliche Aufgaben insbesondere im Zusammenhang mit der Ausschreiung, Vergabe, Überwachung und Abrechnung nicht von der Behörde wahrgenommen, sondern Dritte damit beauftragt, soll der Beauftragte auf die gewissenhafte Erfüllung seiner Obliegenheiten gemäß dem Gesetz über die förmliche Verpflichtung nichtbeamteter Personen (Verpflichtungsgesetz) verpflichtet werden. Damit werden unter anderem die Strafdrohungen der §§ 331 und 332 StGB (Vorteilsannahme und Bestechlichkeit) sowie § 353 b StGB (Verletzung des Dienstgeheimnisses und einer besonderen Geheimhaltungspflicht) auch gegenüber diesen Personen wirksam.

4. Bekämpfung von Korruption
4.1 Informationsgewinnung
4.1.1 Hinweise auf Korruption
Ein Hinweis auf Korruption kann sich aus beobachteten Anzeichen, den sozialneutralen Indikatoren nach Abs. 2 oder den Alarmindikatoren nach Abs. 3 ergeben. Für eine entsprechende Feststellung ist in jedem Fall eine umfassende Bewertung notwendig. An die Bewertung von sozialneutralen Indikatoren und Alarmindikatoren sind unterschiedliche Anforderungen zu stellen. Solche Anzeichen ergeben sich insbesondere aus dem Verhalten von Mitarbeiterinnen und Mitarbeitern. Die Behörden achten auf die Anzeichen für Korruption nach den Absätzen 2 und 3 und gehen diesen in verhältnismäßiger Art nach.
(2) Das Vorliegen sozialneutraler Indikatoren ergibt für sich genommen keinen klaren Hinweis auf Korruption, sondern bedarf für die Feststellung eines solchen Hinweises einer Bewertung unter Berücksichtigung der Gesamtumstände. Sozialneutrale Indikatoren sind:
– aufwändiger Lebensstil – mit dem Einkommen nicht erklärlich,
– sich plötzlich ändernder Lebensstil,
– unerklärliches Absondern, Verschlossenheit gegenüber Kollegen und Vorgesetzten,
– soziale und charakterliche Probleme,
– Nebentätigkeiten mit kritischer Nähe zur dienstlichen Tätigkeit,
– Annahme von Einladungen bei Außenkontakten, die über den dienstlich veranlassten sozialadäquaten Rahmen hinausgehen,
– häufiger privater Umgang mit Auftragnehmern, Bietern und Antragstellern,

- unüblich günstige Sonderkonditionen beim Einkauf,
- Anbieten kostenloser oder günstiger Dienstleistungen,
- aufwändige Werbegeschenke,
- Großzügigkeit von Unternehmern,
- vermeintliche Unabkömmlichkeit, Verzicht auf Freizeit und Anwesenheit auch bei Krankheit,
- Mitnahme von Vorgängen nach Hause,
- plötzlicher nicht erklärlicher Meinungswandel,
- Verweigerung bei Umsetzungen, Abordnungen und Versetzungen,
- unüblich salopper Umgangston zwischen Mitarbeitern und Unternehmern oder
- das Ausbleiben von Beschwerden, wo sonst üblich.

(3) Das Vorliegen von Alarmindikatoren legt einen Hinweis auf Korruption nahe, bedarf für die Feststellung eines solchen Hinweises ebenfalls einer Bewertung. Alarmindikatoren sind:
- unerklärliche Entscheidungen, die bestimmten Bieter/Antragsteller begünstigen,
- unterschiedliche Beurteilung von Vorgängen mit gleichem Sachverhalt,
- Missbrauch von Ermessensspielräumen,
- Verzicht auf Kontrollen/Überprüfungen, obwohl hierzu Anlass besteht,
- Beeinflussung der Vorgangsbearbeitung durch sachlich nicht zuständige Bedienstete,
- Ignorieren oder Übersehen von Mitzeichnungspflichten,
- bewusstes Übergehen von Vorgesetzten,
- wiederholte Wahrnehmung von Außenterminen ohne plausiblen Anlass,
- unzulässige Ausweitung der Delegationsvorgaben,
- Abschluss eines Vertrags mit ungünstigen Bedingungen, der die Behörde langfristig bindet,
- wiederholte Bevorzugung bestimmter Bieter,
- auffallende Nachgiebigkeit bei Vertragsverhandlungen,
- fehlende Eingangsstempel im Schriftverkehr mit Bietern, Antragstellern oder Auftragnehmern,
- unerklärliche Verfahrensbeschleunigung,

- Vernachlässigung rechtlicher Bedenken und anderer Einwände oder
- die Vorgabe eines Vorgesetzten, Vorgang ohne Prüfung »zustimmend« zu bearbeiten.

(4) Das Innenministerium stellt Handreichungen zur Korruptionsprävention zur Verfügung.

4.1.2 Rechtsaufsicht und Prüfung

(1) Die staatlichen Rechtsaufsichtsbehörden achten bei ihren Prüfungen verstärkt auf Anzeichen für Korruption und prüfen schwerpunktmäßig in Bereichen, die besonders anfällig für Korruption sind.

(2) Sie unterrichten die zuständige Strafverfolgungsbehörde nach pflichtgemäßem Ermessen, wenn bei ihrer Prüfung Verdachtsmomente für Bestechungs- oder Begleitdelikte aufgedeckt werden.

(3) Rechnungshof, Staatliche Rechnungsprüfungsämter und Gemeindeprüfungsanstalt sind aufgerufen, entsprechend zu verfahren.

4.1.3 Unterrichtung von Vorgesetzten, Dienstvorgesetzten oder übergeordneten Behörden

(1) Mitarbeiterinnen und Mitarbeiter sind verpflichtet, ihre Vorgesetzten unverzüglich zu unterrichten, wenn sie Anzeichen nach Nr. 4.1.1 beobachten. Die Bewertung, ob aufgrund der Anzeichen ein Hinweis auf Korruption festgestellt wird, obliegt den Vorgesetzten.

(2) Tatsachen, aus denen sich ein Verdacht ergibt, dass Vorgesetzte oder Dienstvorgesetzte in strafbare Handlungen verwickelt sind, können, ohne dass der Dienstweg eingehalten werden muss, unmittelbar dem Dienstvorgesetzten, jeder vorgesetzten Dienststelle oder der hierfür bestimmten Stelle im zuständigen Ministerium mitgeteilt werden. Die Mitteilung wird vertraulich behandelt, wenn dies gewünscht wird und soweit dies möglich ist, wenn ein strafrechtliches Ermittlungsverfahren durchgeführt wird.

(3) Sofern das Land für bestimmte Verwaltungszweige einen Vertrauensanwalt eingesetzt hat, ist der Unterrichtungspflicht nach Absatz 1 und 2 dort Rechnung getragen, wenn der Vertrauensanwalt über den konkreten Korruptionsverdacht informiert wird. Person, Kontaktadresse und Aufgabenbereich eines beauftragten Vertrauensanwalts werden vom zuständigen Ministerium bekannt gegeben.

4.2 Maßnahmen bei Auftreten eines Verdachts
(1) Wird wegen Anzeichen für Korruption zunächst verwaltungsintern ermittelt, ist darauf zu achten, dass spätere Ermittlungen der Strafverfolgungsbehörden nicht gefährdet werden, zum Beispiel dadurch, dass ein Tatverdächtiger gewarnt wird.
(2) Hat sich ein Korruptionsverdacht erhärtet, werden unverzüglich die Maßnahmen eingeleitet, die erforderlich sind, um Schaden abzuwenden. Ist ein Schaden bereits eingetreten, sind die Ersatzansprüche geltend zu machen, sobald die Beweislage dies zulässt. Der Dienstherr hat auf Grund des Verbots der Annahme von Belohnungen und Geschenken nach § 89 LBG einen Anspruch gegen seinen Beamten auf Herausgabe von Bestechungszuwendungen, soweit nicht im Strafverfahren der Verfall angeordnet wurde.

4.3 Unterrichtung der Strafverfolgungsbehörden
Besteht aufgrund konkreter Tatsachen der Verdacht eines Bestechungsdelikts (Nr. 2 Abs. 2 Buchst. a) oder eines Begleitdelikts (Nr. 2 Abs. 2 Buchst. b), das im Zusammenhang mit einem Bestechungsdelikt stehen kann, unterrichtet die Behörde – gegebenenfalls nach Abstimmung mit der nächsthöheren Behörde – nach Maßgabe der folgenden Bestimmungen unverzüglich die Strafverfolgungsbehörden.
(2) Die Strafverfolgungsbehörden sind bei einem Verdacht auf Vorliegen eines Bestechungsdelikts frühzeitig zu unterrichten.
(3) Bei einem Verdacht auf Vorliegen eines Begleitdelikts, das im Zusammenhang mit einem Bestechungsdelikt stehen kann, sollen die Strafverfolgungsbehörden nach pflichtgemäßem Ermessen unterrichtet werden. Dabei sind insbesondere zu berücksichtigen:
– das kriminelle Gewicht der mutmaßlichen Tat,
– das Maß der Pflichtwidrigkeit der Diensthandlung,
– die Höhe des erstrebten oder erlangten Vorteils,
– der Umfang oder die Dauer des mutmaßlichen Fehlverhaltens und
– die Notwendigkeit, mit strafprozessualen Zwangsmitteln die mutmaßliche Tat aufzuklären. Im Zweifel liegt es im öffentlichen Interesse, dass die Behörden bei Verdacht einer Straftat die Strafverfolgungsbehörden unterrichten. Wird davon abgesehen, ist die nächsthöhere Behörde zu unterrichten. Unberührt bleibt das Recht, Strafanzeige zu erstatten.

(4) Die Mitteilung ist an die Polizei oder Staatsanwaltschaft zu richten.
(5) Ist die Strafverfolgungsbehörde unterrichtet, soll die Stelle grundsätzlich den Sachverhalt nicht weiter aufklären, es sei denn, sie ist nach § 27 Abs. 1 und § 3 Abs. 2 der Landesdisziplinarordnung (LDO) dazu verpflichtet; die Vorermittlungen sind möglichst nach § 18 Abs. 2 LDO auszusetzen.
(6) Auf die Mitwirkungspflicht der Behörden nach § 161 der Strafprozessordnung wird hingewiesen.

5. Schlussbestimmungen
(1) Diese Verwaltungsvorschrift tritt am 1. Januar 2006 in Kraft.
(2) Sie gilt bis einschließlich 31. Dezember 2012.
(3) Das Innenministerium wird ermächtigt, Anlage 1 im Einvernehmen mit dem betroffenen Ressort fortzuschreiben.

Anlage 1
zu Nr. 3.1.2, 3.2.1, 3.2.2 und 3.2.3

Ressortübergreifende Rechts- und Verwaltungsvorschriften mit korruptionshemmender Wirkung
Viele Rechts- und Verwaltungsvorschriften enthalten Bestimmungen, die unmittelbar oder mittelbar korruptionshemmende Wirkung haben. Die nachfolgende Übersicht ist nicht abschließend; sie beschränkt sich vor allem auf solche Vorschriften, die allgemeine Bedeutung haben. Es ist die jeweils geltende Fassung anzuwenden.

1. Annahme von Belohnungen und Geschenken
§ 89 des Landesbeamtengesetzes (LBG)

Hinweise zu § 89 LBG in der Verwaltungsvorschrift des Innenministeriums zur Durchführung des Landesbeamtengesetzes (VwV-LBG)

§ 10 des Bundes-Angestelltentarifvertrages – BAT – (Hinweise des Finanzministeriums zum Arbeits- und Tarifrecht, Sozialversicherungsrecht, Zusatzversorgungsrecht)

§ 12 des Manteltarifvertrages-Arbeiter – MTArb – (Hinweise des Finanzministeriums zum Arbeits- und Tarifrecht, Sozialversicherungsrecht, Zusatzversorgungsrecht)

2. Nebentätigkeiten
§§ 82 bis 88 a des Landesbeamtengesetzes (LBG)

Verordnung der Landesregierung über die Nebentätigkeiten der Beamten und Richter (Landesnebentätigkeitsverordnung – LNTVO)

Verordnung der Landesregierung über die Nebentätigkeit des beamteten wissenschaftlichen und künstlerischen Personals der Hochschulen (Hochschulnebentätigkeitsverordnung – HNTVO)

Verwaltungsvorschrift des Innenministeriums zum Nebentätigkeitsrecht
§ 11 des Bundes-Angestelltentarifvertrages – BAT (Hinweise des Finanz-

Baden-Württemberg

ministeriums zum Arbeits- und Tarifrecht, Sozialversicherungsrecht, Zusatzversorgungsrecht)

§ 13 des Manteltarifvertrages – MTArb (Hinweise des Finanzministeriums zum Arbeits- und Tarifrecht, Sozialversicherungsrecht, Zusatzversorgungsrecht)

3. Haushalts- und Kassenwesen
§ 77 der Landeshaushaltsordnung für Baden-Württemberg (LHO)

VV-LHO zu Teil IV (§§ 70 ff.)

4. Vergabewesen
Gesetz gegen Wettbewerbsbeschränkungen (GWB), Vierter Teil: Vergabe öffentlicher Aufträge

Vergabeverordnung (VgV)

§ 55 der Landeshaushaltsordnung (LHO)

Allgemeine Verwaltungsvorschriften zur Landeshaushaltsordnung für Baden-Württemberg (VV-LHO; Loseblattsammlung des FM)

Verwaltungsvorschrift der Landesregierung über die Beschaffung in der Landesverwaltung (Beschaffungsanordnung)

Verwaltungsvorschrift der Ministerien über die Einführung der Vergabe- und Vertragsordnung für Bauleistungen, Teil A und B (VOB/A und VOB/B), Ausgabe 2002

Verwaltungsvorschrift der Ministerien über die Anwendung der Verdingungsordnung für Leistungen (VOL), Ausgabe 2002 und der Verdingungsordnung für freiberufliche Leistungen (VOF)

Verwaltungsvorschrift der Ministerien über Vertragsbedingungen auf dem Gebiet der Informationstechnik

Bekanntmachung des Innenministeriums über die Richtlinien der Landesregierung für den Einsatz der Informations- und Kommunikationstechnik (IuK) in der Landesverwaltung (e-Government-Richtlinien Baden-Württemberg 2005)

§ 22 des Gesetzes zur Mittelstandsförderung

Verwaltungsvorschrift der Ministerien über die Beteiligung der mittelständischen Wirtschaft an der Vergabe öffentlicher Aufträge (Mittelstandsrichtlinien für öffentliche Aufträge – MRöA)

5. Pfändungen und Abtretungen
Verfahrenshinweise des Finanzministeriums beim Eingang von Pfändungs- und Abtretungsmitteilungen des Landesamts für Besoldung und Versorgung vom 8. Dezember 2004 (nicht veröffentlicht; Az. des Finanzministeriums: 1-0300.2/ 3).

6. Vorschriften für den kommunalen Bereich
Gemeindeordnung für Baden-Württemberg (Gemeindeordnung – GemO) – Dritter und Vierter Teil

Verordnung des Innenministeriums zur Durchführung der Gemeindeordnung für Baden-Württemberg (DVO GemO)

Verordnung des Innenministeriums über die Haushaltswirtschaft der Gemeinden (Gemeindehaushaltsverordnung – GemHVO)

Verordnung des Innenministeriums über die Kassenführung der Gemeinden (Gemeindekassenverordnung – GemKVO)

Verordnung des Innenministeriums über das kommunale Prüfungswesen Gemeindeprüfungsordnung – GemPrO)

Verwaltungsvorschrift des Innenministeriums über die Vergabe von Aufträgen im kommunalen Bereich (VergabeVwV)

Anlage 2
zu Nr. 3.3.4

An die
Vergabekammer beim
Regierungspräsidium Karlsruhe
Schlossplatz 1 – 3
76247 Karlsruhe

Meldung einer Vergabesperre
1. Meldende Stelle
2. Zeitpunkt, sachliche und zeitliche Reichweite der Vergabesperre
3. Angaben über das betroffene Unternehmen
3.1 Name, Anschrift
3.2 Gewerbezweig, Branche
3.3 gegebenenfalls Handelsregisternummer
3.4 gegebenenfalls Informationen über eine Konzernstruktur (Mutter-Tochter-Gesellschaft usw.)
4. Verfehlung
4.1 Art und Weise (Beschreibung in Stichworten)
4.2 Nachweise

Gesetz über die Vergabe von Bauaufträgen im Freistaat Bayern (Bayerisches Bauaufträge-Vergabegesetz – BayBauVG)

Vom 28. Juni 2000

Der Landtag des Freistaates Bayern hat das folgende Gesetz beschlossen, das hiermit bekannt gemacht wird:

Art. 1
Anwendungsbereich

Dieses Gesetz gilt für öffentliche Bauaufträge im Sinn von § 99 des Gesetzes gegen Wettbewerbsbeschränkungen (GWB) des Freistaates Bayern. Es gilt ferner für öffentliche Bauaufträge

1. der Gemeinden, Gemeindeverbände und sonstigen der Aufsicht des Freistaates Bayern unterstehenden juristischen Personen des öffentlichen Rechts,
2. der Vereinigungen, Einrichtungen und Unternehmen, deren Anteile sich unmittelbar oder mittelbar ganz oder überwiegend in der Hand des Freistaates Bayern oder juristischer Personen nach Nummer 1 befinden, soweit diese öffentliche Auftraggeber im Sinn von § 98 GWB sind.

Art. 2
Vergabegrundsätze

(1) Öffentliche Bauaufträge dürfen nur an fachkundige, leistungsfähige und zuverlässige Unternehmen vergeben werden. Andere oder weitergehende Anforderungen dürfen nur gestellt werden, soweit dies durch Bundesgesetz oder in diesem Gesetz vorgesehen ist.

(2) Für öffentliche Bauaufträge nach Art. 1 Satz 2 Nr. 2 gilt Absatz 1 nur insoweit, als es sich um Aufträge handelt, welche die Auftragswerte erreichen oder überschreiten, die durch Rechtsverordnung nach § 127 GWB festgelegt sind (Schwellenwerte).

Art. 3
Weitergehende Anforderungen

(1) öffentliche Bauaufträge des Freistaates Bayern nach Art. 1 Satz 1 dürfen nur an Unternehmen vergeben werden, die sich bei Angebotsabgabe

verpflichten, ihre Arbeitnehmer bei der Ausführung dieser Leistungen nach den jeweils in Bayern für Tarifvertragsparteien geltenden Lohntarifen zu entlohnen und dies auch bei ihren Nachunternehmern sicherzustellen.

(2) Die Auftraggeber für sonstige öffentliche Bauaufträge nach Art. 1 Satz 2 werden ermächtigt, Aufträge über Bauleistungen für Hochbauten nur an Unternehmen zu vergeben, die sich bei Angebotsabgabe verpflichten, ihre Arbeitnehmer bei der Ausführung dieser Leistungen nach den jeweils in Bayern für Tarifvertragsparteien geltenden Lohntarifen zu entlohnen und dies auch bei ihren Nachunternehmern sicherzustellen.

Art. 4
Nachweise

(1) Hat die Staatsregierung ein Muster zur Verpflichtung nach Art. 3 öffentlich bekannt gemacht, kann der Auftraggeber verlangen, dass der Unternehmer die Übernahme der Verpflichtung nach diesem Muster erklärt.

(2) Der Unternehmer ist verpflichtet, dem Auftraggeber die Einhaltung der Verpflichtung nach Art. 3 auf dessen Verlangen jederzeit nachzuweisen. Der Unternehmer ist ferner verpflichtet, dem Auftraggeber zur Prüfung, ob die Verpflichtung nach Art. 3 eingehalten wird, im erforderlichen Umfang Einsicht in seine Unterlagen zu gewähren.

(3) Unternehmer, die den nach Art. 3 übernommenen Verpflichtungen oder ihren Pflichten nach Absatz 2 nicht nachkommen, kann der Auftraggeber bis zu 3 Jahren von weiteren Aufträgen ausschließen.

Art. 5

Dieses Gesetz tritt am 1. Juli 2000 in Kraft.

Der Bayerische Ministerpräsident
Dr. Edmund Stoiber

Bekämpfung von Wettbewerbsverzerrungen durch vertragliche Verpflichtung zur Einhaltung der in Bayern geltenden Lohntarife und zur restriktiven Weitervergabe an Nachunternehmer (Tariftreue- und Nachunternehmererklärung – WettbV) Bekanntmachung der Bayerischen Staatsregierung

Vom 6. November 2001 Nr. B III 2-515-1 52

Der zunehmende Einsatz von Billiglohnarbeitskräften im Baubereich gefährdet in hohem Maße Arbeitsplätze. Die Arbeitslosigkeit am Bau bewirkt erhebliche zusätzliche Kosten für die Allgemeinheit. Die Bayerische Staatsregierung hat sich daher am 11. Juni 1996 zur Sicherung der bestehenden und zur Förderung neuer Arbeitsplätze mit Unterzeichnung des Beschäftigungspaktes Bayern verpflichtet, bei der Vergabe neuer Bauaufträge vom Auftragnehmer eine Tariftreueerklärung (**Anlage 1**) und eine Nachunternehmererklärung (**Anlage 2**) einzuholen, die bei Annahme des Angebots Bestandteil des Bauvertrags werden.

Die beiden Erklärungen sind ein wesentlicher Bestandteil der im Beschäftigungspakt Bayern vereinbarten Maßnahmen.

Zum Vollzug dieser Vereinbarung wird bestimmt:
1. Die Erklärungen nach Anlage 1 und Anlage 2 sind bei allen Bauvergaben des Freistaates Bayern, ausgenommen vom Freistaat Bayern durchgeführte Baumaßnahmen des Bundes, von den Bewerbern beziehungsweise Bietern zu verlangen.
2. Den kommunalen Auftraggebern und den Empfängern von Zuwendungen des Freistaates Bayern wird empfohlen, im Hochbau entsprechend zu verfahren.
3. Diese Bekanntmachung tritt am 1. Januar 2002 in Kraft. Mit Ablauf des 31. Dezember 2001 tritt die Bekanntmachung der Staatsregierung öffentliches Auftragswesen; Bekämpfung von Wettbewerbsverzerrungen durch vertragliche Verpflichtung zur Einhaltung der in Bayern geltenden Lohntarife und zur restriktiven Weitervergabe an Nachunternehmer vom 2. Juli 1996 (StAnz Nr. 27), zuletzt geändert durch Bekanntmachung vom 29. Juni 2000 (StAnz Nr. 26), außer Kraft.

Der Bayerische Ministerpräsident Dr. Edmund Stoiber

Anlage 1

Erklärung zur Einhaltung der in Bayern geltenden Lohntarife

Zum Angebot für...
....

Ich/Wir erkläre(n), dass im Fall der Auftragserteilung die Entlohnung der auf dieser Baustelle beschäftigten Arbeitnehmer nicht unter den in Bayern für Tarifvertragsparteien geltenden Lohntarifen erfolgen wird. Bei einem Einsatz von Nachunternehmern verpflichte(n) ich/wir diese entsprechend.

Auf Verlangen des Auftraggebers werde(n) ich/wir die Entlohnung der von mir/uns und meinen/unseren Nachunternehmern eingesetzten Arbeitnehmern nach den in Bayern für Tarifvertragsparteien geltenden Lohntarifen nachweisen und hierzu im erforderlichen Umfang Einsicht in meine/unsere Firmenunterlagen gewähren.

Ich bin/Wir sind damit einverstanden, dass der Auftraggeber die Lohnabrechnungen und andere Unterlagen auf Einhaltung der in Bayern für Tarifvertragsparteien geltenden Lohntarife überprüft. Das Einverständnis meiner/unserer von mir/uns eingesetzten Arbeitnehmer mit der Vorlage der Lohnabrechnungen und Überprüfung der vorgelegten Lohnabrechnungen werde(n) ich/wir einholen. Einen Einsatz von Nachunternehmern mache(n) ich/wir auch davon abhängig, dass diese entsprechend verfahren und sich verpflichten, dies in gleicher Weise auf Verlangen nachweisen.

Dem Angebot liegt folgender kalkulierter Zuschlag auf die Lohnkosten zugrunde:

.... v. H.

Ich/Wir und unsere Nachunternehmer beschäftige/n keine ausländischen Mitarbeiter auf dieser Baustelle.

Für ausländische Mitarbeiter, die bei mir/uns bzw. meinen/unseren Nachunternehmern auf der Baustelle beschäftigt sind, werden folgende Kosten in Rechnung gestellt:

Ich/Wir stelle/n den bei uns beschäftigten ausländischen Mitarbeitern im Durchschnitt folgende Eigenkosten (z.B. für Unterkunft, Verpflegung, Heimflüge u.ä.) je Person und Tag in Rechnung:

....

Ich/Wir stelle/n den bei unseren Nachunternehmern beschäftigten ausländischen Mitarbeitern im Durchschnitt folgende Eigenkosten je Person und Tag in Rechnung:

....

Unsere Nachunternehmer stellen den bei ihnen beschäftigten ausländischen Mitarbeitern im Durchschnitt folgende Eigenkosten je Person und Tag in Rechnung:

....

Mir/Uns ist bekannt, dass ein Verstoß gegen diese vertragliche Vereinbarung meinen/unseren Ausschluss von weiteren Aufträgen zur Folge haben kann (§ 8 Nr. 5 Abs. 1 Buchst. c VOB/A).

Hinweis:
Falls ausländische Mitarbeiter beschäftigt werden, sind in jedem Fall in allen drei Absätzen Eintragungen vorzunehmen (Geldbetrag, ggf. Strich oder Null)!

....
Ort, Datum

....
Stempel und Unterschrift des/der Bieter(s)

Anlage 2

Erklärung zum Einsatz von Nachunternehmern

Zum Angebot für..
....

Mir/Uns ist bekannt, dass ich/wir im Fall der Auftragserteilung die angebotene Leistung gemäß 4 Nr. 8 Abs.1 VOB/B grundsätzlich im eigenen Betrieb ausführen muss/müssen.

Ich/Wir werde(n) daher die Leistungen, auf die mein/unser Betrieb eingerichtet ist, weitgehend (gleichbedeutend mit mindestens 70 v H.) im eigenen Betrieb ausführen. Ich bin mir/Wir sind uns bewusst, dass vom Umfang der Eigenausführung die Auftragserteilung abhängig gemacht werden kann. Zum Umfang der Eigenausführung habe(n) wir/ich nachstehend die erforderlichen Angaben gemacht:

Zur Ausführung der Leistung erkläre(n) ich/wir
1. für Leistungen, auf die mein/unser Betrieb eingerichtet ist:
   - Ich/Wir werde(n) nach § 4 Nr. 8 VOB/B die Leistung im eigenen Betrieb ausführen.
   - Mir/uns ist bekannt, dass ich/wir Leistungen, auf die mein Betrieb eingerichtet ist, nur mit schriftlicher Zustimmung des Auftraggebers an Nachunternehmer übertragen darf/dürfen und nach Vertragsabschluss mit einer Zustimmung hierzu nicht rechnen kann/können.
   - Ich/Wir werde(n) die in der von mir/uns beigefügten Liste Nr. 1 aufgeführten Leistungen an Nachunternehmer übertragen, obwohl mein/unser Betrieb auf diese Leistungen eingerichtet ist.
2. für Leistungen, auf die mein/unser Betrieb nicht eingerichtet ist:
   - Ich/Wir werde(n) die in der von mir/uns beigefügten Liste Nr. 2 aufgeführten Leistungen an Nachunternehmer übertragen, weil mein/unser Betrieb auf diese Leistungen nicht eingerichtet ist.

Für den angegebenen Umfang der Weitervergabe gilt die nach § 4 Nr. 8 Abs. 1 Satz 2 VOB/B erforderliche Zustimmung des Auftraggebers mit

Vertragsabschluss erteilt. Im Übrigen werde ich nach Nr. 9 ZVB/E bzw. Nr. 9 ZVB/E-StB (jeweils Fassung 2000) verfahren.

Mir/Uns ist bekannt, dass nach Vertragsabschluss mit einer Zustimmung zur Übertragung von Leistungen an Nachunternehmer nur in begründeten Ausnahmefällen zu rechnen ist.

Die Vorschriften des Gesetzes über zwingende Arbeitsbedingungen bei grenzüberschreitenden Dienstleistungen (Arbeitnehmer-Entsendegesetz) vom 26. Februar 1996 (BGBl I S. 227) in der zum gegenwärtigen Zeitpunkt geltenden Fassung sind mir/uns bekannt. Ich/Wir werde(n) auch unsere Nachunternehmer auf diese Vorschriften hinweisen, insbesondere darauf, dass der Beginn der Bauleistung beim zuständigen Landesarbeitsamt anzuzeigen ist.

Mir/Uns ist bewusst, dass unvollständige oder falsche Angaben im Angebotsschreiben meinen/unseren Ausschluss von der Angebotswertung und von weiteren Auftragserteilungen zur Folge haben können. Letzteres gilt auch für eine Nichtbeachtung dieser Erklärung (§ 8 Nr. 5 Abs. 1 Buchst. c VOB/A)

....
Ort, Datum

....
Stempel und Unterschrift des/der Bieter(s)

Änderung der Bekanntmachung über die Bekämpfung von Wettbewerbsverzerrungen durch vertragliche Verpflichtung zur Einhaltung der in Bayern geltenden Lohntarife und zur restriktiven Weitervergabe an Nachunternehmer (Tariftreue- und Nachunternehmererklärung – WettbV) Bekanntmachung der Bayerischen Staatsregierung

vom 8. Februar 2006 Az.: B III 2-515-1 52

Die Bekanntmachung der Bayerischen Staatsregierung Öffentliches Auftragswesen; Bekämpfung von Wettbewerbsverzerrungen durch vertragliche Verpflichtung zur Einhaltung der in Bayern geltenden Lohntarife und zur restriktiven Weitervergabe an Nachunternehmer (Tariftreue- und Nachunternehmererklärung – WettbV) vom 6. November 2001 wird wie folgt geändert:

In Nr. 1 werden folgende Sätze 2 und 3 angefügt: „Die Erklärung nach Anlage 2 darf bei Bauvergaben ab Erreichen des EU-Schwellenwertes von den Bewerbern beziehungsweise Bietern nicht verlangt werden. Die Erklärungen nach Anlage 1 und 2 sind in der in Teil II des Vergabehandbuchs Bayern (www.vergabehandbuch.bayern.de) jeweils veröffentlichten Fassung einzuholen.

Diese Bekanntmachung tritt mit Wirkung vom 1. Februar 2006 in Kraft.

Vergabegesetz für das Land Bremen

Vom 17. Dezember 2002

Der Senat verkündet das nachstehende von der Bürgerschaft (Landtag) beschlossene Gesetz:

§ 1
Ziel

Das Gesetz wirkt Wettbewerbsverzerrungen entgegen, die auf dem Gebiet des Bauwesens und des öffentlichen Personennahverkehrs durch den Einsatz von Niedriglohnkräften entstehen, und mildert Belastungen für die sozialen Sicherungssysteme. Es bestimmt zu diesem Zweck, dass öffentliche Auftraggeber Aufträge über Baumaßnahmen und im öffentlichen Personennahverkehr nur an Unternehmen vergeben dürfen, die das in Tarifverträgen vereinbarte Arbeitsentgelt am Ort der Leistungserbringung zahlen.

§ 2
Anwendungsbereich

Dieses Gesetz enthält Vorschriften für die Vergabe öffentlicher Aufträge im Sinne des § 99 des Gesetzes gegen die Wettbewerbsbeschränkungen vom 26. August 1998 (BGBl. I S. 2521), zuletzt geändert durch Artikel 10 des Gesetzes vom 23. Juli 2002 (BGBl. I S, 2850), unabhängig von den Schwellenwerten nach § 100 des Gesetzes gegen Wettbewerbsbeschränkungen, sofern die Aufträge mindestens einen Wert von 10.000 Euro haben.

§ 3
Allgemeine Bindung der öffentlichen Hand

(1) Die Behörden des Landes, der Stadtgemeinden und die sonstigen der Aufsicht des Landes unterstehenden Körperschaften, Anstalten und Stiftungen des öffentlichen Rechts haben bei der Vergabe öffentlicher Aufträge zusätzlich die Bestimmungen dieses Gesetzes zu beachten. Bei Aufträgen unterhalb der Schwellenwerte nach § 100 des Gesetzes gegen Wettbewerbsbeschränkungen sind § 97 Abs. l bis 5 und die §§ 98 bis 101 des Gesetzes gegen Wettbewerbsbeschränkungen sowie die §§ 4, 6 und 16 der Vergabeverordnung vom 9. Januar 2001 (BGBl. I S. 110), geändert durch Artikel 3 Abs. l des Gesetzes vom 16. Mai 2001 (BGBl. I

S. 876), entsprechend anzuwenden, jedoch mit der Maßgabe, dass von der Verdingungsordnung für Leistungen und von der Verdingungsordnung für Bauleistungen jeweils nur der erste Abschnitt Anwendung findet.

(2) Für juristische Personen, an denen Stellen nach Absatz l beteiligt sind und die die Voraussetzungen des § 98 Nr. 2, 4 oder 5 des Gesetzes gegen Wettbewerbsbeschränkungen erfüllen, gilt Absatz l entsprechend.

§ 4
Tariftreueerklärung

(1) Aufträge für Bauleistungen dürfen nur an solche Unternehmen vergeben werden, die sich bei der Angebotsabgabe schriftlich verpflichten, ihren Arbeitnehmerinnen und Arbeitnehmern bei der Ausführung dieser Leistungen mindestens das am Ort der Ausführung tarifvertraglich vorgesehene Entgelt zum tarifvertraglich vorgesehenen Zeitpunkt zu bezahlen. Bauleistungen sind Arbeiten jeder Art, durch die eine bauliche Anlage hergestellt, instandgehalten, geändert oder beseitigt wird, Satz l gilt auch für die Vergabe von Verkehrsleistungen im öffentlichen Personennahverkehr.

(2) Gelten am Ort der Leistung mehrere Tarifverträge für dieselbe Leistung, so hat der öffentliche Auftraggeber einen repräsentativen Tarifvertrag zugrunde zu legen, der mit einer tariffähigen Gewerkschaft vereinbart wurde. Haustarifverträge sind hiervon aus genommen. Der Senat wird ermächtigt, durch Rechtsverordnung zu bestimmen, in welchem Verfahren festgestellt wird, welche Tarifverträge als repräsentativ im Sinne von Satz l und 2 anzusehen sind. Die Rechtsverordnung kann auch die Vorbereitung der Entscheidung durch einen Beirat vorsehen; sie regelt in diesem Fall auch die Zusammensetzung des Beirats.

(3) Gelten für eine Leistung mehrere Tarifverträge (gemischte Leistungen), ist der Tarifvertrag maßgeblich, in dem der überwiegende Teil der Leistung liegt.

§ 5
Nachunternehmereinsatz

(1) Der Auftragnehmer darf Leistungen, auf die sein Betrieb eingerichtet ist nur auf Nachunternehmer übertragen, wenn der Auftraggeber

im Einzelfall schriftlich zugestimmt hat. Die Bieter sind verpflichtet, schon bei Abgabe ihres Angebotes anzugeben, welche Leistungen an Nachunternehmer weiter vergeben werden sollen. Soweit Leistungen auf Nachunternehmer übertragen werden, hat sich der Auftragnehmer auch zu verpflichten, den Nachunternehmern die für Auftragnehmer geltenden Pflichten der §§ 4, 5 und 8 Abs. 2 aufzuerlegen und die Beachtung dieser Pflichten durch die Nachunternehmer zu überwachen.

(2) Die nachträgliche Einschaltung oder der Wechsel eines Nachunternehmers bedarf der Zustimmung des Auftraggebers, § 7 Absatz 2 gilt entsprechend. Die Zustimmung darf nur wegen mangelnder Fachkunde, Zuverlässigkeit oder Leistungsfähigkeit des Nachunternehmers, sowie wegen Nichterfüllung der Nachweispflicht nach § 7 Absatz 2 versagt werden.

§ 6
Wertung unangemessen niedriger Angebote

(1) Erscheint ein Angebot, auf das der Zuschlag erteilt werden könnte, unangemessen niedrig, so hat der Auftraggeber dieses Angebot vertieft zu prüfen. Von der Vermutung, dass ein unangemessen niedriges Angebot vorliegt, kann im Regelfall immer dann ausgegangen werden, wenn die rechnerisch geprüfte Angebotssumme um mindestens 20 v. H. unter der Kostenschätzung des Auftraggebers liegt oder das zu prüfende Angebot um mehr als 10 v. H. vom nächsthöheren abweicht.

(2) Im Rahmen der Angebotsprüfung nach Absatz 1 ist der Bieter zu verpflichten, seine ordnungsgemäße Kalkulation zu belegen. Kommt ein Bieter dieser Verpflichtung nicht nach, so kann sein Angebot vom weiteren Vergabeverfahren ausgeschlossen werden.

§ 7
Nachweise

(1) Ein Angebot für eine Leistung ist von der Wertung auszuschließen, wenn der Bieter trotz Aufforderung folgende Unterlagen nicht einreicht:
   1. aktuelle Nachweise der zuständigen in- oder ausländischen Finanzbehörde, des zuständigen in- oder ausländischen Sozialversicherungsträgers und der zuständigen in oder ausländischen Sozialkasse des

Baugewerbes oder einer vergleichbaren Einrichtung über die vollständige Entrichtung von Steuern und Beiträgen.
2. einen Auszug aus dem Gewerbezentralregister, der nicht älter als sechs Monate sein darf, sowie
3. eine Tariftreueerklärung nach § 4.

Die Angaben zu Satz 1 Nr. 1 oder 2 können durch eine Bescheinigung des ausländischen Staates nachgewiesen werden. Bei fremdsprachigen Bescheinigungen ist eine Übersetzung in deutscher Sprache beizufügen.

(2) Soll die Ausführung eines Teils der Bauleistung einem Nachunternehmer übertragen werden, so ist der Bieter zu verpflichten, nach Aufforderung und vor der Auftragserteilung durch den Auftraggeber auch die auf den Nachunternehmer lautenden Nachweise nach Absatz 1 vorzulegen. Absatz 1 Satz 1 gilt entsprechend.

§ 8
Kontrollen

(1) Der öffentliche Auftraggeber ist berechtigt, Kontrollen durchzuführen, um die Einhaltung der geforderten Vergabevoraussetzungen zu überprüfen und kann sich dabei den Organen der Verfolgungsbehörden bedienen. Er darf zu diesem Zweck Einblick in die Entgeltabrechnungen der Auftragnehmer und der Nachunternehmer und die Unterlagen über die Abführung von Steuern und Beiträgen nach § 7 Abs. 1 sowie in die zwischen Auftragnehmer und Nachunternehmer abgeschlossenen Werkverträge nehmen. Der Auftragnehmer hat seine Beschäftigten auf die Möglichkeit solcher Kontrollen hinzuweisen.

(2) Der Auftragnehmer und seine Nachunternehmer haben vollständige und prüffähige Unterlagen auf der Baustelle und am Ort der Leistungserbringung nach Absatz 1 über die eingesetzten Beschäftigten bereitzuhalten. Auf Verlangen des öffentlichen Auftraggebers sind ihm diese Unterlagen vorzulegen.

§ 9
Sanktionen

(1) Um die Einhaltung der Verpflichtungen nach den §§ 4,5 und 8 Abs. 2 zu sichern, haben die öffentlichen Auftraggeber für jeden schuldhaften Verstoß eine Vertragsstrafe in Höhe von 1 vom Hundert, bei mehreren

Verstößen bis zu 10 vom Hundert des Auftragswertes mit dem Auftragnehmer zu vereinbaren. Der Auftragnehmer ist zur Zahlung einer Vertragsstrafe nach Satz l auch für den Fall zu verpflichten, dass der Verstoß durch einen von ihm eingesetzten Nachunternehmer oder einen von diesem eingesetzten Nachunternehmer begangen wird, es sei denn, dass der Auftragnehmer den Verstoß weder kannte, noch kennen musste. Ist die verwirkte Vertragsstrafe unverhältnismäßig hoch, so kann sie vom Auftraggeber auf Antrag des Auftragnehmers auf den angemessenen Betrag herabgesetzt werden.

(2) Die öffentlichen Auftraggeber vereinbaren mit dem Auftragnehmer, dass die Nichterfüllung der in § 4 genannten Anforderungen durch den Auftragnehmer oder seine Nachunternehmer sowie grob fahrlässige oder mehrfache Verstöße gegen die Verpflichtungen der §§ 5 und 8 Abs. 2 den öffentlichen Auftraggeber zur fristlosen Kündigung berechtigen.

(3) Hat ein Unternehmen nachweislich mindestens grob fahrlässig oder mehrfach gegen Verpflichtungen dieses Gesetzes verstoßen, so können es die öffentlichen Auftraggeber jeweils für ihren Zuständigkeitsbereich von der öffentlichen Auftragsvergabe für die Dauer von bis zu einem Jahr ausschließen.

(4) Der Senat richtet ein Register über Unternehmen ein, die nach Absatz 3 von der Vergabe öffentlicher Aufträge ausgeschlossen worden sind. Der Senat wird ermächtigt, durch Rechtsverordnung zu regeln:
1. die im Register zu speichernden Daten, den Zeitpunkt ihrer Löschung und die Einsichtnahme in das Register
2. die Verpflichtung der öffentlichen Auftraggeber, Entscheidungen nach Absatz 3 an das Register zu melden und
3. die Verpflichtung der öffentlichen Auftraggeber, zur Prüfung der Zuverlässigkeit von Unternehmen Auskünfte aus dem Register einzuholen.

§ 10
In-Kraft-Treten

(1) § 4 Abs. 2, Sätze 3 und 4, § 6 Abs. 2 und § 9 Abs. 4 Satz 2 treten am Tag nach der Verkündung dieses Gesetzes in Kraft. § 4 Abs. 2 Satz 2 tritt am 1. Januar 2005 in Kraft. Im Übrigen tritt dieses Gesetz am 1. März 2003 in Kraft.

(2) Dieses Gesetz findet keine Anwendung auf öffentliche Aufträge, deren Vergabe vor seinem In-Kraft-Treten durch Bekanntmachung eingeleitet worden ist.

Bremen, den 17. Dezember 2002

Der Senat

Verordnung zur Durchführung des Vergabegesetzes für das Land Bremen (VergV)

vom 21. September 2004

Auf Grund des § 4 Abs. 2 Satz 3 und 4 und des § 9 Abs. 4 Satz 2 des Vergabegesetzes für das Land Bremen vom 17. Dezember 2002 (Brem.GBl. S. 594 – 63-h-2) verordnet der Senat:

§ 1
Repräsentative Tarifverträge

(1) Die Feststellung, welche Tarifverträge als repräsentativ im Sinne des § 4 Abs. 2 Satz 1 des Vergabegesetzes für das Land Bremen anzusehen sind, trifft der Senator für Arbeit, Frauen, Gesundheit, Jugend und Soziales auf Grund von Empfehlungen eines Beirats.

(2) Der Beirat gibt dem Senator für Arbeit, Frauen, Gesundheit, Jugend und Soziales Empfehlungen. Die Empfehlungen bedürfen der Mehrheit der Stimmen der Mitglieder des Beirats. Trifft der Beirat keine Entscheidung, gelten am Ort der Leistung alle mit einer tariffähigen Gewerkschaft abgeschlossenen Tarifverträge als repräsentativ.

(3) Es werden ein Beirat für das Bauwesen und ein Beirat für den öffentlichen Personennahverkehr mit je sechs Mitgliedern gebildet. Der Senator für Arbeit, Frauen, Gesundheit, Jugend und Soziales beruft in jeden Beirat je drei Mitglieder und je drei stellvertretende Mitglieder auf Vorschlag des Deutschen Gewerkschaftsbundes Landesverband Bremen und der Unternehmensverbände im Lande Bremen e. V. für die Dauer von fünf Jahren. Die Mitglieder und die stellvertretenden Mitglieder des Beirats werden ehrenamtlich tätig.

(4) Der Senator für Arbeit, Frauen, Gesundheit, Jugend und Soziales führt die Geschäfte der Beiräte. Ein Beirat ist bei Bedarf oder auf Verlangen von drei Mitgliedern einzuberufen. Mit der Einberufung ist die Tagesordnung schriftlich mitzuteilen, Die Ladungsfrist beträgt zwei Wochen. Eine Bedienstete oder ein Bediensteter des Senators für Arbeit, Frauen, Gesundheit, Jugend und Soziales leitet die Sitzungen des Beirats.

(5) Der Senator für Arbeit, Frauen, Gesundheit, Jugend und Soziales führt eine Liste der repräsentativen Tarifverträge. Diese Liste wird fortlaufend aktualisiert und im Internet veröffentlicht. Die Liste nach Satz 1

ist Grundlage der Entscheidung des öffentlichen Auftraggebers darüber, welche von mehreren repräsentativen Tarifverträgen der Bieter seinem Angebot zugrunde zu legen hat.

§ 2
Register, Mitteilungspflicht

(1) Das Register nach § 9 Abs. 4 Satz 1 des Vergabegesetzes für das Land Bremen wird beim Senator für Bau, Umwelt und Verkehr geführt.

(2) Öffentliche Auftraggeber geben die von ihnen nach § 9 Abs. 3 des Vergabegesetzes für das Land Bremen ausgeschlossenen Unternehmen der Register führenden Stelle unverzüglich mit folgenden Angaben bekannt:
1. meldende Stelle
2. Datum und Aktenzeichen
3. Name und Telefon-Nummer des Ansprechpartners
4. betroffenes Unternehmen mit Anschrift
5. Gewerbezweig/Branche
6. Handelsregister-Nummer (falls bekannt)
7. Ausschlussbeginn
8. Ausschlussende.

Die das Register führende Stelle nimmt die gemeldeten Daten in das Register auf.

(3) Der öffentliche Auftraggeber, der den Ausschluss eines Unternehmens mitgeteilt hat, hat der das Register führenden Stelle unverzüglich die Aufhebung des Ausschlusses oder die Verkürzung der Dauer des Ausschlusses mitzuteilen.

§ 3
Unterrichtung des Unternehmens

Der öffentliche Auftraggeber unterrichtet das ausgeschlossene Unternehmen über den Ausschluss und über die an die Register führende Stelle gemeldeten Daten.

§ 4
Speicherung und Löschung von Daten im Register

(1) Im Register nach § 9 Abs. 4 Satz 1 des Vergabegesetzes für das Land Bremen sind die unter § 2 Abs. 2 dieser Verordnung mit-

geteilten Daten zu speichern. Unrichtige Daten sind zu berichtigen.

(2) Ist der Ausschluss eines Unternehmens aufgehoben worden oder ist die Ausschlussfrist abgelaufen, so ist die Eintragung unverzüglich zu löschen.

§ 5
Inanspruchnahme des Registers

(1) Bevor einem Unternehmen der Zuschlag erteilt wird, hat der öffentliche Auftraggeber festzustellen, ob das Unternehmen oder Nachunternehmen im Register eingetragen ist. Satz 1 gilt nicht bei Aufträgen mit einem Wert von jeweils weniger als 10.000 Euro. Bei Aufträgen, bei denen eine Pflicht zur Anfrage nach Satz 2 nicht besteht, kann der öffentliche Auftraggeber feststellen, ob das Unternehmen oder Nachunternehmen im Register eingetragen ist.

(2) Auf Anfrage der öffentlichen Auftraggeber teilt die Register führende Stelle die über das Unternehmen oder über Nachunternehmen gespeicherten Daten unverzüglich mit. Erhält der öffentliche Auftraggeber innerhalb von drei Werktagen von der Register führenden Stelle keine Mitteilung, so kann er davon ausgehen, dass das Unternehmen nicht im Register geführt wird.

(3) Die Register führende Stelle erteilt jedem Unternehmen auf Verlangen jederzeit Auskunft über die Daten, die über das Unternehmen im Register gespeichert sind und über die Herkunft der Daten.

§ 6
Datenübermittlung

Die Datenübermittlung kann auf elektronischem Wege abgewickelt werden.

§ 7
Übergangsregelung

Die Regelungen dieser Verordnung finden keine Anwendung auf Vergabeverfahren, die vor dem 7. Oktober 2004 durch Bekanntmachung eingeleitet worden sind.

§ 8
In-Kraft-Treten
Diese Verordnung tritt am Tag nach ihrer Verkündung in Kraft.

Beschlossen, Bremen, den 21. September 2004

Der Senat

Hamburgisches Vergabegesetz

Vom 18. Februar 2004

Fundstelle: HmbGVBl. 2004, S. 97

Der Senat verkündet das nachstehende von der Bürgerschaft beschlossene Gesetz:

§ 1
Anwendungsbereich

Dieses Gesetz gilt für die Vergabe öffentlicher Auftrage der Freien und Hansestadt Hamburg im Sinne von § 99 des Gesetzes gegen Wettbewerbsbeschränkungen (GWB) in der Fassung vom 26. August 1998, zuletzt geändert durch Artikel 10 des Gesetzes vom 23. Juli 2002, unabhängig von den Schwellenwerten gemäß § 100 GWB.

§ 2
Allgemeine Bindung der öffentlichen Hand

Die Freie und Hansestadt Hamburg und die sonstigen der Aufsicht der Freien und Hansestadt Hamburg unterstehenden juristischen Personen des öffentlichen Rechts haben bei der Vergabe öffentlicher Aufträge zusätzlich die Bestimmungen dieses Gesetzes zu beachten. Ferner gilt dieses Gesetz entsprechend für Vereinigungen, Einrichtungen und Unternehmen, deren Anteile sich unmittelbar oder mittelbar ganz oder überwiegend in der Hand der Freien und Hansestadt Hamburg oder sonstigen der Aufsicht der Freien und Hansestadt Hamburg unterstehenden juristischen Personen befinden, soweit diese öffentliche Auftraggeber im Sinne von § 98 GWB sind. Bei Aufträgen unterhalb der Schwellenwerte gemäß § 100 GWB sind § 97 Absätze 1 bis 5 und die §§ 98 bis 101 GWB sowie die Vergabeverordnung (Neufassung vom 11. Februar 2003, BGBl. I S. 169 in der jeweils geltenden Fassung) entsprechend anzuwenden, jedoch mit der Maßgabe, dass von der Verdingungsordnung für Leistungen und von der Vergabe- und Vertragsordnung für Bauleistungen jeweils nur der erste Abschnitt Anwendung findet.

§ 3
Tariftreueerklärung

(1) Aufträge für Bauleistungen dürfen nur an solche Unternehmen vergeben werden, die sich bei der Angebotsabgabe schriftlich verpflichten,

ihren Arbeitnehmerinnen und Arbeitnehmern bei der Ausführung dieser Leistungen mindestens das am Ort der Ausführung tarifvertraglich vorgesehene Entgelt zum tarifvertraglich vorgesehenen Zeitpunkt zu bezahlen. Als Bauleistungen gelten Leistungen des Bauhauptgewerbes und des Baunebengewerbes. Satz 1 gilt auch für die Vergabe von Verkehrsleistungen im öffentlichen Personennahverkehr.

(2) Gelten am Ort der Leistung mehrere Tarifverträge für dieselbe Leistung, so hat der öffentliche Auftraggeber den gültigen Tarifvertrag des Gewerbes in Hamburg zugrunde zu legen, der mit einer tariffähigen Gewerkschaft vereinbart wurde.

§ 4
Nachunternehmereinsatz

(1) Der Auftragnehmer darf Leistungen nur auf Nachunternehmer übertragen, wenn der Auftraggeber im Einzelfall schriftlich zugestimmt hat. Die Bieter sind verpflichtet, schon bei Abgabe ihres Angebots anzugeben, welche Leistungen an Nachunternehmer weiter vergeben werden sollen. Soweit Leistungen auf Nachunternehmer übertragen werden, hat sich der Auftragnehmer auch zu verpflichten, den Nachunternehmern die für Auftragnehmer geltenden Pflichten der §§ 3, 4 und 7 Absatz 2 aufzuerlegen und die Beachtung dieser Pflichten durch die Nachunternehmer zu kontrollieren.

(2) Eine nachträgliche Einschaltung oder ein Wechsel eines Nachunternehmers bedarf ebenfalls der Zustimmung des Auftraggebers. Die Zustimmung darf nur wegen mangelnder Fachkunde, Zuverlässigkeit oder Leistungsfähigkeit des Nachunternehmers sowie wegen Nichterfüllung der Nachweispflicht gemäß § 6 Absatz 2 versagt werden.

§ 5
Wertung unangemessen niedriger Angebote

Weicht ein Angebot, auf das der Zuschlag erteilt werden konnte, um mindestens 10 Prozent vom nächst höheren Angebot ab, so hat die Vergabestelle die Kalkulation des Angebots zu überprüfen. Im Rahmen dieser Überprüfung sind die Bieter verpflichtet, die ordnungsgemäße Kalkulation nachzuweisen. Kommen die Bieter dieser Verpflichtung nicht nach, so kann die Vergabestelle sie vom weiteren Vergabeverfahren ausschließen.

§ 6
Nachweise

(1) Ein Angebot ist von der Wertung auszuschließen, wenn der Bieter folgende Unterlagen nicht beibringt:
1. aktuelle Nachweise über die vollständige Entrichtung von Steuern und Beitragen,
2. einen Auszug aus dem Gewerbezentralregister, der nicht älter als drei Monate sein darf, sowie
3. eine Tariftreueerklärung nach § 3 .

Bei fremdsprachigen Bescheinigungen ist eine Übersetzung in die deutsche Sprache beizufügen.

(2) Soll die Ausführung eines Teils des Auftrags einem Nachunternehmer übertragen werden, so sind bei der Auftragserteilung auch die auf den Nachunternehmer lautenden Nachweise gemäß Absatz 1 vorzulegen.

§ 7
Kontrollen

(1) Der öffentliche Auftraggeber ist berechtigt, Kontrollen durchzuführen, um die Einhaltung der Vergabevoraussetzungen zu überprüfen. Er darf zu diesem Zweck Einblick in die Entgeltabrechnungen der Auftragnehmer und der Nachunternehmer und die Unterlagen über die Abführung von Steuern und Beitragen gemäß § 6 Absatz 1 sowie in die zwischen Auftragnehmer und Nachunternehmer abgeschlossenen Werkverträge nehmen. Der Auftragnehmer hat seine Beschäftigten auf die Möglichkeit solcher Kontrollen hinzuweisen.

(2) Der Auftragnehmer und seine Nachunternehmer haben vollständige und prüffähige Unterlagen gemäß Absatz 1 über die eingesetzten Beschäftigten bereitzuhalten. Auf Verlangen des öffentlichen Auftraggebers sind ihm diese Unterlagen vorzulegen.

§ 8
Sanktionen

(1) Um die Einhaltung der Verpflichtungen gemäß den §§ 3, 4 und 7 Absatz 2 zu sichern, ist zwischen dem öffentlichen Auftraggeber und dem Auftragnehmer für jeden schuldhaften Verstoß eine Vertragsstrafe in Hohe von 1 Prozent, im Wiederholungsfall bis zu 10 Prozent des Auftragswertes zu vereinbaren. Der Auftragnehmer ist zur Zahlung einer

Vertragsstrafe nach Satz 1 auch für den Fall zu verpflichten, dass der Verstoß durch einen von ihm eingesetzten Nachunternehmer oder einen von diesem eingesetzten Nachunternehmer begangen wird.
(2) Die öffentlichen Auftraggeber vereinbaren mit dem Auftragnehmer, dass die Nichterfüllung der in § 3 genannten Anforderungen durch den Auftragnehmer oder seine Nachunternehmer sowie Verstöße gegen die Verpflichtungen der §§ 4 und 7 Absatz 2 den öffentlichen Auftraggeber zur fristlosen Kündigung berechtigen.
(3) Hat ein Unternehmen nachweislich mindestens grob fahrlässig oder mehrfach gegen Verpflichtungen dieses Gesetzes verstoßen, kann ein Ausschluss von der öffentlichen Auftragsvergabe für die Dauer von mindestens sechs Monaten bis zu drei Jahren erfolgen.
(4) Die Freie und Hansestadt Hamburg richtet ein Register über Unternehmen ein, die nach Absatz 3 von der Vergabe öffentlicher Aufträge ausgeschlossen worden sind.

§ 9
In-Kraft-Treten

(1) Dieses Gesetz tritt am 1. April 2004 in Kraft.
(2) Dieses Gesetz findet keine Anwendung auf öffentliche Aufträge, deren Vergabe vor seinem In-Kraft-Treten durch Bekanntmachung eingeleitet worden ist.

Ausgefertigt Hamburg, den 18. Februar 2004.

                                                       Der Senat

Mitteilung des Senats an die Bürgerschaft vom 26.7.2005
Entwurf eines Gesetzes
zum Neuerlass des Hamburgischen Vergabegesetzes
sowie zur Aufhebung und Änderung anderer Rechtsvorschriften
auf dem Gebiet des Vergaberechts Petitum

Der Senat beantragt, die Bürgerschaft wolle das nachstehende Gesetz beschließen.

Gesetz zum Neuerlass des Hamburgischen Vergabegesetzes
sowie zur Aufhebung und Änderung anderer Rechtsvorschriften
auf dem Gebiet des Vergaberechts
Vom ......

Artikel 1
Hamburgisches Vergabegesetz (HmbVgG)

§ 1
Sachlicher Anwendungsbereich

(1) Dieses Gesetz gilt für die Vergabe öffentlicher Aufträge der Freien und Hansestadt Hamburg im Sinne von § 99 des Gesetzes gegen Wettbewerbsbeschränkungen (GWB) in der Fassung vom 26. August 1998 (BGBl. I S. 2547), zuletzt geändert am 9. Dezember 2004 (BGBl. I S. 3220, 3229), unabhängig von den Schwellenwerten gemäß § 100 GWB.

(2) Dieses Gesetz findet keine Anwendung auf die Vergabe von Leistungen, die im Rahmen einer freiberuflichen Tätigkeit erbracht oder im Wettbewerb mit freiberuflich Tätigen angeboten werden und deren Gegenstand eine Aufgabe ist, deren Lösung nicht vorab eindeutig erschöpfend beschrieben werden kann.

(3) Bei Vergaben öffentlicher Aufträge mit Ausnahme der unter Absatz 2 genannten Leistungen sind unterhalb der Schwellenwerte gemäß §100 GWB die Verdingungsordnung für Leistungen (VOL) und die Vergabe- und Vertragsordnung für Bauleistungen (VOB) anzuwenden.

§ 2
Persönlicher Anwendungsbereich

(1) Die Freie und Hansestadt Hamburg und die sonstigen der Aufsicht der Freien und Hansestadt Hamburg unterstehenden juristischen Personen

des öffentlichen Rechts (Auftraggeber) haben bei der Vergabe öffentlicher Aufträge die Bestimmungen dieses Gesetzes zu beachten.

(2) Die Auftraggeber sind verpflichtet, ihre Gesellschafterrechte in juristischen Personen des öffentlichen oder privaten Rechts, die unter die Regelung des § 98 GWB fallen und an denen die Auftraggeber durch mehrheitliche Beteiligung oder in sonstiger Weise direkt oder indirekt bestimmenden Einfluss nehmen können, so auszuüben, dass diese die Verdingungsordnung für Leistungen (VOL) und die Vergabe- und Vertragsordnung für Bauleistungen (VOB) sowie die Bestimmungen dieses Gesetzes auch dann anwenden sollen, wenn dies rechtlich nicht zwingend vorgeschrieben ist. Satz 1 gilt nicht für Unternehmen, die mit mindestens 80 vom Hundert (v. H.) ihres Umsatzes im entwickelten Wettbewerb zu anderen Unternehmen stehen, soweit sie Aufträge in diesem Sektor vergeben.

§ 3
Tariftreueerklärung

(1) Aufträge für Bauleistungen dürfen nur an solche Unternehmen vergeben werden, die sich bei der Angebotsabgabe schriftlich verpflichten, ihren Arbeitnehmerinnen und Arbeitnehmern bei der Ausführung dieser Leistungen mindestens das am Ort der Ausführung tarifvertraglich vorgesehene Entgelt zum tarifvertraglich vorgesehenen Zeitpunkt zu bezahlen. Als Bauleistungen gelten Leistungen des Bauhauptgewerbes und des Baunebengewerbes. Satz 1 gilt für die Vergabe von Verkehrsleistungen im öffentlichen Personennahverkehr entsprechend.

(2) Gelten am Ort der Leistung mehrere Tarifverträge für dieselbe Leistung, so hat der Auftraggeber einen gültigen Tarifvertrag des Gewerbes in Hamburg zu Grunde zu legen, der mit einer tariffähigen Gewerkschaft vereinbart wurde. Tarifverträge zur Regelung von Mindestlöhnen bzw. Mindestentgelten werden hierbei nicht berücksichtigt.

§ 4
Mittelstandsförderung

(1) Die Auftraggeber sind verpflichtet, kleine und mittlere Unternehmen bei beschränkten Ausschreibungen und freihändigen Vergaben in angemessenem Umfang zur Angebotsabgabe aufzufordern.

(2) Das Vergabeverfahren ist, soweit nach Art und Umfang der anzubietenden Leistungen möglich, so zu wählen und die Verdingungsunterlagen

sind so zu gestalten, dass kleine und mittlere Unternehmen am Wettbewerb teilnehmen und beim Zuschlag berücksichtigt werden können.

§ 5
Nachunternehmereinsatz

(1) Der Auftragnehmer darf Bau- und Dienstleistungen nur auf Nachunternehmer übertragen, wenn der Auftraggeber im Einzelfall schriftlich zugestimmt hat. Die Bieter sind verpflichtet, schon bei Abgabe ihres Angebots anzugeben, welche Leistungen an Nachunternehmer weiter vergeben werden sollen. Soweit Leistungen auf Nachunternehmer übertragen werden, hat sich der Auftragnehmer auch zu verpflichten, den Nachunternehmern die für den Auftragnehmer geltenden Pflichten der Absätze 2 und 3 sowie von § 3 und § 10 Absatz 2 aufzuerlegen und die Beachtung dieser Pflichten durch die Nachunternehmer zu kontrollieren.

(2) Eine nachträgliche Einschaltung oder ein Wechsel eines Nachunternehmers bedarf bei Bau- und Dienstleistungen ebenfalls der Zustimmung des Auftraggebers. Die Zustimmung zum Wechsel eines Nachunternehmers darf nur wegen mangelnder Fachkunde, Zuverlässigkeit oder Leistungsfähigkeit des Nachunternehmers sowie wegen Nichterfüllung der Nachweispflicht gemäß § 7 Absatz 2 versagt werden.

(3) Auftragnehmer sind für den Fall der Weitergabe von Leistungen an Nachunternehmen vertraglich zu verpflichten,
  1. bevorzugt kleine und mittlere Unternehmen als Nachunternehmen zu beteiligen, soweit dies mit der vertragsmäßigen Ausführung des Auftrages vereinbar ist,
  2. Nachunternehmen davon in Kenntnis zu setzen, dass es sich um einen öffentlichen Auftrag handelt,
  3. bei der Weitervergabe von Bauleistungen an Nachunternehmen die Allgemeinen Vertragsbedingungen für die Ausführung von Bauleistungen der Vergabe- und Vertragsordnung für Bauleistungen, Teil B (VOB/B), bei der Weitergabe von Dienstleistungen die Allgemeinen Vertragsbedingungen der Verdingungsordnung für Leistungen, Teil B (VOL/B), zum Vertragsbestandteil zu machen und
  4. den Nachunternehmern keine, insbesondere hinsichtlich der Zahlungsweise, ungünstigeren Bedingungen aufzuerlegen, als zwischen dem Auftragnehmer und dem Auftraggeber vereinbart sind.

§ 6
Wertung unangemessen niedriger Angebote

Weicht ein Angebot für die Erbringung von Bauleistungen, auf das der Zuschlag erteilt werden könnte, um mindestens 10 v. H. vom nächst höheren Angebot ab, so hat der Auftraggeber die Kalkulation des Angebots zu überprüfen. Im Rahmen dieser Überprüfung sind die Bieter verpflichtet, die ordnungsgemäße Kalkulation nachzuweisen. Kommen die Bieter dieser Verpflichtung nicht nach, so kann der Auftraggeber sie vom weiteren Vergabeverfahren ausschließen.

§ 7
Nachweise

(1) Ein Angebot ist von der Wertung auszuschließen, wenn der Bieter trotz Aufforderung folgende Unterlagen nicht beibringt:
1. aktuelle Nachweise über die vollständige Entrichtung von Steuern und Beiträgen,
2. einen Auszug aus dem Gewerbezentralregister, der nicht älter als drei Monate sein darf, sowie
3. bei Aufträgen für Bauleistungen eine Tariftreueerklärung nach § 3. Bei fremdsprachigen Bescheinigungen ist eine Übersetzung in die deutsche Sprache beizufügen.

(2) Soll die Ausführung eines Teils des Auftrags über die Erbringung von Bauleistungen oder Dienstleistungen einem Nachunternehmer übertragen werden, so sind vor der Auftragserteilung auch die auf den Nachunternehmer lautenden Nachweise gemäß Absatz 1 vorzulegen.

§ 8
Unternehmensverzeichnis

(1) Der Senat wird ermächtigt, durch Rechtsverordnung ein Verzeichnis derjenigen Unternehmen einzurichten, die Liefer-, Dienst- oder Bauleistungen für Auftraggeber im Sinne von §§ 1 und 2 erbringen (Unternehmensverzeichnis). Die Verordnung regelt die Voraussetzungen für die Eintragung und die daraus erwachsenden Rechte und Pflichten für eingetragene Unternehmen. Sie bestimmt außerdem die Stelle, bei der das Unternehmensverzeichnis geführt wird.

(2) Die bestehenden, auf Grund von § 15 c des Mittelstandsförderungsgesetzes Hamburg vom 2. März 1977 (HmbGVBl. S. 55), zuletzt geändert

am 4. Dezember 2002 (HmbGVBl S. 302), erlassenen Verordnungen gelten als auf Grund des § 8 dieses Gesetzes erlassen.

§ 9
Sicherheitsleistung bei Bauleistungen

(1) Für die vertragsgemäße Erfüllung sind bei Öffentlicher Ausschreibung und Offenem Verfahren erst ab einer voraussichtlichen Auftragssumme von 250 000 Euro Sicherheiten zu verlangen. Bei Beschränkter Ausschreibung, Beschränkter Ausschreibung nach Öffentlichem Teilnahmewettbewerb, Freihändiger Vergabe, Nichtoffenem Verfahren und Verhandlungsverfahren sollen Sicherheiten in der Regel nicht verlangt werden.

(2) Für die Erfüllung der Mängelansprüche sind Sicherheitsleistungen in der Regel ab einer Auftragssumme oder ab Abrechnungssummen von 250 000 Euro zu verlangen.

§ 10
Kontrollen

(1) Der Auftraggeber ist berechtigt, Kontrollen durchzuführen, um die Einhaltung der dem Auftragnehmer auf Grund dieses Gesetzes auferlegten Verpflichtungen zu überprüfen. Er darf zu diesem Zweck Einblick in die Entgeltabrechnungen der Auftragnehmer und der Nachunternehmer und die Unterlagen über die Abführung von Steuern und Beiträgen gemäß § 7 Absatz 1 sowie in die zwischen Auftragnehmer und Nachunternehmer abgeschlossenen Werkverträge nehmen. Der Auftragnehmer hat seine Beschäftigten auf die Möglichkeit solcher Kontrollen hinzuweisen.

(2) Der Auftragnehmer und seine Nachunternehmer haben vollständige und prüffähige Unterlagen gemäß Absatz 1 über die eingesetzten Beschäftigten bereitzuhalten. Auf Verlangen des Auftraggebers sind ihm diese Unterlagen vorzulegen.

§ 11
Sanktionen bei Bauleistungen und Dienstleistungen

(1) Um die Einhaltung der aus §§ 3, 5 und § 10 Absatz 2 resultierenden Verpflichtungen des Auftragnehmers zu sichern, ist zwischen dem Auftraggeber und dem Auftragnehmer für jeden schuldhaften Verstoß regel-

mäßig eine Vertragsstrafe in Höhe von 1 v.H., bei mehreren Verstößen zusammen bis zur Höhe von 5 v. H. der Auftragssumme zu vereinbaren. Der Auftragnehmer ist zur Zahlung einer Vertragsstrafe nach Satz 1 auch für den Fall zu verpflichten, dass der Verstoß durch einen von ihm eingesetzten Nachunternehmer oder einen von diesem eingesetzten Nachunternehmer zu vertreten ist.

(2) Die Auftraggeber haben mit dem Auftragnehmer zu vereinbaren, dass die schuldhafte Nichterfüllung der aus § 3 resultierenden Anforderungen durch den Auftragnehmer oder seine Nachunternehmer sowie schuldhafte Verstöße gegen die aus § 5 und § 10 Absatz 2 resultierenden Verpflichtungen den Auftraggeber zur fristlosen Kündigung berechtigen.

Artikel 2
Drittes Gesetz zur Änderung
des Mittelstandsförderungsgesetzes Hamburg

Das Mittelstandsförderungsgesetz Hamburg vom 2. März 1977 (HmbGVBl. S. 55), zuletzt geändert am 4. Dezember 2002 (HmbGVBl. S. 302), wird wie folgt geändert:

1. Im Inhaltsverzeichnis werden die Einträge zu den §§15 bis 15 c gestrichen.
2. Die §§ 15 bis 15 c werden aufgehoben.
3.

Artikel 3
In-Kraft-Treten, Außer-Kraft-Treten

(1) Dieses Gesetz tritt am ... in Kraft. Zum selben Zeitpunkt tritt das Hamburgische Vergabegesetz vom 18. Februar 2004 (HmbGVBl. S. 97) außer Kraft.

(2) Auf öffentliche Aufträge, deren Vergabe vor In-Kraft-Treten dieses Gesetzes eingeleitet worden ist, findet das Hamburgische Vergabegesetz in der zum Zeitpunkt der Einleitung der Vergabe geltenden Fassung Anwendung. Als Einleitung ist im Zweifel der Termin der Bekanntmachung anzusehen.

(3) Artikel 1 dieses Gesetzes tritt am 31. Dezember 2008 außer Kraft.

(4) Das Hamburgische Gesetz zur Einrichtung und Führung eines Korruptionsregisters vom 18. Februar 2004 (HmbGVBl. S. 98) wird aufgehoben.

Begründung

**I.
Allgemeines**

Seit dem 1. April 2004 ist das HmbVgG in Kraft. Mit ihm wird das Ziel verfolgt, Wettbewerbsverzerrungen im Bereich der öffentlichen Auftragsvergabe entgegen zu wirken (vgl. Bürgerschaftsdrucksache 17/4030 vom 28. Januar 2004). Darüber hinaus enthalten die §§ 15 bis 15 c MFG Hamburg vergaberechtliche Regelungen zur Förderung des Mittelstandes (vgl. Bürgerschaftsdrucksachen 17/1114 vom 2. Juli 2002 sowie 17/1783 vom 26. November 2002). Schließlich enthält das HmbKorRegG vom 18. Februar 2004 Regelungen zur Einrichtung eines zentralen Korruptionsregisters zur Überprüfung der Zuverlässigkeit von Unternehmen bei der Vergabe öffentlicher Aufträge (vgl. Bürgerschaftsdrucksachen 17/4032 vom 22. Januar 2004 sowie 17/4248 vom 11. Februar 2004). Die bisherigen Erfahrungen mit der praktischen Anwendung der vorgenannten Gesetze haben gezeigt, dass ein Klärungsbedarf besteht. Die wesentlichen Defizite der bisherigen Regelungen sind:
- mangelnde Transparenz durch Streuung vergaberechtlicher Regelungen auf verschiedene Gesetze;
- entbehrliche, teilweise widersprüchliche Doppelregelungen in den verschiedenen vergaberechtlichen Vorschriften;
- unklarer Anwendungsbereich der Regelungen;
- fehlende Differenzierung der Regelungen hinsichtlich der verschiedenartigen Leistungen;
- rechtlich zumindest missverständliche Vorgaben der gesetzlichen Regelungen;
- nur landesrechtliche Wirkung des HmbKorRegG, die einer wirksamen Reaktion auf einschlägige Verfehlungen entgegen steht und unter Gleichbehandlungsgesichtspunkten nicht unbedenklich ist.

Die Neufassung des HmbVgG dient dazu, den Anwendungsbereich der einzelnen Regelungen zu präzisieren und mit weiteren vergaberechtlichen Regelungen, insbesondere dem Gesetz gegen Wettbewerbsbeschränkungen (GWB), der Verdingungsordnung für Leistungen (VOL) und der Vergabe- und Vertragsordnung für Bauleistungen (VOB), zu harmonisieren. Die vergaberechtlichen Regelungen aus dem MFG Hamburg sind in das HmbVgG zu integrieren, um Überschneidungen und in Nuancen auch Widersprüche zwischen den verschiedenen vergaberechtlichen Regelungen zu beseitigen.

Das HmbKorRegG ist insbesondere mit Blick auf die zeitnah auf Bundesebene angestrebte Regelung aufzuheben, da allein die auf Bundesebene vorgesehene Einführung einer Regelung für ein Korruptionsregister geeignet erscheint, auf einschlägige Verfehlungen wirksam zu reagieren. Im Einzelnen wird auf die nachstehende Begründung zu den einzelnen Vorschriften verwiesen.

In Bezug auf die fortgeltende Tariftreueregelung im vorliegenden Entwurf des HmbVgG ist abzuwägen zwischen den möglichen Kostenfolgen für die Auftraggeber und dem angestrebten Zweck, möglichen Wettbewerbsverzerrungen zu Ungunsten hamburgischer Unternehmen entgegen zu wirken, um insbesondere die Auftrags- und Beschäftigungssituation der hamburgischen Unternehmen zu verbessern.

Das Gesetz wird zunächst auf drei Jahre befristet. Rechtzeitig vor Ablauf des Geltungszeitraums soll das Gesetz insbesondere im Hinblick auf die Wirksamkeit der Tariftreue evaluiert werden. Das Ergebnis der Evaluation soll die Grundlage für Entscheidungen über die Fortgeltung dieses Gesetzes bilden. Die Befristung entspricht auch den Zielsetzungen des Senates zur Deregulierung.

Die vorgenommenen Änderungen haben keine Auswirkungen auf den Haushalt und verursachen keine sonstigen Kosten.

II.
Zu den einzelnen Vorschriften

Zu Artikel 1 Hamburgisches Vergabegesetz (HmbVgG):

Auf Grund der Anzahl und des Umfangs der vorgenommenen Änderungen ist das HmbVgG neu zu erlassen (Artikel 1). Das HmbVgG in der alten Fassung tritt mit In-Kraft-Treten der Neufassung außer Kraft (Artikel 3 Absatz 1 Satz 2). Artikel 3 Absatz 2 des Änderungsgesetzes sieht eine Übergangsregelung vor. Zu beachten ist, dass trotz der Neufassung gleichwohl Regelungsinhalt und Wortlaut der alten Fassung in wesentlichen Teilen unverändert sind und der mit dem Gesetz verfolgte Zweck unverändert fort gilt.

§ 1 HmbVgG:
Absatz 1 ist unverändert und knüpft an den Begriff des öffentlichen Auftrags nach § 99 des Gesetzes gegen Wettbewerbsbeschränkungen (GWB) an.

Absatz 2 stellt klar, dass – bei Vorliegen der genannten, kumulativen Voraussetzungen – die Vergabe freiberuflicher Leistungen im geistig-schöpferischen Bereich nicht unter dieses Gesetz fällt, denn die Regelungen dieses Gesetzes, insbesondere die §§ 3, 5, 6, 7, 9, 10 und 11, zielen nicht auf die Vergabe freiberuflicher Leistungen ab. Darüber hinaus wäre eine Anwendung des Regelwerks der Verdingungsordnung für freiberufliche Leistungen (VOF) unterhalb der Schwellenwerte nicht sachgerecht.

In Gestalt der Beschaffungsordnung der Freien und Hansestadt Hamburg sowie den auf Grund der VV zu § 55 LHO erlassenen Richtlinien in diesem Bereich stehen bewährte Regelwerke zur Verfügung.

Die Neufassung des Absatz 3 entspricht § 2 Satz 3 der alten Fassung. Die geänderte Formulierung dient der textlichen Straffung sowie der inhaltlichen Klarstellung, welche untergesetzlichen Regelungen im unterschwelligen Bereich anzuwenden sind. § 15 Absatz 1 Satz 1 MFG Hamburg ist auf Grund dieser Regelung entbehrlich geworden. Ein einklagbares Recht der Bieter auf Nachprüfung einer Vergabeentscheidung im unterschwelligen Bereich soll auch durch die Neufassung des HmbVgG nach wie vor nicht geschaffen werden.

§ 2 HmbVgG:
Satz 1 der alten Fassung wird zum Absatz 1 der Neufassung. Öffentliche Auftraggeber im Sinne dieses Gesetzes sind die Senatsämter, Fachbehörden, Bezirksämter und Landesbetriebe der Freien und Hansestadt Hamburg sowie die ihrer Aufsicht unterstehenden Körperschaften, Stiftungen und Anstalten des öffentlichen Rechts (vgl. § 15 Absatz 1 Satz 1 MFG Hamburg a. F.).

§ 2 Satz 2 HmbVgG a. F. wird dahingehend geändert, dass Absatz 2 der Neufassung entsprechend dem hiermit in das HmbVgG integrierten § 15 a MFG Hamburg eine Einwirkungspflicht auf die § 98 GWB unterfallenden juristischen Personen des öffentlichen und des privaten Rechts normiert. Gegen eine direkte gesetzliche Bindung bestehen rechtliche Bedenken. Zudem wird die missverständliche Regelung in § 2 Satz 2 HmbVgG a. F. auch in Bezug auf die Reichweite der Bindung eindeutiger gefasst. Das MFG Hamburg sieht in § 15 a zwar eine Einwirkungspflicht auf alle öffentlichen Unternehmen vor.

Diese wird allerdings durch die Ausnahme in § 15 a Absatz 2 MFG Hamburg relativiert, wonach Unternehmen, die mit mindestens 80 Prozent ihres Umsatzes im entwickelten Wettbewerb zu anderen Unternehmen stehen, von der Regelung in § 15 a MFG Hamburg ausgenommen sind. Mit Blick auf diese Ausnahme stellt die Entwurfsfassung daher keine substantielle Änderung dar. Stattdessen trägt sie dazu bei, die Anwendung der vergaberechtlichen Vorschriften klarer und einfacher zu fassen. Auf Grund der Neuregelung kommen die VOB, die VOL und das HmbVgG bei den öffentlichen Unternehmen nunmehr einheitlich zur Anwendung. Im Ergebnis vergleichbare Regelungen finden sich u. a. in Bayern, Baden-Württemberg, Niedersachsen und Schleswig-Holstein.

Über die Anwendung dieses Gesetzes bei den Öffentlichen Unternehmen wird regelmäßig im Rahmen der Beantwortung des Bürgerschaftlichen Ersuchens vom 27. November 2002 aus Drucksache 17/1784 berichtet werden (vgl. Drucksache 18/1964). Soweit es sich hierbei um vertraulich zu behandelnde Betriebs- und Geschäftsgeheimnisse handelt, werden die entsprechenden Informationen im Unterausschuss „Vermögen und Öffentliche Unternehmen" gegeben.

§ 3 HmbVgG:
In § 3 werden überwiegend redaktionelle Änderungen vorgenommen.

Mit der Regelung des § 3 Absatz 1 Satz 1 soll im Übrigen sichergestellt werden, dass, unabhängig von einer etwaigen Tarifbindung von Unternehmen, Aufträge für Bau- und Verkehrsleistungen aus dem Bereich des öffentlichen Personennahverkehrs nur an Unternehmen vergeben werden, die ihre Arbeitnehmerinnen und Arbeitnehmer bei der Ausführung der Auftragsleistung in Hamburg mindestens nach den jeweils in der Freien und Hansestadt Hamburg geltenden Entgelttarifverträgen bezahlen.

Die Regelung des § 3 Absatz 1 Satz 2 soll klarstellen, dass der Begriff der Bauleistung umfassend zu verstehen ist. Die Bezugnahme auf die Leistungen des Bauhaupt- sowie des Baunebengewerbes soll verdeutlichen, dass unter den Begriff der Baueistungen alle Leistungen zu verstehen sind, die der Herstellung, Instandsetzung, Instandhaltung, Änderung oder Beseitigung von Bauwerken bzw. baulichen Anlagen dienen.

Gelten gemäß Absatz 2 am Ort der Ausführung mehrere Entgelttarifverträge, legt der Auftraggeber nach seinem Ermessen die im Rahmen von Auftragsvergaben zur Anwendung kommenden Entgelttarifverträge hinsichtlich der Gewährung von Lohn sowie Fahrgeld und Auslöse fest. Bei den festzulegenden Entgelttarifverträgen muss es sich um Tarifverträge handeln, die am Ort der Ausführung rechtlich verbindlich sind. Absatz 2 Satz 2 stellt sicher, dass im Rahmen des § 3 Entgelttarifverträge einzuhalten sind, die nicht lediglich Mindestlöhne bzw. Mindestentgeltsätze festlegen. Hierdurch wird u. a. zum Ausdruck gebracht, dass § 3 einen über das Arbeitnehmerentsendegesetz hinausgehenden Anwendungsbereich hat.

§ 4 HmbVgG:
§ 4 dient der Integration der vergaberechtlichen Vorschriften des MFG Hamburg in das HmbVgG. Absatz 1 entspricht § 15 Absatz 1 Satz 2 MFG Hamburg.

Absatz 2 entspricht §15 Absatz 2 Satz 1 MFG Hamburg. § 15 Absatz 2 Satz 2 MFG Hamburg ist entbehrlich, weil § 1 Absatz 3 HmbVgG n.F. die Anwendung der Verdingungsordnung für Leistungen (VOL) und der Vergabe- und Vertragsordnung für Bauleistungen (VOB) vorsieht. Die Einbeziehung kleiner und mittlerer Unternehmen bei der Vergabe öffentlicher Aufträge ist somit durch die Übernahme von §15 Absatz 2 Satz 1 MFG Hamburg hinreichend berücksichtigt. VOL und VOB beinhalten bereits ausdrücklich den Gedanken der Losvergabe (Teilung größerer Aufträge, Vergabe an mehrere Firmen möglich).

§ 5 HmbVgG:
Die Regelung des Absatzes 1 wird auf Bau- und Dienstleistungen beschränkt, da die Problematik im Bereich der Lieferungen ohne Relevanz ist. Die Änderungen in Absatz 1 Satz 2 dienen der sprachlichen Klarstellung und redaktionellen Anpassung.

Absatz 2 Satz 2 regelt ausschließlich die Zustimmung zum Wechsel eines Nachunternehmers. Durch die Regelung erhalten Auftragnehmer die Sicherheit, dass die Zustimmung zum Wechsel eines Nachunternehmers aus anderen Gründen als fehlender Fachkunde, Leistungsfähigkeit und Zuverlässigkeit des Nachunternehmers nicht mehr verweigert werden kann, wenn die grundsätzliche Zustimmung zum jeweiligen Nachunternehmereinsatz im Rahmen der Ausführung dieses Auftrages beim Auftraggeber eingeholt wurde. Die übrigen Änderungen dienen der redaktionellen Anpassung.

Absatz 3 entspricht bis auf redaktionelle Anpassungen dem § 15 Absatz 3 MFG Hamburg, der damit in das HmbVgG integriert wird.

§ 6 HmbVgG:
Die 10 %-Regel dient vornehmlich der Kontrolle der Einhaltung der Tariftreue und wird daher auf den hauptsächlich betroffenen Bereich der Bauleistungen beschränkt. Im Bereich der Lieferungen und Leistungen ist eine 10 %-ige

Abweichung von Angeboten zum nächst höheren Angebot nicht unüblich, ohne dass deshalb regelhaft eine Unangemessenheit des Angebotes vermutet werden müsste.

Darüber hinaus ist die Regelung nicht sachgerecht, da sich hier unterschiedliche Produktionsweisen und Qualitäten häufig in deutlich voneinander abweichenden Preisen widerspiegeln können, ohne dass daraus regelmäßig auf Dumpingpreise geschlossen werden kann. Die Regelungen des § 25 VOL/A und des § 25 VOB/A mit der Pflicht des Auftraggebers zur Prüfung unangemessener Angebote bleiben darüber hinaus erhalten.

§ 7 HmbVgG:
In Absatz 1 ist neu geregelt, dass ein Angebot dann auszuschließen ist, wenn die Unterlagen „trotz Aufforderung" nicht beigebracht werden. Damit finden Sinn und Zweck der Regelung des § 6 HmbVgG a. F. auch im Gesetzestext ausdrückliche Berücksichtigung. Nach der Gesetzesbegründung zum bisherigen HmbVgG (Bürgerschaftsdrucksache 17/4030 vom 28. Januar 2004) sollte dem Auftraggeber die Möglichkeit eingeräumt werden, die Zuverlässigkeit des Auftragnehmers im Vorfeld der Auftragsvergabe prüfen zu können. Ein solcher Handlungsspielraum der Vergabestellen ist mit Blick auf die strikte Rechtsfolge der gesetzlichen Regelung sachgerecht.

Legen daher Bieter bzw. Bewerber die Nachweise trotz Aufforderung nicht vor, werden sie von der Wertung ausgeschlossen. Zugleich wird mit dieser Regelung erreicht, dass der Verwaltungsaufwand für die Bieter bzw. Bewerber und für die Verwaltung reduziert wird, ohne den Regelungszweck zu gefährden, da nicht bei jeder Vergabe sämtliche Unterlagen geprüft werden müssen.

Die Einfügung in Absatz 1 Nummer 2 dient der sprachlichen Klarstellung.

Die Regelung des Absatzes 2 wird in Anlehnung an die Systematik des § 5 (siehe auch dortige Begründung) auf Bau- und Dienstleistungen beschränkt.

§ 8 HmbVgG:
Die Aufnahme des §15c MFG Hamburg in § 8 Absatz 1 HmbVgG erfolgt, wie die anderen Regelungen aus dem MFG Hamburg auch, um alle wesentlichen vergaberelevanten Vorschriften in einem Gesetz zu konzentrieren. Die detaillierte Ausgestaltung und Zuständigkeit für die Führung des Unterneh-

mensverzeichnisses sind im Zusammenhang mit dem Erlass der Rechtsverordnung zu konkretisieren.

Die Regelung in Absatz 2 ermöglicht, dass die Verordnung für das Unternehmensverzeichnis, sofern diese ggf. vor In-Kraft-Treten dieses Gesetzes erlassen wird, auf der neuen Ermächtigungsgrundlage fortgeschrieben werden kann.

§ 9 HmbVgG:
Diese Regelung entspricht § 15 b MFG Hamburg und legt die Auftragssummen fest, ab denen vom Auftraggeber eine Sicherheit verlangt werden kann.

§ 10 HmbVgG:
Die Änderungen dienen der sprachlichen Klarstellung und redaktionellen Anpassung.

§ 11 HmbVgG:
Die Regelung des § 8 HmbVgG a. F. war aus Gründen der Rechtsklarheit an die aktuelle Rechtslage anzupassen. Gemäß der Begründung zum Gesetzentwurf des HmbVgG a. F. (Bürgerschaftsdrucksache 17/4030) soll die Einhaltung der im HmbVgG normierten Anforderungen zur Tariftreue etc. unter anderem dadurch sichergestellt werden, dass die Auftraggeber mit den Auftragnehmern eine Vertragsstrafe vereinbaren müssen.

Wie in der bisherigen Fassung hat der Auftraggeber mit dem Auftragnehmer eine Vertragsstrafe zu vereinbaren. Im Gesetzestext ist die Höchstgrenze der Vertragsstrafe, wenn es zu mehreren Verstößen im Rahmen eines Auftrages kommt, nunmehr jedoch auf 5 % der Auftragssumme begrenzt. Die Festlegung dieser Höchstgrenze ist aus Gründen der Rechtssicherheit der Vertragstrafenregelung geboten. Die Höchstgrenze von 5 % orientiert sich an der neuesten Rechtsprechung des BGH.

Nach Auffassung des BGH benachteiligt eine in Allgemeinen Geschäftsbedingungen des Auftraggebers enthaltene Vertragsstrafenklausel den Auftragnehmer unangemessen, wenn sie eine Höchstgrenze von über 5 % der Auftragssumme vorsieht (Urteil vom 23. Januar 2003, VII ZR 210/01). Diese zum Bauvertragsrecht ergangene Rechtsprechung ist auf Dienstleistungen sinngemäß zu übertragen und dient somit auch für den VOL-Bereich als Orientierung.

Die übrigen Änderungen der Absätze 1 und 2 dienen der sprachlichen Klarstellung und redaktionellen Anpassung.

Um Wertungswidersprüche zu vermeiden, ist § 8 Absatz 3 a. F. nach der Aufhebung des HmbKorRegG (vgl. § 8 Absatz 4 a. F. sowie Artikel 3 Absatz 4 des vorliegenden Gesetzes) ebenfalls zu streichen. Die Sachverhalte werden bereits in geltenden Richtlinien der Freien und Hansestadt Hamburg geregelt und wirksam angewendet.

§ 8 Absatz 4 a. F. ist mit Blick auf die Aufhebung des Hamburgischen Korruptionsregistergesetzes (HmbKorRegG) zu streichen.

§ 15 bis 15 c MFG Hamburg:
Die Aufhebung der §§ 15 bis 15 c MFG Hamburg (Artikel 2 Ziff. 1 bis 4) erfolgt auf Grund der Integration der vergaberelevanten Vorschriften in das HmbVgG. Auf die Begründung zu den einzelnen Vorschriften der Neufassung des HmbVgG wird verwiesen.

Zu Artikel 3 In-Kraft-Treten, Außer-Kraft-Treten: Absätze 1 und 2 (Übergangsregelung):
Das HmbVgG a. F. tritt zeitgleich mit In-Kraft-Treten der Neufassung außer Kraft (Artikel 3 Absatz 1 Satz 2). Artikel 3 Absatz 2 beinhaltet die notwendige Übergangsregelung.

Absatz 3 (Befristung des Gesetzes):
Hinsichtlich der weiteren Fortgeltung des Gesetzes soll zum Stichtag 31. Dezember 2006 eine Evaluation erfolgen, auf deren Grundlage dann über die Fortwirkung des Gesetzes durch eine gesetzliche Aufhebung der Befristung entschieden werden kann. Diese Frist wird unter Beachtung der Bedeutung, die insbesondere der Tariftreueregelung in der öffentlichen Diskussion beigemessen wird, als erforderlich angesehen, um auf der Basis eines ausreichend langen Erfahrungszeitraums und unter Berücksichtigung des für die Evaluation selbst sowie ein ggf. erforderliches Gesetzgebungsverfahren einzurechnenden Zeitraums über Vor- und Nachteile der Praxis der Tariftreuebindung Auskunft geben zu können. In diese Evaluation werden auch die übrigen Vorschriften dieses Gesetzes, insbesondere zum Nachunternehmereinsatz, zur Wertung unangemessen niedriger Angebote, Sicherheitsleistungen, Kontrollen und Sanktionen einbezogen.

Absatz 4 (Aufhebung des HmbKorRegG):
Das HmbKorRegG hat sich als nicht geeignet erwiesen, einen eindeutigen und fachlich angemessenen Rechtszustand für die Führung eines Korruptionsre-

gisters herzustellen. Die Aufhebung des HmbKorRegG erfolgt mit Blick darauf, dass das Bundesministerium für Wirtschaft und Arbeit im Zusammenhang mit der Neuordnung des (Bundes-)Vergaberechts Regelungen für ein bundeseinheitliches Korruptionsregister einführen will. Ein strategisches Defizit des HmbKorRegG war von Beginn an seine nur landesrechtliche Geltung. Korruption macht vor Landesgrenzen nicht halt, was sich bei einem Stadtstaat wie der Freien und Hansestadt Hamburg stärker auswirkt als etwa bei bevölkerungsreichen Flächenländern wie Nordrhein-Westfalen.

Auf Grund der engen Verflechtung insbesondere der Bauwirtschaft Hamburgs mit dem Hamburger Umland kann mit einer nur auf das Hamburger Staatsgebiet begrenzten Regelung auf einschlägige Verfehlungen nicht angemessen reagiert werden; vielmehr ist eine solche Regelung unter Gleichbehandlungsgesichtspunkten nicht unbedenklich. Eine bundeseinheitliche Regelung, die von der Freien und Hansestadt Hamburg befürwortet wird, hat den Vorteil, dass in allen Bundesländern rechtlich gleiche Voraussetzungen für die Eintragung in ein solches Register bestünden, wodurch die Korruptionsbekämpfung gestärkt würde. Bis zum In-Kraft-Treten einer bundeseinheitlichen Regelung finden für den Landesbereich bewährte verwaltungsinterne Richtlinien zum Ausschluss von Bewerbern und Bietern von der Vergabe öffentlicher Aufträge wegen schwerer Verfehlungen, die ihre Zuverlässigkeit in Frage stellen, Anwendung. Nachweislich korrupte Bieter können auf dieser Grundlage konsequent von Vergabeverfahren ausgeschlossen werden.

Landesvergabegesetz

Vom 2. September 2002

(Nds. GVBl. S. 370 – VORIS 72080 –) Der Niedersächsische Landtag hat das folgende Gesetz beschlossen:

Präambel

Das Gesetz wirkt Wettbewerbsverzerrungen entgegen, die auf dem Gebiet des Bauwesens und des öffentlichen Personennahverkehrs durch den Einsatz von Niedriglohnkräften entstehen, und mildert Belastungen für die sozialen Sicherungssysteme. Es bestimmt zu diesem Zweck, dass öffentliche Auftraggeber Aufträge über Baumaßnahmen und im öffentlichen Personennahverkehr nur an Unternehmen vergeben dürfen, die das in Tarifverträgen vereinbarte Arbeitsentgelt am Ort der Leistungserbringung zahlen.

§ 1
Anwendungsbereich

Dieses Gesetz enthält Vorschriften für die Vergabe öffentlicher Aufträge im Sinne des § 99 des Gesetzes gegen Wettbewerbsbeschränkungen in der Fassung vom 26. August 1998 (BGBl. I S. 2546), zuletzt geändert durch Artikel 10 des Gesetzes vom 23. Juli 2002 (BGBl. I S. 2850), (GWB) unabhängig von den Schwellenwerten gemäß § 100 GWB , sofern die Aufträge mindestens einen Wert von 10.000 Euro haben.

§ 2
Allgemeine Bindung der öffentlichen Hand

(1) Die Behörden des Landes, die Gemeinden und Gemeindeverbände und die sonstigen der Aufsicht des Landes unterstehenden Körperschaften, Anstalten und Stiftungen des öffentlichen Rechts haben bei der Vergabe öffentlicher Aufträge zusätzlich die Bestimmungen dieses Gesetzes zu beachten. Bei Aufträgen unterhalb der Schwellenwerte gemäß § 100 GWB sind § 97 Abs. 1 bis 5 und die §§ 98 bis 101 GWB sowie die Vergabeverordnung vom 9. Januar 2001 (BGBl. I S. 110), geändert durch Artikel 3 Abs. 1 des Gesetzes vom 16. Mai 2001 (BGBl. I S. 876), entsprechend anzuwenden, jedoch mit der Maßgabe, dass von der Verdingungsordnung für Leistungen und von der Verdingungsordnung für Bauleistungen jeweils nur der erste Abschnitt Anwendung findet.

(2) Für juristische Personen, an denen Stellen gemäß Absatz 1 beteiligt sind und die die Voraussetzungen des § 98 Nr. 2, 4 oder 5 GWB erfüllen, gilt Absatz 1 entsprechend.

§ 3
Tariftreueerklärung

(1) Aufträge für Bauleistungen dürfen nur an solche Unternehmen vergeben werden, die sich bei der Angebotsabgabe schriftlich verpflichten, ihren Arbeitnehmerinnen und Arbeitnehmern bei der Ausführung dieser Leistungen mindestens das am Ort der Ausführung tarifvertraglich vorgesehene Entgelt zum tarifvertraglich vorgesehenen Zeitpunkt zu bezahlen. Bauleistungen im Sinne des Satzes 1 sind Leistungen des Bauhauptgewerbes und des Baunebengewerbes. Satz 1 gilt auch für die Vergabe von Verkehrsleistungen im öffentlichen Personennahverkehr.

(2) Gelten am Ort der Leistung mehrere Tarifverträge für dieselbe Leistung, so hat der öffentliche Auftraggeber einen repräsentativen Tarifvertrag zugrunde zu legen, der mit einer tariffähigen Gewerkschaft vereinbart wurde. Die Landesregierung wird ermächtigt, durch Verordnung zu bestimmen, in welchem Verfahren festgestellt wird, welche Tarifverträge als repräsentativ im Sinne von Satz 1 anzusehen sind. Die Verordnung kann auch die Vorbereitung der Entscheidung durch einen Beirat vorsehen; sie regelt in diesem Fall auch die Zusammensetzung des Beirats.

§ 4
Nachunternehmereinsatz

(1) Der Auftragnehmer darf Leistungen, auf die sein Betrieb eingerichtet ist, nur auf Nachunternehmer übertragen, wenn der Auftraggeber im Einzelfall schriftlich zugestimmt hat. Die Bieter sind verpflichtet, schon bei Abgabe ihres Angebots anzugeben, welche Leistungen an Nachunternehmer weiter vergeben werden sollen. Soweit Leistungen auf Nachunternehmer übertragen werden, hat sich der Auftragnehmer auch zu verpflichten, den Nachunternehmern die für Auftragnehmer geltenden Pflichten der §§ 3, 4 und 7 Abs. 2 aufzuerlegen und die Beachtung dieser Pflichten durch die Nachunternehmer zu überwachen.

(2) Die nachträgliche Einschaltung oder der Wechsel eines Nachunternehmers bedarf der Zustimmung des Auftraggebers; § 6 Abs. 2 gilt ent-

sprechend. Die Zustimmung darf nur wegen mangelnder Fachkunde, Zuverlässigkeit oder Leistungsfähigkeit des Nachunternehmers sowie wegen Nichterfüllung der Nachweispflicht gemäß § 6 Abs. 2 versagt werden.

§ 5
Wertung unangemessen niedriger Angebote

(1) Weicht ein Angebot, auf das der Zuschlag erteilt werden könnte, um mindestens 10 vom Hundert vom nächsthöheren Angebot ab, so hat die Vergabestelle die Kalkulation des Angebots zu überprüfen. Im Rahmen dieser Überprüfung sind die Bieter verpflichtet, die ordnungsgemäße Kalkulation nachzuweisen. Kommen die Bieter dieser Verpflichtung nicht nach, so kann die Vergabestelle sie vom weiteren Vergabe verfahren ausschließen.

(2) Die Landesregierung wird ermächtigt, das Prüfungsverfahren durch Verordnung zu regeln.

§ 6
Nachweise

(1) Ein Angebot ist von der Wertung auszuschließen, wenn der Bieter folgende Unterlagen nicht beibringt:
1. aktuelle Nachweise der zuständigen in- oder ausländischen Finanzbehörde, des zuständigen in- oder ausländischen Sozialversicherungsträgers und der zuständigen in- oder ausländischen Sozialkasse des Baugewerbes über die vollständige Entrichtung von Steuern und Beiträgen,
2. einen Auszug aus dem Gewerbezentralregister, der nicht älter als sechs Monate sein darf, sowie
3. eine Tariftreueerklärung nach § 3.

Die Angaben zu Satz 1 Nr. 1 oder 2 können durch eine Bescheinigung des ausländischen Staates nachgewiesen werden. Bei fremdsprachigen Bescheinigungen ist eine Übersetzung in die deutsche Sprache beizufügen.

(2) Soll die Ausführung eines Teils des Auftrags einem Nachunternehmer übertragen werden, so sind bei der Auftragserteilung auch die auf den Nachunternehmer lautenden Nachweise gemäß Absatz 1 vorzulegen.

§ 7
Kontrollen

(1) Der öffentliche Auftraggeber ist berechtigt, Kontrollen durchzuführen, um die Einhaltung der geforderten Vergabevoraussetzungen zu überprüfen. Er darf zu diesem Zweck Einblick in die Entgeltabrechnungen der Auftragnehmer und der Nachunternehmer und die Unterlagen über die Abführung von Steuern und Beiträgen gemäß § 6 Abs. 1 sowie in die zwischen Auftragnehmer und Nachunternehmer abgeschlossenen Werkverträge nehmen. Der Auftragnehmer hat seine Beschäftigten auf die Möglichkeit solcher Kontrollen hinzuweisen.

(2) Der Auftragnehmer und seine Nachunternehmer haben vollständige und prüffähige Unterlagen gemäß Absatz 1 über die eingesetzten Beschäftigten bereitzuhalten. Auf Verlangen des öffentlichen Auftraggebers sind ihm diese Unterlagen vorzulegen.

§ 8
Sanktionen

(1) Um die Einhaltung der Verpflichtungen gemäß den §§ 3, 4 und 7 Abs. 2 zu sichern, haben die öffentlichen Auftraggeber für jeden schuldhaften Verstoß eine Vertragsstrafe in Höhe von 1 vom Hundert, bei mehreren Verstößen bis zu 10 vom Hundert des Auftragswertes mit dem Auftragnehmer zu vereinbaren. Der Auftragnehmer ist zur Zahlung einer Vertragsstrafe nach Satz 1 auch für den Fall zu verpflichten, dass der Verstoß durch einen von ihm eingesetzten Nachunternehmer oder einen von diesem eingesetzten Nachunternehmer begangen wird, es sei denn, dass der Auftragnehmer den Verstoß weder kannte noch kennen musste. Ist die verwirkte Vertragsstrafe unverhältnismäßig hoch, so kann sie vom Auftraggeber auf Antrag des Auftragnehmers auf den angemessenen Betrag herabgesetzt werden.

(2) Die öffentlichen Auftraggeber vereinbaren mit dem Auftragnehmer, dass die Nichterfüllung der in § 3 genannten Anforderungen durch den Auftragnehmer oder seine Nachunternehmer sowie grob fahrlässige oder mehrfache Verstöße gegen die Verpflichtungen der §§ 4 und 7 Abs. 2 den öffentlichen Auftraggeber zur fristlosen Kündigung berechtigen.

(3) Hat ein Unternehmen nachweislich mindestens grob fahrlässig oder mehrfach gegen Verpflichtungen dieses Gesetzes verstoßen, so können es die öffentlichen Auftraggeber jeweils für ihren Zuständigkeitsbereich

von der öffentlichen Auftragsvergabe für die Dauer von bis zu einem Jahr ausschließen.

(4) Das Land richtet ein Register über Unternehmen ein, die nach Absatz 3 von der Vergabe öffentlicher Aufträge ausgeschlossen worden sind. Die Landesregierung wird ermächtigt, durch Verordnung zu regeln:
1. die im Register zu speichernden Daten, den Zeitpunkt ihrer Löschung und die Einsichtnahme in das Register,
2. die Verpflichtung der öffentlichen Auftraggeber, Entscheidungen nach Absatz 3 an das Register zu melden, und
3. die Verpflichtung der öffentlichen Auftraggeber, zur Prüfung der Zuverlässigkeit von Unternehmen Auskünfte aus dem Register einzuholen.

§ 9
In-Kraft-Treten

(1) Dieses Gesetz tritt am 1. Januar 2003 in Kraft. Abweichend von Satz 1 treten § 3 Abs. 2 Sätze 2 und 3, § 5 Abs. 2 und § 8 Abs. 4 Satz 2 am Tag nach der Verkündung dieses Gesetzes in Kraft.

(2) Dieses Gesetz findet keine Anwendung auf öffentliche Aufträge, deren Vergabe vor seinem In-Kraft-Treten durch Bekanntmachung eingeleitet worden ist.

Gesetz
zur Änderung des Landesvergabegesetzes

Vom 9. Dezember 2005

Der Niedersächsische Landtag hat das folgende Gesetz beschlossen:

Artikel 1

Das Landesvergabegesetz vom 2. September 2002 (Nds. GVBL S. 370) wird wie folgt geändert:
1. Der Überschrift des Gesetzes wird der Klammerzusatz „(LVergabeG)" angefügt.
2. Die Präambel wird wie folgt geändert:
    a) In Satz 1 werden die Worte „und des öffentlichen Personennahverkehrs" gestrichen.
    b) In Satz 2 werden die Worte „und im öffentlichen Personennahverkehr" sowie „am Ort der Leistungserbringung" gestrichen.
3. § 1 erhält folgende Fassung:

„§ 1
Anwendungsbereich

Dieses Gesetz enthält Vorschriften über die Vergabe öffentlicher Bauaufträge im Sinne des § 99 Abs. 3 des Gesetzes gegen Wettbewerbsbeschränkungen (GWB) in der Fassung vom 15. Juli 2005 (BGBl. I S. 2114), zuletzt geändert durch Artikel 1 des Gesetzes vom 1. September 2005 (BGBl.1 S. 2676), unabhängig von den Schwellenwerten gemäß § 100 Abs. 1 GWB, sofern die Aufträge mindestens einen Wert von 30 000 Euro haben."

4. § 2 wird wie folgt geändert:
a) Absatz 1 Satz 2 erhält folgende Fassung:
„Bei Aufträgen unterhalb der Schwellenwerte gemäß § 100 GWB sind § 97 Abs. 1 bis 5 und die §§ 98 bis 101 GWB sowie die Vergabeverordnung in der Fassung vom 11. Februar 2003 (BGBl. I S. 169), zuletzt geändert durch Artikel 2 des Gesetzes vom 1. September 2005 (BGBl. I S. 2676), mit Ausnahme von § 11 Abs. 2, §§ 13,14 und 17 bis 22 entsprechend anzuwenden, jedoch mit der Maßgabe, dass von der Vergabe- und Vertragsordnung für Bauleistungen nur der erste Abschnitt Anwendung findet."

b) Absatz 2 erhält folgende Fassung:
„(2) Für juristische Personen des Privatrechts, die die Voraussetzungen des § 98 Nr. 2 GWB erfüllen, gilt Absatz 1 entsprechend."

5. § 3 erhält folgende Fassung:

„§3
Tariftreueerklärung

(1) Unternehmen, die sich um einen Bauauftrag bewerben, müssen sich bei der Angebotsabgabe schriftlich verpflichten, ihren Arbeitnehmerinnen und Arbeitnehmern bei der Ausführung der Leistung mindestens das tarifvertraglich (Absatz 2) vorgesehene Entgelt zum tarifvertraglich vorgesehenen Zeitpunkt zu zahlen. Fehlt die Tariftreueerklärung bei Angebotsabgabe, so ist das Angebot von der Wertung auszuschließen.

(2) Der öffentliche Auftraggeber bestimmt in der Bekanntmachung der Ausschreibung und in den Vergabe-Unterlagen den oder die einschlägigen Tarifverträge nach Absatz 1. Bei der Auswahl der Tarifverträge nach Satz 1 darf der öffentliche Auftraggeber nur Tarifverträge berücksichtigen, die in Niedersachsen gelten und mit einer tariffähigen Gewerkschaft abgeschlossen worden sind; die nach Halbsatz 1 ausgewählten Tarifverträge müssen jedoch nicht am Ort der Ausführung der Leistung gelten.

(3) Die für Arbeit zuständige oberste Landesbehörde erstellt und veröffentlicht eine Liste der nach Absatz 2 Satz 2 berücksichtigungsfähigen Tarifverträge. Die Entscheidung über die Aufnahme eines Tarifvertrages in diese Liste ergeht im Benehmen mit den niedersächsischen Spitzenverbänden der Tarifvertragsparteien. Die Landesregierung wird ermächtigt, die Einzelheiten zur Erstellung der Liste sowie zu dem der Aufnahmeentscheidung vorausgehenden Verfahren, insbesondere zur Form und Ausgestaltung der Beteiligung der Spitzenverbände, durch Verordnung zu bestimmen."

6. § 5 Abs. 1 Satz 3 erhält folgende Fassung:
„Kommen die Bieter dieser Verpflichtung nicht nach, so hat die Vergabestelle sie vom weiteren Vergabeverfahren auszuschließen."

7. § 6 Abs. 1 wird wie folgt geändert:
a) Satz 1 erhält folgende Fassung:
„Der Bieter hat vor Zuschlagserteilung folgende Unterlagen beizubringen, die nicht älter als sechs Monate sein dürfen:
1. Nachweise über die vollständige Entrichtung von Beiträgen; die Nachweise müssen ausgestellt worden sein von
    a) dem zuständigen in- oder ausländischen Sozialversicherungsträger,
    b) der zuständigen in- oder ausländischen Sozialkasse, soweit der Betrieb des Bieters Bauaufträge im Sinne des § 99 Abs. 3 GWB ausführt und von dem Geltungsbereich eines Tarifvertrages über eine gemeinsame Einrichtung der Tarifvertragsparteien erfasst wird,
2. einen Auszug aus dem Gewerbezentralregister."
    b) Es wird der folgende neue Satz 2 eingefügt:

„Anstelle der Einzelnachweise nach Satz 1 kann der Bieter die nach den Bestimmungen des Bundesministeriums für Verkehr, Bau und Wohnungswesen erteilte gültige Präqualifikation beibringen."
   c) Die bisherigen Sätze 2 und 3 werden Sätze 3 und 4.
8. In § 7 Abs. 1 Satz 2 werden die Worte „Steuern und" gestrichen.
9. In § 8 Abs. 3 werden die Worte „dieses Gesetzes" durch die Worte „nach den §§ 3, 4, 6 Abs. 2 und §7 Abs. 2"ersetzt.
10. Dem § 9 wird der folgende Absatz 3 angefügt:
    „(3) Dieses Gesetz tritt mit Ablauf des 31. Dezember 2008 außer Kraft."

Artikel 2

Dieses Gesetz tritt am 1. Januar 2006 in Kraft.

Hannover, den 9. Dezember 2005

Der Präsident des Niedersächsischen Landtages

Jürgen Gansäuer

Das vorstehende Gesetz wird hiermit verkündet. **Der Niedersächsische Ministerpräsident**

Christian Wulff

Verordnung
zur Durchführung des Landesvergabegesetzes (DVO-LVergabeG)

Vom 23. Januar 2003

Aufgrund des § 3 Abs. 2 Sätze 2 und 3, des § 5 Abs. 2 und des § 8 Abs. 4 Satz 2 des Landesvergabegesetzes vom 2. September 2002 (Nds. GVBl. S. 370) wird verordnet:

§ 1
Repräsentative Tarifverträge

(1) Die Feststellung, welche Tarifverträge als repräsentativ im Sinne des § 3 Abs. 2 Satz 1 des Landesvergabegesetzes anzusehen sind, obliegt dem für Arbeit zuständigen Ministerium (Fachministerium).

(2) Die Feststellungen des Fachministeriums nach Absatz 1 werden von jeweils einem Beirat vorbereitet. Der Beirat soll dem Fachministerium Empfehlungen geben. Die Empfehlungen bedürfen der Mehrheit der Stimmen der Mitglieder des Beirats.

(3) Es werden ein Beirat für das Bauwesen und ein Beirat für den öffentlichen Personennahverkehr mit je sechs Mitgliedern gebildet. Das Fachministerium beruft in jeden Beirat je drei Mitglieder und je drei stellvertretende Mitglieder auf Vorschlag des Deutschen Gewerkschaftsbundes und des Unternehmerverbände Niedersachsen e. V. für die Dauer von fünf Jahren. Die Mitglieder und die stellvertretenden Mitglieder des Beirats werden ehrenamtlich tätig.

(4) Das Fachministerium führt die Geschäfte der Beiräte. Ein Beirat ist bei Bedarf oder auf Verlangen von drei Mitgliedern einzuberufen. Mit der Einberufung ist die Tagesordnung schriftlich mitzuteilen. Die Ladungsfrist beträgt zwei Wochen. Eine Bedienstete oder ein Bediensteter des Fachministeriums leitet die Sitzungen des Beirats.

(5) Das Fachministerium führt eine Liste der repräsentativen Tarifverträge und veröffentlicht die Liste im Internet. Die Liste nach Satz 1 ist Grundlage der Entscheidung des öffentlichen Auftraggebers darüber, welchen von mehreren repräsentativen Tarifverträgen er in einer Ausschreibung vorgibt. Die öffentlichen Auftraggeber erhalten von der Oberfinanzdirektion Hannover (Oberfinanzdirektion) auf Verlangen die Texte der repräsentativen Tarifverträge.

§ 2
Überprüfung der Kalkulation

(1) Zum Nachweis einer ordnungsgemäßen Kalkulation nach § 5 Abs. 1 Satz 2 des Landesvergabegesetzes haben die Bieter zu belegen, dass die Lohnkosten einschließlich der Zuschläge auf der Basis verpflichtender tariflicher und gesetzlicher Vorgaben und auf der Grundlage realistischer Annahmen berechnet sind.

(2) Die Vergabestelle hat in ihre Überprüfung nach § 5 Abs. 1 Satz 1 des Landesvergabegesetzes die Leistungsteile einzubeziehen, die nach dem Angebot von Nachunternehmern erbracht werden sollen.

(3) Die Überprüfung nach § 5 Abs. 1 Satz 1 des Landesvergabegesetzes ist für Bauleistungen gemäß der Anlage dieser Verordnung zu dokumentieren.

(4) Bevor ein Angebot nach § 5 Abs. 1 Satz 3 des Landesvergabegesetzes zurückgewiesen wird, ist dem Bieter Gelegenheit zur Stellungnahme zu geben.

§ 3
Register, Mitteilungspflicht

(1) Die Oberfinanzdirektion führt das Register nach § 8 Abs. 4 Satz 1 des Landesvergabegesetzes.

(2) Öffentliche Auftraggeber haben nach § 8 Abs. 3 des Landesvergabegesetzes ausgeschlossene Unternehmen der Oberfinanzdirektion unverzüglich mitzuteilen und dabei den Zeitpunkt und die Dauer des Ausschlusses sowie die Verstöße und die Ausschlussgründe anzugeben.

(3) Der öffentliche Auftraggeber, der den Ausschluss eines Unternehmens mitgeteilt hat, hat der Oberfinanzdirektion unverzüglich die Aufhebung des Ausschlusses oder die Verkürzung der Dauer des Ausschlusses mitzuteilen.

§ 4
Speicherung und Löschung von Daten im Register

(1) Im Register nach § 8 Abs. 4 Satz 1 des Landesvergabegesetzes sind die mitgeteilten Daten zu speichern. Unrichtige Daten sind zu berichtigen.

(2) Ist der Ausschluss eines Unternehmens aufgehoben worden oder ist die Ausschlussfrist abgelaufen, so ist die Eintragung zu löschen.

§ 5
Inanspruchnahme des Registers

(1) Bevor einem Unternehmen der Zuschlag erteilt wird, hat der öffentliche Auftraggeber bei der Oberfinanzdirektion anzufragen, ob das Unternehmen und Nachunternehmen im Register eingetragen sind. Satz 1 gilt nicht bei Aufträgen mit einem Wert von jeweils weniger als 10.000 Euro. Bei Aufträgen, bei denen eine Pflicht zur Anfrage nach Satz 2 nicht besteht, kann der öffentliche Auftraggeber bei der Oberfinanzdirektion anfragen, ob das Unternehmen und Nachunternehmen im Register eingetragen sind.

(2) Die Oberfinanzdirektion teilt dem öffentlichen Auftraggeber auf eine Anfrage nach Absatz 1 Satz 1 oder 3 die über das Unternehmen und über Nachunternehmen gespeicherten Daten unverzüglich mit.

Die Oberfinanzdirektion erteilt jedem Unternehmen auf Verlangen jederzeit Auskunft über die Daten, die über das Unternehmen im Register gespeichert sind, und über die Herkunft der Daten.

§ 6
Übergangsregelung

§ 5 Abs. 1 Satz 1 findet keine Anwendung auf Vergabeverfahren, die vor dem In-Kraft-Treten dieser Verordnung durch Bekanntmachung eingeleitet worden sind.

§ 7
In-Kraft-Treten

Diese Verordnung tritt am Tag nach ihrer Verkündung in Kraft.

Hannover, den 23. Januar 2003 Die Niedersächsische Landesregierung

Gabriel   Knorre

Öffentliches Auftragswesen – Ausschluss von unzuverlässigen Bewerbern von der Teilnahme am Wettbewerb gem. RdErl. d. MW, d. StK u.d. übr. Min. v. 31.8.2000 – 32-32567/2 vom 31. August 2000 (Nds. MBl. S. 611)

1. Grundsatz

Die Zuverlässigkeit von Bewerbern und Bietern ist wesentliches Kriterium bei der Vergabe öffentlicher Aufträge. Nach § 7 Nr. 5 Buchst. c VOL/A, § 8 Nr. 5 Abs. 1 Buchst. c VOB/A und § 11 Buchst. b und c VOF können sie von der Teilnahme am Wettbewerb ausgeschlossen werden, wenn sie nachweislich eine schwere Verfehlung begangen haben, die ihre Zuverlässigkeit als Auftragnehmer in Frage stellt. Für die Verantwortlichkeit von juristischen Personen gelten die allgemeinen Regeln. Darüber hinaus gelten diese Grundsätze auch bei sonstigen Vergaben von öffentlichen Aufträgen (z. B. Planungs- und andere Leistungen).

2. Eigenerklärung des Bieters

Soweit bei der Beauftragung von Unternehmen (z. B. Einzelkaufleute, OHG, KG, aber auch juristische Personen, soweit eine natürliche Person bestimmbar ist) personenbezogene Daten verarbeitet werden sollen, sind nach schriftlicher Belehrung von den Bietern folgende Erklärungen zu verlangen:

2.1 Belehrung

Vergabesperren für Unternehmen, die sich um Aufträge der öffentlichen Hand bewerben, jedoch durch schwere Verfehlungen (z.B. Bestechung von Amtsträgern und/oder Preisabsprache) den freien Wettbewerb unterlaufen, werden als geeignetes Mittel zur Verhütung von Korruption angesehen. Nach § 7 Nr. 5 Buchst. c VOL/A, § 8 Nr. 5 Abs. 1 Buchst. c VOB/A und § 11 Buchst. b und c VOF können Unternehmen von Angebotsverfahren ausgeschlossen werden, wenn sie nachweislich schwere Verfehlungen begangen haben, die ihre Zuverlässigkeit in Frage stellen. Korruption, Preisabsprachen und sonstige Verstöße, die den freien Wettbewerb unterlaufen, sind solche Ausschließungsgründe. Um zu verhindern, dass Unternehmen, die vom Wettbewerb ausgeschlossen wurden, in andere Vergabebereiche ausweichen oder trotz Ausschluss einen Auftrag erhalten, wird bei der Oberfinanzdirektion Hannover eine Melde- und Informationsstelle eingerichtet, welche personenbezogene Daten der Unternehmen (siehe Nr. 8.2) in einem Register speichert und an sämtliche Vergabestellen des Landes, der Kommunen und ggf. Zuwendungsempfängern (siehe Nr. 9) übermittelt. Grundlage der Datenverarbeitung ist ihre Einwilligungserklärung, mit der sie zugleich versichern, dass sie (oder ein von ihnen beauftragter Nachunternehmer) nicht bereits von der Teilnahme am Wettbewerb ausgeschlossen wurde. Bei gemeinschaftlichen Bietern sind von jedem Mitglied entsprechende Erklärungen abzugeben.

Sie sind nicht verpflichtet, die Einwilligungserklärung abzugeben und können sie jederzeit mit Wirkung für die Zukunft widerrufen. Soweit Angebote die Erklärung nicht enthalten und sie auch nicht bis zur Zuschlagserteilung vorliegen, sind sie von der Wertung ausgeschlossen.

2.2 Erklärung

„Ich bin nicht gemäß § 8 Nr. 5 Abs. 1 VOB/A von der Teilnahme am Wettbewerb ausgeschlossen worden. Mir ist bekannt, dass die Unrichtigkeit vorstehender Erklärung zu meinem Ausschluss vom Vergabeverfahren sowie zur fristlosen Kündigung eines etwa erteilten Auftrags wegen Verletzung einer vertraglichen Nebenpflicht aus wichtigem Grund führen kann. Mir ist weiterhin bekannt, dass ich von der Teilnahme am Wettbewerb solange ausgeschlossen bin, als ein von mir vorgesehenes Nachunternehmen von der Teilnahme am Wettbewerb ausgeschlossen worden ist. Ich bin damit einverstanden, dass im Fall eines Ausschlusses wegen Unzuverlässigkeit mein Unternehmen von den Vergabestellen an das Unzuverlässigkeitsregister bei der Oberfinanzdirektion Hannover gemeldet und bis zur Wiederzulassung, längstens aber zwölf Monate lang gespeichert wird. Ich bin auch damit einverstanden, dass das Register die gespeicherten Informationen (siehe Nr. 8.2 des Gem. RdErl. des MW, der StK und der übrig. Min. vom 31.8.2000, Nds. MBl. S. 611) anderen Vergabestellen des Landes, Kommunen und ggf. Zuwendungsempfängern (siehe Nr. 9 des Gem. RdErl. vom 31.8.2000) zur Beurteilung meiner Zuverlässigkeit im Rahmen eines Vergabeverfahrens weitergibt. Mir ist bekannt, dass ich zur Abgabe dieser Erklärung nicht verpflichtet bin und mein Einverständnis jederzeit widerrufen kann."

3. Schwere Verfehlungen
3.1
Schwere Verfehlungen i. S. der oben genannten Bestimmungen sind unabhängig von der Beteiligungsform beispielsweise

- das Anbieten, Versprechen oder Gewähren von Vorteilen an Amtsträger oder für den öffentlichen Dienst besonders Verpflichtete, die bei der Vergabe oder Ausführung von Aufträgen mitwirken (Bestechung oder Vorteilsgewährung) sowie darüber hinaus an freiberuflich Tätige, die für die Vergabestelle tätig werden,
- die Beteiligung an Absprachen über Preise oder Preisbestandteile, verbotene Preisempfehlungen, Beteiligung an Empfehlungen oder Absprachen über die Abgabe oder Nichtabgabe von Angeboten, über die Aufrechnung von Ausfallentschädigungen sowie über Gewinnbeteiligungen und Abgaben an andere Bewerber,
- Straftaten und Ordnungswidrigkeiten im Zusammenhang mit illegaler Beschäftigung, Schwarzarbeit und Verstöße gegen gesetzlich vorgeschriebene Mindestlöhne,
- Steuerhinterziehung,
- weitere im Geschäftsverkehr begangene Straftaten wie Betrug, Untreue und Urkundenfälschung.

3.2
Eine schwere Verfehlung liegt ebenfalls vor, wenn der Bewerber oder Bieter konkrete Planungs- und Ausschreibungshilfen leistet, die dazu bestimmt sind, den Wettbewerb zu unterlaufen.

4. Nachweis der Verfehlung
4.1
Für die Feststellung des Sachverhalts kommen alle geeigneten Feststellungen wie z.B. die Feststellung von Rechnungsprüfungsbehörden und Innenrevisionen, Kartellbehörden bei Verstößen gegen das GWB, aber auch eigene Feststellungen der Vergabestellen in Betracht.

4.2
Eine schwere Verfehlung gilt als nachgewiesen, wenn
- sie zu einer rechtskräftigen Verurteilung geführt hat,
- ein rechtskräftig gewordener Bußgeldbescheid vorliegt oder
- angesichts der Beweislage vor Durchführung eines Straf- oder Bußgeldverfahrens für die Vergabestelle kein vernünftiger Zweifel am objektiven Tatbestand der Verfehlung besteht, insbesondere wenn

die Verfehlung unbestritten ist oder das Eingeständnis eines verantwortlichen Beteiligten vorliegt.

5. Folgen einer Verfehlung

5.1
Bewerber oder Bieter, die eine der in Nr. 3 genannten Verfehlungen begangen haben, können bei Aufträgen, die von Dienststellen oder Behörden des Landes erteilt werden oder im Wesentlichen aus Zuwendungen des Landes bezahlt werden, von der Teilnahme am laufenden Wettbewerb ausgeschlossen werden. Auch Aufträge auf Grund bereits vorliegender Angebote dürfen ihnen dann nicht mehr erteilt werden.

5.2
Der Ausschluss erfolgt grundsätzlich für zwölf Monate. Er wird von allen staatlichen niedersächsischen Vergabestellen berücksichtigt. Ein ausgeschlossenes Unternehmen ist daher in dieser Zeit grundsätzlich von öffentlichen Aufträgen des Landes auszuschließen. Diese Frist beginnt mit der Eintragung in das Register. Die vorzeitige Wiederzulassung erfolgt nach Maßgabe der Nr. 7.2.

5.3
Wer von der Teilnahme am Wettbewerb ausgeschlossen ist, kann auch nicht als Nachunternehmer oder in Arbeitsgemeinschaften eingesetzt werden.

6. Verfahren bei Ausschluss

6.1
Der Ausschluss wird von der Dienststelle oder Behörde ausgesprochen, in deren Zuständigkeitsbereich die Verfehlung festgestellt wurde. Die Ressorts können für ihren Zuständigkeitsbereich abweichende Zuständigkeiten festlegen.

6.2
Die betroffenen Bewerber oder Bieter erhalten vor ihrem beabsichtigten Ausschluss Gelegenheit, hierzu innerhalb einer angemessenen Frist Stellung zu nehmen. Das Ergebnis der Anhörung wird ihnen schriftlich mitgeteilt. Im Fall, dass von einer Sperre Abstand genommen wird, ist dem betreffenden Bewerber oder Bieter der festgestellte Sachverhalt mitzuteilen.

6.3
Bei der Entscheidung der Vergabestelle sind jeweils die Besonderheiten des Einzelfalls zu berücksichtigen. Hierbei können u. a. Schadensumfang, Geständnis, Umfang und Dauer der schweren Verfehlung, Mitverantwortung in der Sphäre des Auftraggebers erheblich sein.

7. Wiederzulassung

7.1
Eine Wiederzulassung des ausgeschlossenen Unternehmens erfolgt automatisch nach zwölf Monaten.

7.2
Innerhalb dieser Frist ist die Wiederzulassung auf Anfrage dann möglich, wenn erwartet werden kann, dass das Unternehmen seine Zuverlässigkeit wiedererlangt hat. Der Nachweis der Zuverlässigkeit kann in der Regel als erbracht angesehen werden, wenn das Unternehmen
- durch geeignete organisatorische und personelle Maßnahmen Vorsorge gegen die Wiederholung der Verfehlung getroffen hat und
- Schadensersatz unter Vorbehalt der gerichtlichen Klärung geleistet hat. An die organisatorischen und personellen Maßnahmen sind erhöhte Anforderungen zu stellen, wenn während der Ausschlusszeit eine erneute Verfehlung begangen wird.

7.3
Zuständig für die Wiederzulassung ist die Dienststelle oder Behörde, die die Sperre ausgesprochen hat (Nr. 6.1). Die Wiederzulassung kann jederzeit vom Unternehmer bei der Dienststelle schriftlich erbeten werden.

8. Melde- und Informationsstelle für Vergabesperren
8.1 Bei der Oberfinanzdirektion Hannover wird eine Melde- und Informationsstelle für Vergabesperren eingerichtet.
8.2 Die Vergabesperre ist der Melde- und Informationsstelle schriftlich oder per Fax mit folgenden Angaben mitzuteilen:
8.2.1 Behörde (anordnende Behörde),
8.2.2 Datum,
8.2.3 Aktenzeichen,
8.2.4 Name eines Ansprechpartners,

Niedersachsen

8.2.5 Telefonnummer des Ansprechpartners,
8.2.6 Betroffenes Unternehmen,
8.2.7 Gewerbezweig/Branche,
8.2.8 Anschrift,
8.2.9 Handelsregisternummer (soweit vorhanden).

8.3
Bei geplanten Vergaben mit einem geschätzten Wert über 100.000 DM fragt die Vergabestelle schriftlich oder per Fax vor der Vergabe bei der Melde- und Informationsstelle nach, ob die für die Vergabe in Aussicht genommene Firma vom Wettbewerb ausgeschlossen worden ist. Ist dies der Fall, übermittelt die Melde- und Informationsstelle der Vergabestelle die vorstehend bezeichneten Daten über die Sperre. Bei Beschränkten Ausschreibungen oder Nichtoffenen Verfahren und Freihändigen Vergaben oder Verhandlungsverfahren oberhalb der genannten Wertgrenzen sind entsprechende Anfragen bezüglich des gesamten vorgesehenen Bieterkreises schon vor der Aufforderung zur Abgabe eines Angebots an die Melde- und Informationsstelle zu richten. Bei geplanten Vergaben unterhalb der genannten Wertgrenze kann die Vergabestelle eine Anfrage stellen. Die vorgenannte Wertgrenze bezieht sich auf den Nettoauftragswert nach Abzug der Umsatzsteuer.

8.4
Über die Wiederzulassung eines Bewerbers wird die Melde- und Informationsstelle schriftlich oder per Fax unterrichtet. Diese vernichtet sodann die bei ihr vorliegenden Angaben über die Sperre.

9. Zuwendungsempfänger
Die Stelle, die Zuwendungen für Projekte vergibt, die überwiegend aus Mitteln des Landes bezahlt werden, regelt im Zuwendungsbescheid, ob und wieweit der Zuwendungsempfänger die vorgenannten Regelungen anzuwenden hat. Die Anwendungen dieser Regelungen sollen dem Zuwendungsempfänger in der Regel aufgegeben werden, wenn für ihn die ANBest-I oder zur Projektförderung die ANBest-P gelten. Der Anfrage eines Zuwendungsempfängers i. S. der Nr. 8.3 ist aus Legitimationsgründen eine Kopie des Zuwendungsbescheides beizufügen. Über die Vergabesperre i. S. von Nr. 6 entscheidet die Bewilligungsbehörde. Der Zuwendungsempfänger ist

verpflichtet, von ihm festgestellte Verfehlungen unverzüglich der Zuwendungsbewilligungsbehörde anzuzeigen.

10. Maßnahmen des Bundes
Dieser RdErl. gilt auch für Maßnahmen des Bundes und Dritter, die vom Land in Auftragsverwaltung ausgeführt werden, sofern sich aus den Vorschriften des Auftraggebers nichts anderes ergibt.

11. Empfehlung
Den Gemeinden und Gemeindeverbänden wird empfohlen, nach diesem RdErl. zu verfahren.

12. In-Kraft-Treten
Dieser RdErl. tritt am 1.12.2000 in Kraft.

**Gesetz
zur Verbesserung der Korruptionsbekämpfung
und zur Errichtung und Führung eines
Vergaberegisters in Nordrhein-Westfalen
(Korruptionsbekämpfungsgesetz – KorruptionsbG)**
Vom 16. Dezember 2004, GV. NRW. 2005 S. 8,
in Kraft getreten am 1.März 2005)

**Abschnitt 1
Einleitende Vorschriften**

**§ 1
Geltungsbereich**

(1) Dieses Gesetz gilt, soweit im Einzelnen nichts anderes bestimmt ist, für
1. die Behörden, Einrichtungen, Landesbetriebe und Sondervermögen des Landes; soweit sie Verwaltungsaufgaben wahrnehmen auch für den Landesrechnungshof, die Landesbeauftragte für Datenschutz und Informationsfreiheit und die Organe der Rechtspflege (Gerichte, Staatsanwaltschaften, Vollzugsanstalten und Gnadenstellen),
2. die Gemeinden und Gemeindeverbände sowie die sonstigen der Aufsicht des Landes unterstellten Körperschaften, Anstalten und Stiftungen des öffentlichen Rechts,
3. die Beschäftigten im öffentlichen Dienst des Landes Nordrhein-Westfalen, der Gemeinden und Gemeindeverbände sowie der sonstigen der Aufsicht des Landes unterstellten Körperschaften, Anstalten und Stiftungen des öffentlichen Rechts, auf die das Beamtenrecht, das Tarifrecht des öffentlichen Dienstes oder Dienstvertragsrecht Anwendung findet,
4. die Mitglieder der Landesregierung,
5. die Mitglieder in den Organen und Ausschüssen der Gemeinden und Gemeindeverbände, die Mitglieder in der Bezirksvertretung, die Ortsvorsteherinnen und Ortsvorsteher sowie die sachkundigen Bürgerinnen und Bürger gemäß § 58 Abs. 3 Gemeindeordnung, § 41 Abs. 5 Kreisordnung oder § 13 Abs. 3 Landschaftsverbandsordnung,
6. die Mitglieder der Organe der sonstigen der Aufsicht des Landes unterstellten Körperschaften, Anstalten und Stiftungen des öffentlichen Rechts,

7. die juristischen Personen und Personenvereinigungen, bei denen die absolute Mehrheit der Anteile oder die absolute Mehrheit der Stimmen den öffentlichen Stellen zusteht oder deren Finanzierung zum überwiegenden Teil durch Zuwendungen solcher Stellen erfolgt,
8. die natürlichen und juristischen Personen und Personenvereinigungen, die sich um öffentliche Aufträge bei den in Nummer 1, 2 und 7 genannten Stellen bewerben.

(2) Die Regelungen gelten nicht für die Kirchen, Religionsgemeinschaften und Weltanschauungsgemeinschaften.

§ 2
Prüfeinrichtungen

(1) Prüfeinrichtungen im Sinne dieses Gesetzes sind der Landesrechnungshof einschließlich seiner staatlichen Rechnungsprüfungsämter, die kommunalen Rechnungsprüfungsämter, die Gemeindeprüfungsanstalt und die Innenrevisionen in ihrem jeweiligen Zuständigkeitsbereich.

(2) Korruptionsgefährdete Bereiche sind insbesondere dort anzunehmen, wo auf Aufträge, Fördermittel oder auf Genehmigungen, Gebote und Verbote Einfluss genommen werden kann. Die korruptionsgefährdeten Bereiche und die entsprechenden Arbeitsplätze sind behördenintern festzulegen.

Abschnitt 2
Informationsstelle und Vergaberegister

§ 3
Informationsstelle

In dem für das Finanzwesen zuständigen Ressort wird eine Informationsstelle eingerichtet, bei der zwischen öffentlichen Stellen Informationen über die Zuverlässigkeit von natürlichen Personen, juristischen Personen und Personenvereinigungen bei der Vergabe öffentlicher Aufträge ausgetauscht werden können. Zu diesem Zweck führt die Informationsstelle ein Vergaberegister.

§ 4
Aufgabe des Vergaberegisters

(1) Das Register enthält Informationen über Vergabeausschlüsse und Hinweise auf Verfehlungen, die nicht zu einem Vergabeausschluss geführt haben (Vergaberegister).

(2) Die Informationen aus dem Vergaberegister dienen der Vorbereitung und Prüfung von Vergabeentscheidungen öffentlicher Stellen. Die Informationen dienen ferner der Unterstützung von Strafverfolgungsbehörden.
(3) In dem Vergaberegister werden zu diesem Zweck Daten
  1. über natürliche Personen gespeichert und verarbeitet (§ 7),
     – die von der Vergabe öffentlicher Aufträge ausgeschlossen worden sind oder – bei denen im Sinne des § 5 Abs. 2 ein Eintrag erfolgt ist,
  2. über juristische Personen und Personenvereinigungen oder deren Teile gespeichert und verarbeitet (§ 7),
     – die von der Vergabe öffentlicher Aufträge ausgeschlossen worden sind oder – deren Beschäftigte im Rahmen des Dienstverhältnisses eine Verfehlung begangen haben, die im Sinne des § 5 Abs. 2 einzutragen ist.

§ 5
Verfehlung

(1) Eine Verfehlung im Sinne dieses Gesetzes liegt vor, wenn durch eine Person (§ 4 Abs. 3 Nr. 1) im Rahmen einer unternehmerischen Betätigung
  1. Straftaten nach §§ 331-335, 261 (Geldwäsche, Verschleierung illegalen Vermögens), 263 (Betrug), 264 (Subventionsbetrug), 265b (Kreditbetrug), 266 (Untreue), 266a (Vorenthalten/Veruntreuen von Arbeitsentgelt), 298 (illegale Absprachen bei Ausschreibungen), 299 (Bestechung/Bestechlichkeit), 108e (Abgeordnetenbestechung) StGB und nach § 370 der Abgabenordnung,
  2. nach §§ 19, 20, 20a und 22 des Gesetzes über die Kontrolle von Kriegswaffen,
  3. Verstöße gegen § 81 des Gesetzes gegen Wettbewerbsbeschränkungen (GWB), insbesondere nach § 14 GWB durch Preisabsprachen und Absprachen über die Teilnahme am Wettbewerb,
  4. Verstöße gegen § 16 des Arbeitnehmerüberlassungsgesetzes,
  5. Verstöße, die zu einem Ausschluss nach § 21 des Gesetzes zur Bekämpfung der Schwarzarbeit und illegalen Beschäftigung (Schwarzarbeitsbekämpfungsgesetz – SchwarzArbG) oder nach § 6 Arbeitnehmer-Entsendegesetz führen können oder geführt haben,

von Bedeutung, insbesondere in Bezug auf die Art und Weise der Begehung oder den Umfang des materiellen oder immateriellen Schadens, begangen worden sind.

(2) Ein Eintrag erfolgt bei einer Verfehlung im Sinne des Absatzes 1
1. bei Zulassung der Anklage
2. bei strafrechtlicher Verurteilung
3. bei Erlass eines Strafbefehls
4. bei Einstellung des Strafverfahrens nach § 153a Strafprozessordnung (StPO)
5. nach Rechtskraft eines Bußgeldbescheids
6. für die Dauer der Durchführung eines Straf- oder Bußgeldverfahrens, wenn im Einzelfall angesichts der Beweislage bei der meldenden Stelle kein vernünftiger Zweifel an einer schwerwiegenden Verfehlung besteht, und die Ermittlungs- bzw. die für das Bußgeldverfahren zuständige Verwaltungsbehörde den Ermittlungszweck nicht gefährdet sieht.

§6
Datenübermittlung an die Informationsstelle

(1) Stellen im Sinne von § 1 Abs. 1 Nr. 1, 2 und 7 sind verpflichtet, dem Vergaberegister die in § 7 Abs. 1 genannten Daten zu melden, sobald sie in Bezug auf natürliche Personen, juristische Personen oder Personenvereinigungen einen Vergabeausschluss aussprechen oder ihnen einzutragende Verfehlungen im Sinne von § 5 im Rahmen ihrer Aufgabenwahrnehmung bekannt werden.

(2) Öffentliche Stellen des Bundes und der anderen Länder können, soweit nicht anderweitige Rechtsvorschriften entgegenstehen, die in § 7 Abs. 1 genannten Daten melden, sobald sie in Bezug auf natürliche Personen, juristische Personen oder Personenvereinigungen einen Vergabeausschluss aussprechen oder ihnen einzutragende Verfehlungen im Sinne von § 5 bekannt werden.

(3) Die meldende Stelle gibt der natürlichen Person, juristischen Person oder Personenvereinigung Gelegenheit zur Äußerung zur Datenverarbeitung nach Absatz 1; § 4 Abs. 5 DSG NRW findet entsprechende Anwendung. Die meldende Stelle dokumentiert ihre Entscheidungsgründe. Sie unterrichtet die Betroffenen nach Satz 1 vor der Meldung über deren Wortlaut.

(4) Die meldende Stelle trägt die Verantwortung für die Richtigkeit der gemeldeten Daten nach § 7. Rechtsbehelfe gegen die Entscheidung der meldenden Stelle haben keine aufschiebende Wirkung.

§ 7
Datenverarbeitung bei der Informationsstelle

(1) Die Informationsstelle erhebt und verarbeitet zu Verfehlungen im Sinne dieses Gesetzes folgende Daten:
1. Name, Adresse, Aktenzeichen, Ansprechpartnerin oder Ansprechpartner der meldenden Stelle,
2. Name, Geburtsdatum und Geburtsort sowie Adresse der gemeldeten natürlichen Person, juristischen Person oder Personenvereinigung,
3. vertretungsberechtigte Personen der natürlichen Person, juristischen Person oder Personenvereinigung,
4. Datum der Meldung,
5. die im Zusammenhang mit der Meldung stehende Art der wirtschaftlichen Tätigkeit oder des Gewerbes der gemeldeten natürlichen Person, juristischen Person oder Personenvereinigung,
6. Handelsregisternummer,
7. im Fall des Ausschlusses von der öffentlichen Auftragsvergabe durch die meldende Stelle Datum und Dauer des Ausschlusses,
8. sofern kein Ausschluss erfolgt ist, Beginn und Dauer der vorzunehmenden Eintragung,
9. Art der Verfehlung nach § 5 Abs. 1,
10. das Verfahrensstadium der Verfehlung nach § 5 Abs. 2.

Sind nur Teile (Filialen) eines Unternehmens betroffen, so erfolgt nur die Speicherung der Daten dieses Unternehmensteils.

Wurde eine Verfehlung von einzelnen Personen begangen, die keinen bestimmenden Einfluss auf ihr Unternehmen bzw. auf ihren Unternehmensteil hatten und weist das Unternehmen nach, dass die Verfehlung nicht auf strukturelle oder organisatorische Mängel in dem Unternehmen zurückzuführen ist, so erfolgt nur eine Speicherung der Daten der verantwortlich handelnden Personen.

(2) Erweisen sich einzelne Angaben als falsch, veranlasst die ursprünglich meldende Stelle die unverzügliche Löschung oder Berichtigung.

(3) Eine Eintragung im Vergaberegister ist zu löschen

1. bei einer befristeten Eintragung mit Ablauf der Frist, spätestens jedoch am Ende des fünften Jahres vom Zeitpunkt der Eintragung an,
2. wenn eine der in § 1 Abs. 1 Nr. 1, 2 und 7 genannten Stellen, die den Ausschluss oder den Hinweis mitgeteilt hat, die Wiederherstellung der Zuverlässigkeit meldet,
3. wenn eine Mitteilung gemäß Absatz 5 eingeht und die Stelle, die den Ausschluss oder den Hinweis gemeldet hat, nicht innerhalb eines Monats nach Übermittlung der Mitteilung durch die Informationsstelle widerspricht. Für die Dauer dieser Frist ist der Eintrag zu sperren und mit einem Sperrvermerk zu versehen,
4. bei Einstellung des eingeleiteten Ermittlungs- oder Strafverfahrens mit Ausnahme einer Einstellung nach § 153a StPO,
5. bei Freispruch nach einer Meldung nach §§ 5 Abs. 2 Nr. 1, 3 und 6.

(4) Eine vorzeitige Löschung kann durch die meldende Stelle auf schriftlichen Antrag der/des von der Meldung Betroffenen veranlasst werden, wenn diese/dieser durch geeignete organisatorische und personelle Maßnahmen Vorsorge gegen die Wiederholung der Verfehlung getroffen hat und der Schaden ersetzt wurde oder eine verbindliche Anerkennung der Schadensersatzverpflichtung dem Grunde und der Höhe nach – z.B. verbunden mit der Vereinbarung eines Zahlungsplans – vorliegt.

Bei der Entscheidung über die vorzeitige Löschung sind die Besonderheiten des Einzelfalles zu berücksichtigen.

(5) Erhält eine Stelle im Sinne von § 6 Abs. 1 Kenntnis von Umständen, die eine weitere Speicherung im Vergaberegister ausschließen, so ist dies der Informationsstelle unverzüglich mitzuteilen. Andere öffentliche Stellen gemäß § 6 Abs. 2 haben insofern ein Melderecht.

Die Informationsstelle leitet diese Meldung unverzüglich an die ursprünglich meldende Stelle zur Entscheidung über die endgültige Löschung aus dem Vergaberegister weiter.

§ 8
Anfrage an die Informationsstelle

(1) Anfragen, ob Eintragungen hinsichtlich der Bieterin oder des Bieters oder der Bewerberin oder des Bewerbers, die/der den Zuschlag erhalten soll, vorliegen, sind bei der Vergabe von Liefer- und Dienstleistungsaufträgen mit einem Wert über 25.000,- € oder 50.000,- € bei Verga-

ben von Bauleistungen jeweils netto nach Abzug der Umsatzsteuer, von der Vergabestelle vor Erteilung eines öffentlichen Auftrages – bei Vergaben oberhalb der EU-Schwellenwerte bereits vor Absendung der Information nach § 13 Vergabeverordnung – an die Informationsstelle zu richten.

Unterhalb der genannten Wertgrenzen steht die Anfrage im pflichtgemäßen Ermessen der Vergabestelle oder öffentlichen Stelle.

(2) Berechtigt, Anfragen an die Informationsstelle zu richten, sind Vergabestellen, Prüfeinrichtungen, Staatsanwaltschaften und das Landeskriminalamt NRW.

(3) Zu Anfragen an die Informationsstelle sind ferner berechtigt die Vergabestellen des Bundes und der Länder, sofern das Auftragsvolumen mehr als 50.000,- € beträgt, sowie die Generalstaatsanwaltschaften der Länder.

§ 9
Datenübermittlung an die anfragende Stelle

(1) Liegt eine berechtigte Anfrage nach § 8 Abs. 1 bis 3 vor, so werden der anfragenden Stelle von der Informationsstelle die Daten nach § 7 Abs. 1 Nr. 1 bis 10 übermittelt, die in der Anfrage genannt werden. Jede insoweit erteilte Auskunft ist sowohl bei der Informationsstelle als auch bei der anfragenden Stelle zu dokumentieren. Die anfragende Stelle entscheidet in ihrer Zuständigkeit, ob auf Grund der übermittelten Daten ein Ausschluss bei der Vergabe eines öffentlichen Auftrages erfolgt.

(2) Die anfragende Stelle ist darauf hinzuweisen, dass sie die übermittelten Daten nur zur Erfüllung des in § 4 genannten Zieles verwenden darf.

§ 10
Sicherheit der Datenübermittlung

(1) Datenübermittlungen durch das Register und an das Register erfolgen schriftlich. Das Telefax gilt als Schriftform.

(2) Abweichend von § 3a Abs. 2 Satz 2 Verwaltungsverfahrensgesetz NRW bedarf es für die elektronische Datenübermittlung zwischen öffentlichen Stellen und der Informationsstelle über das Landesverwaltungsnetz oder andere entsprechend sichere Verwaltungsnetze keiner Signatur.

§ 11
Anwendbarkeit des Datenschutzgesetzes Nordrhein-Westfalen und des Informationsfreiheitsgesetzes NRW

Das Datenschutzgesetz NRW gilt sinngemäß auch, soweit von diesem Gesetz andere als natürliche Personen betroffen sind. Das Informationsfreiheitsgesetz NRW findet auf die Regelungen des 2. Abschnitts keine Anwendung.

Abschnitt 3
Anzeige-, Unterrichtungs-, Beratungs- und Auskunftspflichten

§ 12
Anzeigepflicht

(1) Liegen Tatsachen vor, die Anhaltspunkte für Verfehlungen nach § 5 Abs. 1 darstellen können, zeigt die Leiterin oder der Leiter einer Stelle nach § 1 Abs. 1, die Hauptverwaltungsbeamtin oder der Hauptverwaltungsbeamte einer Gemeinde oder eines Gemeindeverbandes, die Verantwortliche oder der Verantwortliche einer sonstigen der Aufsicht des Landes unterstellten Körperschaft, Anstalt und Stiftung des öffentlichen Rechts (§ 1 Abs. 1 Nr. 2), diese dem Landeskriminalamt an. Das gleiche gilt für das für die Prüfung zuständige Mitglied des Landesrechnungshofs, die Leiterinnen oder Leiter der kommunalen Rechnungsprüfungsämter und die Leiterin oder den Leiter der Gemeindeprüfungsanstalt, wenn bei den Prüfungen Anhaltspunkte nach Satz 1 festgestellt werden; in diesem Fall ist in der Regel die Leiterin oder der Leiter der betroffenen Behörde oder Einrichtung über die Anzeige unverzüglich zu unterrichten.

(2) Soll eine Unterrichtung nach Absatz 1 Satz 2 letzter Satzteil nicht erfolgen, weil Zweifel an der Unbefangenheit der Leiterin oder des Leiters vorliegen und diese/dieser für Aussagegenehmigungen zuständig wäre, ist die oberste Aufsichtsbehörde für die Erteilung der Aussagegenehmigung zuständig.

§ 13
Beratungspflicht

Die Prüfeinrichtungen sind verpflichtet, auf Anfrage der Behörden des Landes, der Gemeinden und Gemeindeverbände, der sonstigen der Aufsicht des Landes unterstehenden Körperschaften, Anstalten und Stiftungen des öffentlichen Rechts, diese über die Aufdeckungsmöglichkeiten und Verhinderungen von Verfehlungen nach § 5 Abs. 1 zu beraten. Die Prüfeinrichtungen entscheiden über Art und Umfang der Beratung.

§ 14
Personalakten

Für die uneingeschränkte Auskunft aus und den Zugang zu Personalakten für die Prüfeinrichtungen ist § 102 Abs. 3 Satz 3 Landesbeamtengesetz (LBG) entsprechend anzuwenden. § 95 Landeshaushaltsordnung bleibt unberührt.

§ 15
Auskunftspflicht

Die Mitglieder nach § 1 Abs. 1 Nr. 4 bis 6 geben, soweit es für die jeweilige Einzelfallprüfung notwendig ist, der Prüfeinrichtung uneingeschränkt Auskunft über ihre Vermögensverhältnisse wie Beteiligung an Unternehmen, Wertpapiervermögen, treuhänderisch gehaltenem Vermögen und Grundbesitz. Art und Weise des Verfahrens, wie Mitglieder der Landesregierung einer Auskunftspflicht entsprechend Satz 1 genügen können, regelt die Landesregierung in ihrer Geschäftsordnung.

Abschnitt 4
Vorschriften zur Herstellung von Transparenz

§ 16
Anzeigepflicht für die Vergabe von Aufträgen
und Vermögensveräußerungen

Stellen im Sinne von § 1 Abs. 1 Nr. 1, 2 und 7 zeigen die Vergabe von Aufträgen, deren Wert 200.000,- € übersteigt und die keine Inhousegeschäfte darstellen, den für sie zuständigen Prüfeinrichtungen, der Gemeindeprüfungsanstalt für alle im kommunalen Bereich oder dem Landesrechnungshof für alle im Landesbereich erfolgten Vergaben, an. Das gleiche gilt für Vermögensveräußerungen. Hierzu sind eine Liste der Angebote aller Bieterinnen und Bieter sowie Bewerberinnen und Bewerber mit Namen und Preis sowie die Auswahlentscheidung einschließlich Begründung beizufügen. § 10 gilt entsprechend. Die Prüfeinrichtungen sind untereinander im Rahmen ihrer Zuständigkeit auskunftsverpflichtet.

§ 17
Veröffentlichungspflicht

Die Mitglieder nach § 1 Abs. 1 Nr. 4 geben gegenüber der Ministerpräsidentin oder dem Ministerpräsidenten, die Mitglieder nach § 1 Abs. 1 Nr. 5 geben gegenüber der Hauptverwaltungsbeamtin oder dem Hauptverwaltungsbeamten, Hauptverwaltungsbeamtinnen oder Hauptverwaltungsbeamte und Leiterinnen oder Leiter von sonstigen der Aufsicht des Landes unterstellten Körperschaften, Anstalten und Stiftungen des öffentlichen Rechts geben gegenüber der Leiterin oder dem Leiter der Aufsichtsbehörde und die Mitglieder nach § 1 Abs. 1 Nr. 6 gegenüber der Leiterin oder dem Leiter der Einrichtung schriftlich Auskunft über

1. den ausgeübten Beruf und Beraterverträge,
2. die Mitgliedschaften in Aufsichtsräten und anderen Kontrollgremien im Sinne des § 125 Abs. 1 Satz 3 des Aktiengesetzes,
3. die Mitgliedschaft in Organen von verselbstständigten Aufgabenbereichen in öffentlich-rechtlicher oder privatrechtlicher Form der in § 1 Abs. 1 und Abs. 2 des Landesorganisationsgesetzes genannten Behörden und Einrichtungen,
4. die Mitgliedschaft in Organen sonstiger privatrechtlicher Unternehmen,
5. die Funktionen in Vereinen oder vergleichbaren Gremien.

Die Angaben sind in geeigneter Form jährlich zu veröffentlichen.

§ 18
Anzeigepflicht von Nebentätigkeiten

(1) Die Hauptverwaltungsbeamtin oder der Hauptverwaltungsbeamte zeigt ihre/seine Tätigkeiten nach § 68 Abs. 1 LBG vor Übernahme dem Rat oder dem Kreistag an. Satz 1 gilt für diese Beamtinnen und Beamten nach Eintritt in den Ruhestand wegen Erreichens der Altersgrenze innerhalb eines Zeitraums von drei Jahren, für alle anderen Fälle innerhalb eines Zeitraums von fünf Jahren entsprechend.

(2) Die Aufstellung nach § 71 LBG ist dem Rat oder Kreistag bis zum 31. März des dem Rechnungsjahr folgenden Jahres vorzulegen.

§ 19
Anzeigepflicht nach Beendigung des Beschäftigungsverhältnisses

(1) Für ehemalige Mitglieder der Landesregierung sowie ehemalige Beschäftigte des öffentlichen Dienstes, soweit sie aus ihrer früheren Tä-

tigkeit Versorgungsbezüge oder ähnliches erhalten, gilt § 75b LBG entsprechend.

(2) Bei Ausscheiden aus dem öffentlichen Dienst ist die Beschäftigte oder der Beschäftigte schriftlich auf die Anzeigepflicht nach Absatz 1 hinzuweisen. Die Unterrichtung ist aktenkundig zu machen.

Abschnitt 5
Vorschriften zur Vorbeugung

§ 20
Vieraugenprinzip

Die Entscheidung über die Vergabe von Aufträgen ist von mindestens zwei Personen innerhalb der Stelle nach § 1 Abs. 1 Nr. 1 und 2 zu treffen.

§ 21
Rotation

(1) Beschäftigte der in § 1 Abs. 1 Nr. 1 und 2 genannten Stellen, bei Gemeinden ab einer Einwohnerzahl über 25.000, sollen in korruptionsgefährdeten Bereichen in der Regel nicht länger als fünf Jahre ununterbrochen eingesetzt werden.

(2) Soweit von Absatz 1 abgewichen wird, sind die Gründe zu dokumentieren und der zuständigen Aufsichtsbehörde mitzuteilen.

Abschnitt 6
Schlussvorschriften

§ 22
Überprüfung der Auswirkungen des Gesetzes

Die Auswirkungen dieses Gesetzes werden nach einem Erfahrungszeitraum von drei Jahren durch die Landesregierung überprüft. Die Landesregierung unterrichtet danach den Landtagsausschuss für Innere Verwaltung und Verwaltungsstrukturreform sowie den Ausschuss für Kommunalpolitik.

§ 23
In-Kraft-Treten/Außer-Kraft-Treten

Dieses Gesetz tritt am 1. März 2005 in Kraft und am 28. Februar 2009 außer Kraft.

SaarBauVG Gesetz über die Vergabe von Bauaufträgen im Saarland
(Saarländisches Bauaufträge-Vergabegesetz)
In der Bekanntmachung vom 23.08.2000 (ABl. SL 00, S. 1846)
(In Kraft seit dem: 01.09.2000)

§ 1
Anwendungsbereich

Dieses Gesetz gilt für öffentliche Bauaufträge des Saarlandes im Sinne von § 99 des Gesetzes gegen Wettbewerbsbeschränkungen (GWB). Es gilt ferner für öffentliche Bauaufträge
1. der Gemeinden, Gemeindeverbände und sonstigen der Aufsicht des Saarlandes unterstehenden juristischen Personen des öffentlichen Rechts,
2. der Vereinigungen, Einrichtungen und Unternehmen, deren Anteile sich unmittelbar oder mittelbar ganz oder überwiegend in öffentlicher Hand befinden, soweit diese öffentliche Auftraggeber im Sinne von § 98 GWB sind.

§ 2
Vergabegrundsätze

(1) Öffentliche Bauaufträge dürfen nur an fachkundige, leistungsfähige und zuverlässige Unternehmen vergeben werden. Andere oder weiter gehende Anforderungen dürfen nur gestellt werden, soweit dies durch Bundesgesetz oder in diesem Gesetz vorgegeben ist.

(2) Für öffentliche Bauaufträge nach § 1 Satz 2 Nr. 2 gilt Absatz 1 nur insoweit, als es sich um Aufträge handelt, welche die Auftragswerte erreichen oder überschreiten, die durch Rechtsverordnung nach § 127 GWB festgelegt sind (Schwellenwerte).

§ 3
Weitergehende Anforderungen

(1) Aufträge und Bauleistungen nach § 1 Satz 1 dürfen nur an Unternehmen vergeben werden, die sich bei Angebotsabgabe verpflichten, ihre Arbeitnehmerinnen und Arbeitnehmer bei der Ausführung dieser Leistungen nach den jeweils im Saarland für Tarifvertragsparteien geltenden Lohntarifen zu entlohnen und dies auch bei ihren Nachunternehmern sicherzustellen.

(2) Die Auftraggeber für öffentliche Bauaufträge nach § 1 Satz 2 werden ermächtigt, Aufträge über Bauleistungen für Hochbauten und Tiefbauten nur an Unternehmen zu vergeben, die sich bei Angebotsabgabe verpflichten, ihre Arbeitnehmerinnen und Arbeitnehmer bei der Ausführung dieser Leistungen nach den jeweils im Saarland für Tarifvertragsparteien geltenden Lohntarifen zu entlohnen und dies auch bei ihren Nachunternehmern sicherzustellen.

§ 4
Nachweise

(1) Hat die Landesregierung ein Muster zur Verpflichtung nach § 3 öffentlich bekannt gemacht, kann der Auftraggeber verlangen, dass der Unternehmer die Übernahme der Verpflichtung nach diesem Muster erklärt.

(2) Das Unternehmen ist verpflichtet, dem Auftraggeber die Einhaltung der Verpflichtung nach § 3 auf dessen Verlangen jederzeit nachzuweisen. Das Unternehmen ist ferner verpflichtet, dem Auftraggeber zur Prüfung, ob die Verpflichtung nach § 3 eingehalten wird, im erforderlichen Umfang Einsicht in seine Unterlagen zu gewähren.

(3) Unternehmen, die den nach § 3 übernommenen Verpflichtungen oder ihren Pflichten nach Absatz 2 nicht nachkommen, kann der Auftraggeber bis zu 3 Jahren von weiteren Aufträgen ausschließen.

§ 5
In-Kraft-Treten

Dieses Gesetz tritt am 1. September 2000 in Kraft.

Gesetz
zur tariflichen Entlohnung bei öffentlichen Aufträgen
(Tariftreuegesetz)

Vom 07. März 2003 Fundstelle: GVOBl. 2003, S. 136 Geltungsbeginn: 28.3.2003, Geltungsende: 27.3.2008

Änderungsdaten: keine

§ 1
Ziel des Gesetzes

Das Gesetz wirkt Wettbewerbsverzerrungen entgegen, die auf dem Gebiet des Bauwesens und des Schienenpersonennahverkehrs sowie der Abfallentsorgungswirtschaft durch den Einsatz von Niedriglohnkräften entstehen, und mildert Belastungen für die sozialen Sicherungssysteme. Es bestimmt zu diesem Zweck, dass öffentliche Auftraggeber Aufträge über Baumaßnahmen, im Schienenpersonennahverkehr und in der Abfallentsorgungswirtschaft nur an Unternehmen vergeben dürfen, die das in Tarifverträgen vereinbarte Arbeitsentgelt am Ort der Leistungserbringung zahlen.

§ 2
Anwendungsbereich

(1) Dieses Gesetz gilt für die Behörden des Landes und die sonstigen der Aufsicht des Landes unterstehenden Körperschaften ohne Gebietshoheit, Anstalten und Stiftungen des öffentlichen Rechts und die Aufgabenträger des Schienenpersonennahverkehrs sowie der Abfallentsorgungswirtschaft, soweit sie

1. öffentliche Bauaufträge nach § 99 Abs. 3 Gesetz gegen Wettbewerbsbeschränkungen in der Fassung der Bekanntmachung vom 26. August 1998 (BGBl. I S. 2992), vergeben (öffentliche Auftraggeber) oder
2. für die allgemein zugängliche Beförderung von Personen im Schienenpersonennahverkehr öffentliche Aufträge vergeben oder
3. im Bereich der Abfallentsorgungswirtschaft öffentliche Aufträge vergeben,

und die dadurch betroffenen Unternehmen. Im Übrigen können Gemeinden und Gemeindeverbände sowie die sonstigen der Aufsicht der

Gemeinden und Gemeindeverbände unterstehenden Körperschaften ohne Gebietshoheit, Anstalten und Stiftungen des öffentlichen Rechts über den Anwendungsbereich des Satzes 1 hinaus die Vorschriften dieses Gesetzes anwenden.

(2) Dieses Gesetz gilt für Aufträge ab einem geschätzten Auftragswert von 10.000 Euro. Für die Schätzung gilt § 3 Vergabeverordnung vom 09.01.2001 (BGBl. I S. 110), geändert durch Artikel 3 Abs. 1 des Gesetzes vom 16. Mai 2001 (BGBl. I S. 876).

§ 3
Tariftreuepflicht

Öffentliche Bauaufträge nach § 2 Abs. 1 Nr. 1 dürfen nur an Unternehmen vergeben werden, die sich schriftlich verpflichten, ihren Arbeitnehmerinnen und Arbeitnehmern bei der Ausführung der Leistung mindestens die am Ort der Leistungserbringung geltenden Lohn- und Gehaltstarife zu zahlen, und dies auch von ihren Nachunternehmen verlangen. Gleiches gilt für öffentliche Aufträge nach § 2 Abs. 1 Nr. 2 und 3.

§ 4
Auswahl der Nachunternehmen

Der öffentliche Auftraggeber hat die Unternehmen und diese haben ihre Nachunternehmen sorgfältig auszuwählen. Dies schließt die Pflicht ein, die Angebote der Nachunternehmen daraufhin zu überprüfen, ob sie auf der Basis der durch dieses Gesetz geforderten Lohn- und Gehaltstarife kalkuliert worden sein können.

§ 5
Ermittlung und Angabe der Tarife

(1) Der öffentliche Auftraggeber oder Aufgabenträger benennt die jeweils geltenden Lohn- und Gehaltstarife in der Bekanntmachung des vorgesehenen Auftrags und in den Vergabeunterlagen.

(2) Das Ministerium für Soziales, Gesundheit und Verbraucherschutz teilt dem öffentlichen Auftraggeber oder Aufgabenträger die jeweils geltenden Lohn- und Gehaltstarife auf schriftliche oder elektronische Anfrage unentgeltlich binnen zwei Wochen mit.

§ 6
Nachweise

(1) Hat die Landesregierung ein Muster zur Verpflichtung nach § 3 öffentlich bekannt gemacht, kann der öffentliche Auftraggeber verlangen, dass der Unternehmer die Übernahme der Verpflichtung nach diesem Muster erklärt.

(2) Der Unternehmer ist verpflichtet, dem öffentlichen Auftraggeber die Einhaltung der Verpflichtung nach § 3 auf dessen Verlangen jederzeit nachzuweisen. Der Unternehmer ist ferner verpflichtet, dem öffentlichen Auftraggeber zur Prüfung, ob die Verpflichtung nach § 3 eingehalten wird, im erforderlichen Umfang Einsicht in seine Unterlagen zu gewähren.

(3) Der öffentliche Auftraggeber muss ungewöhnlich niedrige Angebote, auf die der Zuschlag erfolgen soll, überprüfen, wenn diese um 10 % oder mehr vom nächsthöheren Angebot abweichen oder sonstige Anhaltspunkte für einen Verstoß gegen die Verpflichtung aus § 3 vorliegen.

§ 7
Sanktionen

(1) Zur Sicherung der Einhaltung der Verpflichtungen nach §§ 3 und 6 Abs. 1 sind die Unternehmen zu verpflichten, für jeden schuldhaften Verstoß eine Vertragsstrafe von 1 % des jeweiligen Auftragswertes zu zahlen. Die Höhe der Vertragsstrafe darf bei mehreren Verstößen insgesamt nicht mehr als 10 % des jeweiligen Auftragswertes betragen. Das jeweilige Unternehmen ist zur Zahlung der Vertragsstrafe auch für den Fall zu verpflichten, dass ein beteiligtes Nachunternehmen gegen die Tariftreuepflicht verstößt, wenn das Unternehmen dessen Verstoß kannte oder kennen musste.

(2) Die öffentlichen Auftraggeber oder Aufgabenträger vereinbaren mit dem Auftragnehmer, dass die Nichterfüllung der in § 3 genannten Anforderungen durch den Auftragnehmer oder seine Nachunternehmer sowie grob fahrlässige oder mehrfache Verstöße gegen die Verpflichtungen der §§ 4 und 6 Abs. 2 den öffentlichen Auftraggeber oder Aufgabenträger zur fristlosen Kündigung berechtigen.

(3) Verstößt ein Unternehmen nachweislich mindestens grob fahrlässig oder mehrfach gegen Verpflichtungen aus diesem Gesetz, so kann der öffentliche Auftraggeber oder Aufgabenträger es für die Dauer

von bis zu drei Jahren von der Vergabe öffentlicher Aufträge ausschließen. Wird der Verstoß nach Satz 1 durch ein beteiligtes Nachunternehmen bewirkt, so kann der Ausschluss sowohl gegen das Unternehmen als auch das beteiligte Nachunternehmen ausgesprochen werden.

§8
Übergangsregelung

Auf die vor dem Inkrafttreten dieses Gesetzes begonnenen Vergabeverfahren finden die bis dahin geltenden Vorschriften weiter Anwendung.

§9
In-Kraft-Treten, Außer-Kraft-Treten

Dieses Gesetz tritt am Tag nach seiner Verkündung in Kraft. Es tritt mit Ablauf von fünf Jahren außer Kraft.

Schleswig-Holstein

Gesetz zur Förderung des Mittelstandes
(Mittelstandsförderungs- und Vergabegesetz – MFG)

Vom 17. September 2003[1, 2]

Fundstelle: GVOBl. 2003, S. 432
Zuletzt geändert durch Gesetz vom 15.5.2004, GVOBl. 2004, S. 142

Änderungen
1. §§ 14 und 15 neu gefasst durch Art. 1 des Gesetzes v. 15.5.2004 (GVOBl. S. 142) Der Landtag hat das folgende Gesetz beschlossen:

Inhaltsübersicht:

Abschnitt I
Ziele und Grundsätze der Förderung

§ 1 Ziel
§ 2 Mittelstandsdefinition
§ 3 Allgemeine Bindung der öffentlichen Hand
§ 4 Vorrang der privaten Leistungserbringung
§ 5 Fördergrundsätze
§ 6 Finanzierung der Förderung

Abschnitt II
Fördermaßnahmen

§ 7 Berufliche Ausbildung und Weiterbildung
§ 8 Existenzgründungen und Betriebsübernahmen
§ 9 Kredite und Bürgschaften
§ 10 Wirtschaftsnahe Forschung und Entwicklung sowie Technologie-Transfer
§ 11 Kooperationen

---

1 Der Text entspricht der Berichtigung vom 13.November 2003, GVOBl. S 540

2 Bereits begonnene Vergabeverfahren werden nach dem Recht, das zum Zeitpunkt des Beginns des Verfahrens galt, beendet. (Art. 2 des Gesetzes vom 15.5.2004, GVOBl. S. 142)

§ 12 Unterstützung von Außenwirtschaftsbeziehungen und Teilnahmen an internationalen Messen
§ 13 Bekämpfung der Schwarzarbeit
§ 14 Beteiligung an öffentlichen Ausschreibungen und Auftragsvergaben

Abschnitt III
Ausführungs- und Schlussbestimmungen
§ 15 Verordnungsermächtigung
§ 16 Mittelstandsbericht
§ 17 Übergangsbestimmung
§ 18 In-Kraft-Treten

Abschnitt I
Ziele und Grundsätze der Förderung

§ 1
Ziel

(1) Die Förderung der kleinen und mittleren Unternehmen, der Selbständigen und der Freien Berufe ist und bleibt der Schwerpunkt für die Schaffung von wirtschaftsfreundlichen Rahmenbedingungen durch das Land, wozu auch die Verbände, Kammern und Gewerkschaften und nicht zuletzt die Akteure selbst beitragen.
(2) Diese wirtschaftlichen Rahmenbedingungen sollen mittelstandsgerecht gestaltet werden. Hierzu zählen als ständige Aufgaben auch:
  1. die Prüfung der Mittelstandsverträglichkeit von Vorschriften,
  2. die Vermeidung, erforderlichenfalls der Abbau von Vorschriften, die Investitionen und Innovationen hemmen,
  3. die kontinuierliche Überprüfung der Privatisierungsmöglichkeiten von Leistungen und Unternehmen der öffentlichen Hand.
(3) Es ist Aufgabe der Mittelstandsförderung als Teil der Wirtschafts- und Strukturpolitik des Landes Schleswig-Holstein, diesem Ziel zu dienen. Mittelstandsförderung soll dabei in den kleinen und mittleren Unternehmen:
  1. die Leistungskraft und Wettbewerbsfähigkeit erhalten und steigern,
  2. dazu beitragen, Ausbildungs- und sozialversicherungspflichtige Beschäftigungsverhältnisse zu sichern und neu zu schaffen,

3. die Existenzgründung und das Wachstum fördern,
4. die Anpassung an den wirtschaftlichen und technologischen Wandel unterstützen und
5. die Voraussetzungen der Eigenkapitalbildung verbessern.

§ 2
Mittelstandsdefinition

(1) Das Gesetz richtet sich vorrangig an Unternehmen der mittelständischen Wirtschaft mit weniger als 250 Beschäftigten. Die Zahl der Auszubildenden ist dabei nicht zu berücksichtigen. Der Jahresumsatz förderungswürdiger Unternehmen darf höchstens 50 Millionen Euro und die Jahresbilanzsumme höchstens 43 Millionen Euro betragen. 25 von Hundert oder mehr des Kapitals oder der Stimmanteile dürfen sich nicht im Besitz eines oder mehrerer Unternehmen befinden, die diese Größenklasse übersteigen.

(2) Auf die Förderung der freien Berufe sind die Bestimmungen dieses Gesetzes entsprechend anzuwenden.

§ 3
Allgemeine Bindung der öffentlichen Hand

(1) Die Behörden des Landes, die Kreise, die Ämter und die Gemeinden sowie die der Aufsicht des Landes unterstehenden Körperschaften des öffentlichen Rechts ohne Gebietshoheit und die rechtsfähigen Anstalten und Stiftungen des öffentlichen Rechts sind verpflichtet, bei allen Programmen, Planungen, insbesondere auch bei raumbeanspruchenden und raumbeeinflussenden Planungen und Maßnahmen, die Zielsetzung dieses Gesetzes zu beachten.

(2) Die in Absatz 1 genannten juristischen Personen wirken in Ausübung ihrer Gesellschaftsrechte in Unternehmen, an denen sie beteiligt sind, darauf hin, dass der Zweck dieses Gesetzes in gleicher Weise beachtet wird.

§ 4
Vorrang der privaten Leistungserbringung

Die öffentliche Hand im Sinne des § 3 dieses Gesetzes soll, vorbehaltlich spezifischer Regelungen, für ihre wirtschaftliche Betätigung wirtschaftliche Leistungen ausschließlich dann erbringen, wenn sie diese besser und wirtschaftlicher als private Unternehmen erfüllen kann.

§ 5
Fördergrundsätze

(1) Die Förderung soll die Eigeninitiative anregen und die Selbsthilfe unterstützen und ergänzen, ohne dadurch die Freiheit oder Eigenverantwortung des Zuwendungsempfängers zu beeinträchtigen. Eine finanzielle Förderung setzt voraus, dass in der Regel eine Eigenleistung erbracht wird und eine erfolgreiche Durchführung des Vorhabens zu erwarten ist.

(2) Die Fördermaßnahmen nach diesem Gesetz und sonstige öffentliche Fördermaßnahmen sind im Einzelfall aufeinander abzustimmen.

(3) Bei der Ausführung des Gesetzes sind die Ziele. und Grundsätze der Raumordnung und der Landesplanung sowie des Gender Mainstreaming zu beachten.

(4) Es sind die Fördermaßnahmen des Bundes, der Europäischen Union und regionale Fördermaßnahmen zu berücksichtigen. Bei der Ausgestaltung der Fördermaßnahmen und -verfahren sind die Erfordernisse der Transparenz und Konsistenz besonders zu beachten.

(5) Bei der Festlegung von Art und Umfang der Förderung von Maßnahmen werden die betroffenen Landesorganisationen der Wirtschaft beteiligt.

§ 6
Finanzierung der Förderung

(1) Die Finanzierung der Mittelstandsförderung erfolgt nach den jeweiligen Förderrichtlinien des Ministeriums für Wirtschaft, Arbeit und Verkehr sowie nach dem jeweiligen Haushaltsgesetz.

(2) Die staatlichen Fördermittel werden in einer Anlage zum Landeshaushaltsplan gesondert ausgewiesen.

(3) Rechtsansprüche auf Fördermaßnahmen werden durch dieses Gesetz im Einzelfall nicht begründet.

Abschnitt II
Fördermaßnahmen

§ 7
Berufliche Ausbildung und Weiterbildung

Aus- und Weiterbildung von Auszubildenden sowie von Beschäftigten sind Aufgaben der Betriebe. Das Land Schleswig-Holstein kann die Bemühungen der Betriebe durch folgende Maßnahmen unterstützen,

1. investive Förderung von Berufsbildungsstätten
2. Förderung der überbetrieblichen Ausbildung im Handwerk,
3. Förderung von Maßnahmen zur Attraktivitätssteigerung der dualen Ausbildung,
4. Förderung von Maßnahmen zur Verbesserung der Ausbildungschancen von benachteiligten Jugendlichen,
5. durch das Bildungsfreistellungs- und Qualifizierungsgesetz,
6. Förderung von Informations- und Beratungsleistungen durch Weiterbildungsverbünde,
7. Förderung der außerbetrieblichen Ausbildung,
8. Förderung von Maßnahmen zur Integration von Jugendlichen aus Migrantenfamilien in das duale Ausbildungssystem.

§8
Existenzgründungen und Betriebsübernahmen

(1) Das Land kann Existenzgründungen und Betriebsübernahmen im Rahmen des jeweiligen Haushaltsgesetzes und darüber hinaus gemeinsam mit den Wirtschaftsverbänden und Kammern Informationsvermittlungen über Förderprogramme von öffentlichen und privaten Stellen sowie über steuerliche Erleichterungen bei Neugründungen von Betrieben und Betriebsübernahmen unterstützen. Bei der Förderung von Existenzgründungen müssen die besondere Situation und die spezifischen Problemlagen von Frauen Berücksichtigung finden.

(2) Das Land kann die Kommunen beim Aufbau einer wirtschaftsnahen Infrastruktur durch geeignete Instrumente unterstützen, für eine befristete Zeitdauer Starthilfen, beispielsweise für die Schaffung von Gewerbegebieten, Existenzgründungen oder die Einrichtung von Technologie- und Innovationszentren gewähren.

§9
Kredite und Bürgschaften

(1) Das Land bzw. die öffentlichen Förderinstitutionen können im Rahmen der gesetzlichen Möglichkeiten und bestehenden Richtlinien durch Kredite, Beteiligungen oder Bürgschaften, insbesondere zur Sicherung und Schaffung von sozialversicherungspflichtigen Beschäftigungsverhältnissen beitragen.

(2) Die Fördermaßnahmen werden unter Rückforderungsvorbehalt gestellt. Mittel können zurückgefordert werden, falls diese nicht für Maßnahmen verwendet werden, die eine dauerhafte Investition in Schleswig-Holstein beinhalten.

§ 10
Wirtschaftsnahe Forschung und Entwicklung sowie Technologie-Transfer

(1) Das Land trägt mit einer an die sich wandelnden Bedürfnisse der Wirtschaft angepassten Strategie und dem Einsatz entsprechender Instrumente der Technologie- und Innovationsförderung Rechnung.
(2) Das Land kann die Förderung von Vorhaben nach Absatz 1 an die Bedingung knüpfen, dass die Ergebnisse von Untersuchungen der Öffentlichkeit zugänglich gemacht werden.

§ 11
Kooperationen

Das Land kann Kooperationen zwischen den Unternehmen und den Hochschulen im Lande mit dem Ziel fördern, technologisches Know-how schneller in die kleinen und mittleren Betriebe zu vermitteln sowie andererseits mittelständische Partner zur Herstellung von an den Hochschulen neu entwickelten Produkten und Technologien zu finden. Zu den förderungswürdigen Kooperationen gehören auch die Durchführung und die Auswertung von Betriebsvergleichen.

§ 12
Unterstützung von Außenwirtschaftsbeziehungen und Teilnahmen an internationalen Messen

Das Land kann nach Maßgabe des jeweiligen Haushaltsgesetzes die Teilnahme von mittelständischen Unternehmen an internationalen Ausstellungen und Messen fördern, auch durch einzelbetriebliche Maßnahmen zur Mobilisierung eines vorhandenen Exportpotenzials.

§ 13
Bekämpfung der Schwarzarbeit

Da die Schwarzarbeit insbesondere der mittelständischen Wirtschaft schadet, bekämpfen das Land, die Kreise und die Gemeinden die Schwarzarbeit durch geeignete Maßnahmen auf der Grundlage des Gesetzes zur

Bekämpfung der Schwarzarbeit in der Fassung der Bekanntmachung vom 6. Februar 1995 (BGBl. I S. 165), zuletzt geändert durch Artikel 9 des Gesetzes vom 23. Juli 2002 (BGBl. I S. 2787).

§ 14
Beteiligung an öffentlichen Aufträgen

(1) Öffentliche Aufträge im Sinne dieses Gesetzes sind entgeltliche schriftliche Verträge über Lieferungen und Leistungen, die von öffentlichen Auftraggebern mit Auftragnehmern des privaten Rechts geschlossen werden, soweit dies nicht im Bundesauftrag geschieht.

(2) Öffentliche Auftraggeber sind:
1. Gebietskörperschaften und deren Sondervermögen,
2. andere juristische Personen des öffentlichen und des privaten Rechts, die zu dem besonderen Zweck gegründet wurden, im Allgemeininteresse liegende Aufgaben nichtgewerblicher Art zu erfüllen, wenn Stellen, die unter Nummer 1 oder 3 fallen, sie einzeln oder gemeinsam durch Beteiligung oder auf sonstige Weise überwiegend finanzieren oder über ihre Leitung die Aufsicht ausüben oder mehr als die Hälfte der Mitglieder eines ihrer zur Geschäftsführung oder zur Aufsicht berufenen Organe bestimmt haben. Das gleiche gilt dann, wenn die Stelle, die einzeln oder gemeinsam mit anderen die überwiegende Finanzierung gewährt oder die Mehrheit der Mitglieder eines zur Geschäftsführung oder Aufsicht berufenen Organs bestimmt hat, unter Satz 1 fällt,
3. Verbände, deren Mitglieder unter Nummer 1 oder 2 fallen,
4. natürliche oder juristische Personen des privaten Rechts, die auf dem Gebiet der Trinkwasser- oder Energieversorgung oder des Verkehrs tätig sind, wenn Auftraggeber, die unter die Nummern 1 bis 3 fallen, auf diese Personen einzeln oder gemeinsam einen beherrschenden Einfluss ausüben. Ein beherrschender Einfluss wird ausgeübt, wenn Auftraggeber, die unter die Nummern 1 bis 3 fallen
   a. die Mehrheit des gezeichneten Kapitals des Unternehmens besitzen oder
   b. über die Mehrheit der mit den Anteilen des Unternehmens verbundenen Stimmrechte verfügen
   oder

c. mehr als die Hälfte der Mitglieder des Verwaltungs-, Leitungs- oder Aufsichtsorgans des Unternehmens bestellen können.
(3) Bei öffentlichen Aufträgen sind
1. die Verdingungsordnung für Leistungen (VOL), Teil A, in der Fassung der Bekanntmachung vom 17. September 2002 (BAnz. Nr. 216 a vom 20. November 2002), und Teil B, in der Fassung der Bekanntmachung vom 5. August 2003 (BAnz. Nr. 178 a vom 23. September 2003),
2. die Verdingungsordnung für freiberufliche Leistungen (VOF) in der Fassung der Bekanntmachung vom 26. August 2002 (BAnz. Nr. 203 a vom 30. Oktober 2002) entsprechend,
3. die Vergabe- und Vertragsordnung für Bauleistungen (VOB), Teile A und B, in der Fassung der Bekanntmachung vom 12. September 2002 (BAnz. Nr. 202 a vom 29. Oktober 2002) sowie
4. das Schleswig-Holsteinische Gesetz zur tariflichen Entlohnung bei öffentlichen Aufträgen (Tariftreuegesetz) vom 7. März 2003 (GVOBl. Schl.-H. S. 136, ber. S. 283) im Rahmen des dort in § 2 bezeichneten Anwendungsbereichs

anzuwenden.

Die in Satz 1 Nummer 1 bis 3 genannten VOL, VOF und VOB sind bei deren Änderungen oder Neufassungen in der Fassung anzuwenden, die das Ministerium für Wirtschaft, Arbeit und Verkehr im Gesetz- und Verordnungsblatt für Schleswig-Holstein für verbindlich erklärt hat. Mittelständische Interessen sind vornehmlich durch Teilung der Aufträge in Fach- und Teillose angemessen zu berücksichtigen.

(4) Auftragnehmer sind für den Fall der Weitergabe von Leistungen an Nachunternehmer vertraglich zu verpflichten,
1. bevorzugt Unternehmen der mittelständischen Wirtschaft zu beteiligen, soweit es mit der vertragsgemäßen Ausführung des Auftrages zu vereinbaren ist,
2. Nachunternehmen davon in Kenntnis zu setzen, dass es sich um einen öffentlichen Auftrag handelt,
3. bei der Vergabe von Bauleistungen an Nachunternehmer die allgemeinen Vertragsbedingungen für die Ausführung von Bauleistungen der Vergabe- und Vertragsordnung für Bauleistungen (VOB/B), bei der Weitergabe von Liefer- und Dienstleistungen die allge-

meinen Bedingungen für die Ausführung von Leistungen (VOL/B), jeweils in der gemäß Absatz 3 vorgeschriebenen Fassung, zum Vertragsbestandteil zu machen,

4. den Nachunternehmern keine, insbesondere hinsichtlich der Zahlungsweise ungünstigeren Bedingungen aufzuerlegen, als zwischen Auftragnehmer und dem öffentlichen Auftraggeber vereinbart sind.

(5) Der öffentliche Auftraggeber hat zur Sicherung der Transparenz und Korruptionsbekämpfung Kontrollmechanismen im förmlichen Vergabeverfahren von Bauleistungen vorzusehen, um insbesondere nachträgliche Angebotsmanipulationen zu verhindern. Er hat hierfür

1. durch interne organisatorische Maßnahmen eine unabhängige rechnerische Prüfung der Angebote sicherzustellen oder
2. vom Bieter die Beifügung einer selbst gefertigten Kopie des Angebotes einschließlich eventueller Nebenangebote (Zweitausfertigung) zu verlangen. Die Zweitausfertigung ist dem Angebot gesondert verschlossen beizufügen. Sie dient als Prüfungsunterlage in Zweifelsfällen.

Sofern der öffentliche Auftraggeber mit der Aufforderung zur Angebotsabgabe die Beifügung einer Zweitausfertigung nach Satz 2 Nummer 2 verlangt hat, ist das Angebot sowohl bei Nichtabgabe der Zweitausfertigung bis zum Ablauf der Angebotsfrist als auch bei Abweichungen zur Erstausfertigung von der Wertung auszuschließen.

(6) Der öffentliche Auftraggeber informiert bei der Vergabe von Bauleistungen nach Öffentlicher oder Beschränkter Ausschreibung auch unterhalb der in § 2 Vergabeverordnung in der Fassung der Bekanntmachung vom 11. Februar 2003 (BGBl. I S. 169), geändert durch Artikel 272 der Verordnung vom 25. November 2003 (BGBl. I S. 2304), genannten Schwellenwerte, jedoch nicht unterhalb eines Auftragswertes von 10.000 Euro netto, die Bieter, deren Angebote nicht berücksichtigt werden sollen, über den Namen des Bieters, dessen Angebot angenommen werden soll, und über den Grund der vorgesehenen Nichtberücksichtigung ihres Angebotes. Er sendet diese Information in Textform spätestens 14 Kalendertage vor dem Vertragsschluss an die Bieter ab.

(7) Für Ausnahmen vom Anwendungsbereich der Absätze 1 bis 6 gilt § 100 Abs. 2 des Gesetzes gegen Wettbewerbsbeschränkungen in der

Fassung der Bekanntmachung vom 26. August 1998 (BGBl. 12546), zuletzt geändert durch Artikel 98 der Verordnung vom 25. November 2003 (BGBl. I S. 2304), entsprechend.

Abschnitt III
Ausführungs- und Schlussbestimmungen

§ 15
Verordnungsermächtigung

Das Ministerium für Wirtschaft, Arbeit und Verkehr wird ermächtigt, durch Rechtsverordnung
1. einzelne öffentliche Auftraggeber nach § 14 Abs. 2 von der Anwendung einzelner Abschnitte der VOL/A und der VOB/A auszunehmen,
2. abweichende Regelungen von den nach § 14 Abs. 3 anzuwendenden VOL/A, VOF und VOB/A zu treffen,
3. Wertgrenzen zu bestimmen, unterhalb derer
   a. bei der Anwendung der VOL/A und der VOB/A eine Beschränkte Ausschreibung oder eine Freihändige Vergabe zulässig ist,
   b. die Anwendung der VOF den öffentlichen Auftraggebern freigestellt ist oder auf eine Vergabebekanntmachung verzichtet werden kann,
4. Einzelheiten der Ausgestaltung der internen organisatorischen Maßnahmen nach § 14 Abs. 5 Satz 2 Nr. 1, insbesondere auch über bei Entscheidungen im Vergabe verfahren von der Mitwirkung auszuschließende Personen, zu regeln.

§ 16
Mittelstandsbericht

Die Landesregierung berichtet dem Parlament einmal jährlich im Rahmen des Jahreswirtschaftsberichtes über die Situation der mittelständischen Wirtschaft, über die getroffenen Fördermaßnahmen und Entwicklungschancen sowie über das Ausschreibungs- und Vergabewesen auf Landesebene.

§ 17
Übergangsbestimmung

Auf die vor dem In-Kraft-Treten dieses Gesetzes begonnenen Vergabe verfahren finden die bis dahin geltenden Vorschriften weiter Anwendung.

§ 18
In-Kraft-Treten

Dieses Gesetz tritt am 1. Oktober 2003 in Kraft. Gleichzeitig tritt das Mittelstandsförderungsgesetz vom 27. Juli 1977 (GVOBl. Schl.-H. S. 192), zuletzt geändert durch Verordnung vom 24. Oktober 1996 (GVOBl. Schl.-H. S. 652)[1] außer Kraft.

Die vorstehende Berichtigung wird hiermit ausgefertigt und ist bekannt zu machen.

Kiel, 31. Oktober 2003

Für die Ministerpräsidentin
Anne Lütkes
Ministerin für Justiz, Frauen, Jugend und Familie

Dr. Bernd Rohwer
Minister für Arbeit, Wirtschaft und Verkehr

---

1 GS Schl.-H. II, Gl.Nr. 707-1

Landesverordnung
über die Vergabe öffentlicher Aufträge
(Schleswig-Holsteinische Vergabeverordnung – SH VgVO)

Vom 3. November 2005 Fundstelle: GVOBl. 2005, S. 524 Geltungsbeginn: 25.11.2005, Geltungsende: 24.11.2010

GS Schl.-H. II, Gl.Nr. 707-5-3

Aufgrund des § 15 des Mittelstandsförderungs- und Vergabegesetzes (MFG) vom 17. September 2003 (GVOBl. Schl.-H. S. 432, ber. S. 540), geändert durch Gesetz vom 15. Mai 2004 (GVOBl. Schl.-H. S. 142), verordnet das Ministerium für Wissenschaft, Wirtschaft, und Verkehr:

§ 1
Zweck der Verordnung

(1) Die Verordnung regelt das bei der Vergabe öffentlicher Aufträge abweichend von § 14 MFG einzuhaltende Verfahren für Aufträge, deren Auftragswerte die in § 2 Vergabeverordnung (VgV) in der Fassung der Bekanntmachung vom 11. Februar 2003 (BGBl. I S. 169), geändert durch Artikel 3 Abs. 37 des Gesetzes vom 7. Juli 2005 (BGBl. I S. 1970), geregelten Beträge ohne Umsatzsteuer nicht erreichen.

(2) Soweit nachfolgend auf die Verdingungsordnung für Leistungen (VOL), die Verdingungsordnung für freiberufliche Leistungen (VOF) und die Vergabe- und Vertragsordnung für Bauleistungen (VOB) verwiesen wird, sind sie in der nach § 14 Abs. 3 MFG bestimmten Fassung anzuwenden.

§ 2
Vergabe von Liefer- und Dienstleistungsaufträgen

(1) Auftraggeber nach § 14 Abs. 2 Nr. 1 bis 3 MFG haben bei der Vergabe von Liefer- und Dienstleistungsaufträgen die Bestimmungen des 1. Abschnittes des Teils A der Verdingungsordnung für Leistungen (VOL/A) anzuwenden, soweit in den §§ 3 und 4 nichts anderes bestimmt ist. Satz 1 findet auf Aufträge im Sektorenbereich (§ 8 VgV) keine Anwendung.

(2) Eine Beschränkte Ausschreibung gemäß § 3 Nr. 1 Abs. 2 VOL/A ist zulässig unterhalb eines geschätzten Auftragswertes von 50.000 Euro. Die Bestimmungen des § 3 Nr. 1 Abs. 4 und Nr. 3 VOL/A bleiben im Übrigen unberührt.

(3) Eine Freihändige Vergabe gemäß § 3 Nr. 1 Abs. 3 VOL/A ist zulässig unterhalb eines geschätzten Auftragswertes von 25.000 Euro. Die Bestimmungen der § 3 Nr. 1 Abs. 4 und Nr. 4 Buchst. a bis o und § 7 Nr. 2 Abs. 3 VOL/A bleiben im Übrigen unberührt.

§ 3
Vergabe freiberuflicher Leistungen

(1) Auftraggeber nach § 14 Abs. 2 Nr. 1 bis 3 MFG haben bei der Vergabe von Dienstleistungen, die im Rahmen einer freiberuflichen Tätigkeit erbracht oder im Wettbewerb mit freiberuflich Tätigen angeboten werden, sowie bei Auslobungsverfahren, die zu solchen Dienstleistungen führen sollen, die Verdingungsordnung für freiberufliche Leistungen (VOF) anzuwenden, soweit der geschätze Auftragswert einen Betrag von 100.000 Euro erreicht oder übersteigt. Dies gilt nicht für Dienstleistungen, deren Gegenstand eine Aufgabe ist, deren Lösung vorab eindeutig und erschöpfend beschrieben werden kann; diese Leistungen sind abweichend von § 12. Spiegelstrich VOL/A nach den Bestimmungen des 1. Abschnittes der VOL/A zu vergeben. Die Sätze 1 und 2 finden auf Aufträge im Sektorenbereich keine Anwendung.

(2) Auftragsvergaben nach § 5 Abs. 1 VOF sind durch Tageszeitungen, amtliche Veröffentlichungsblätter, Fachzeitschriften, die zentralen Veröffentlichungs- und Vergabeplattformen bei der Gebäudemanagement Schleswig-Holstein oder bei Dataport oder in sonstiger geeigneter Weise bekannt zu machen. Die ausschließliche Veröffentlichung durch Aushänge oder auf der Internetpräsenz des Auftraggebers ist für die Bekanntmachung nicht geeignet. § 9 Abs. 1, 3 und 4, § 17 Abs. 1, 2, 3 und 5, §§ 19 sowie 20 Abs. 2, 4, 8, 9 und 10 VOF finden keine Anwendung.

(3) Abweichend von § 14 Abs. 1 VOF hat der Auftraggeber für den Antrag auf Teilnahme eine ausreichende Frist vorzusehen, auch in Fällen besonderer Dringlichkeit nicht unter 10 Kalendertagen, gerechnet vom Tag der Bekanntmachung an.

§ 4
Vergabe von Bauleistungen

(1) Auftraggeber nach § 14 Abs. 2 Nr. 1 bis 3 MFG haben bei der Vergabe von Bauaufträgen die Bestimmungen des 1. Abschnittes des Teils A der Vergabe- und Vertragsordnung für Bauleistungen (VOB/A) anzuwenden. Satz 1 findet auf Aufträge im Sektorenbereich keine Anwendung.

(2) Eine Beschränkte Ausschreibung nach öffentlichem Teilnahmewettbewerb gemäß § 3 Nr. 1 Abs. 2 VOB/A ist zulässig unterhalb eines geschätzten Auftragswertes von 200.000 Euro. Eine Beschränkte Ausschreibung ohne öffentlichen Teilnahmewettbewerb ist zulässig unterhalb eines geschätzten Auftragswertes von 100.000 Euro. In diesen Fällen ist § 4 VOL/A sinngemäß anzuwenden. Die Bestimmungen des § 3 Nr. 3 VOB/A bleiben im Übrigen unberührt.

(3) Eine freihändige Vergabe gemäß § 3 Nr. 1 Abs. 3 VOB/A ist zulässig unterhalb eines geschätzten Auftragswertes von 30.000 Euro. In diesen Fällen ist § 4 VOL/A sinngemäß anzuwenden. § 3 Nr. 4 VOB/A bleibt im Übrigen unberührt.

§ 5
Aufträge im Sektorenbereich

(1) Die in § 14 Abs. 2 Nr. 1 bis 3 MFG genannten Auftraggeber, die eine Tätigkeit nach § 8 Nr. 1 und 4 Buchst. b oder c VgV ausüben, haben bei der Vergabe von Aufträgen die folgenden Bestimmungen anzuwenden:

1. im Fall von Liefer- und Dienstleistungsaufträgen sowie Auslobungsverfahren, die zu Dienstleistungen führen sollen, die Bestimmungen des 3. Abschnitts der VOL/A entsprechend. Dies gilt nicht für Aufträge im Sinne des § 3. Die Bestimmungen des § 2 Abs. 2 und 3 gelten entsprechend. Die §§ 28 b und 30 b VOL/A finden keine Anwendung;

2. im Fall von Bauaufträgen die Bestimmungen des 3. Abschnittes der VOB/A entsprechend auch unterhalb der in § 1 b Nr. 1 VOB/A genannten Auftragswerte. Die Bestimmungen des § 4 Abs. 2 und 3 gelten entsprechend. § 25 b Nr. 2 Satz 2, §§ 28 b und 33 b VOB/A finden keine Anwendung. Bekanntmachungen nach den 3. Abschnitten der VOL/A und VOB/A sind in Tageszeitungen, amtlichen

Veröffentlichungsblättern, Fachzeitschriften oder in sonstiger geeigneter Weise vorzunehmen.

(2) Die in § 14 Abs. 2 Nr. 1 bis 3 MFG genannten Auftraggeber, die eine Tätigkeit nach § 8 Nr. 2, 3 oder 4 Buchst. a VgV ausüben, und die in § 14 Abs. 2 Nr. 4 MFG genannten Auftraggeber haben bei der Vergabe von Aufträgen die folgenden Bestimmungen anzuwenden:

1. im Falle von Liefer- und Dienstleistungsaufträgen sowie Auslobungsverfahren, die zu Dienstleistungen führen sollen, die Bestimmungen des 4. Abschnittes der VOL/A entsprechend. Dies gilt nicht für Aufträge im Sinne des § 3. Ein Verzicht auf einen vorherigen Aufruf zum Wettbewerb ist neben den in § 3 SKR Nr. 3 VOL/A genannten Voraussetzungen auch zulässig unterhalb eines geschätzten Auftragswertes von 50.000 Euro. Die §§ 13 SKR, 14 SKR und 16 SKR VOL/A finden keine Anwendung;

2. im Fall von Bauaufträgen die Bestimmungen des 4. Abschnittes der VOB/A entsprechend auch unterhalb der in § 1 SKR Nr. 2 VOB/A genannten Auftragswerte. Ein Verzicht auf einen vorherigen Aufruf zum Wettbewerb ist neben den in § 3 SKR Nr. 3 VOB/A genannten Voraussetzungen auch zulässig unterhalb eines geschätzten Auftragswertes von 200.000 Euro. Die §§ 12 SKR und 13 SKR VOB/A finden keine Anwendung. Anstelle von § 14 SKR VOB/A ist § 31 VOB/A anzuwenden. Bekanntmachungen nach den 4. Abschnitten der VOL/A und VOB/A sind in Tageszeitungen, amtlichen Veröffentlichungsblättern, Fachzeitschriften oder in sonstiger geeigneter Weise vorzunehmen.

(3) Auf die Auftraggeber nach § 14 Abs. 2 Nr. 4 MFG ist § 9 Abs. 1 VgV entsprechend anzuwenden. Auf die Absätze 1 und 2 ist § 9 Abs. 2 bis 5 VgV sinngemäß anzuwenden. § 10 VgV gilt entsprechend. Die Mitteilungspflichten an die Kommission der Europäischen Gemeinschaften nach den §§ 9 und § 10 VgV bestehen nicht.

§ 6
Schätzung der Auftragswerte

(1) Bei der Schätzung des Auftragswertes ist von der geschätzten Gesamtvergütung für die vorgesehene Leistung ohne Umsatzsteuer auszugehen.

(2) Der Wert eines beabsichtigten Auftrages darf nicht in der Absicht geschätzt oder aufgeteilt werden, ihn den Bestimmungen des § 2 Abs. 2 oder 3, des § 3 Abs. 3, des § 4 Abs. 2 oder 3 oder des § 5 Abs. 2 Nr. 1 Satz 3 oder Nr. 2 Satz 2 zugänglich zu machen oder die Anwendungsverpflichtung des § 3 Abs. 1 Satz 1 zu umgehen.

(3) Maßgeblicher Zeitpunkt für die Schätzung des Auftragswertes ist der Tag der Absendung der Bekanntmachung der beabsichtigten Auftragsvergabe oder die sonstige Einleitung des Vergabeverfahrens.

§ 7
Ausgeschlossene Personen

§ 16 VgV ist entsprechend anzuwenden.

§ 8
Übergangsbestimmung

Bereits begonnene Vergabeverfahren werden nach dem Recht, das zum Zeitpunkt des Beginns des Verfahrens galt, beendet.

§ 9
Inkrafttreten, Außerkrafttreten

Diese Verordnung tritt am Tag nach ihrer Verkündung in Kraft. Gleichzeitig tritt die Schleswig-Holsteinische Vergabeverordnung vom 13. Juli 2004 (GVOBl. Schl.-H. S. 288)[1] außer Kraft.

Diese Verordnung tritt fünf Jahre nach ihrer Verkündung außer Kraft.

Die vorstehende Verordnung wird hiermit ausgefertigt und ist zu verkünden. Kiel, 3. November 2005

Dietrich Austermann
Minister für Wissenschaft, Wirtschaft und Verkehr

---

[1] GS Schl.-H. II, Gl.Nr. 707-5-2

Stichwortverzeichnis

A Abfrageverpflichtung 114
Abgrenzung 26, 59
Abgrenzungsprobleme 70
Abschichten 34
Abschreckungseffekt 116
Akteneinsicht 106
Allgemeininteresse 37
Alternativangebot 84
Änderungsvorschlag 10
Angebot, ungewöhnlich niedriges 58 f
Angebot, wirtschaftlichstes 22
Angebotsaufklärung 91
Angebotsfrist 30
Angebotspreise 94
Anordnung, Anträge auf einstweilige 107
Anwendung, unmittelbare 5
Anwendungsbereich 7, 36
Anzeigepflicht 118, 120
Aufbewahrung (von Unterlagen) 52
Aufgabenorganisation 71
Aufklärung 24
Aufklärungspflicht 98
Auftrag, Hauptgegenstand des 60, 70
Auftragsbedingungen 33
Auftraggeberdefinition 36
Auftragsgegenstand 24
Auftragsvergabe, elektronische 15
Auftragswert 28 f
Aufwand 30
Auktion, elektronische 7
Auskunftersuchen 119
Auslegung, europarechtskonforme 87
Auslegung, richtlinienkonforme 3
Ausnahmecharakter 30, 81

Ausschluss 17, 92, 113
Ausschlussentscheidung 101, 117

B Beantwortungszeitraum 14
Bedenken, dogmatische 108
Begriffsbestimmungen 37
Beherrschung 74
Beihilfe, staatliche 24, 59
Bekanntmachung 12, 22, 32, 48, 57
Bereinigung (von Mischkalkulationen) 96
Berichtspflicht 75
Beschaffungsstellen, zentrale 7, 28
Beschaffungssysteme, dynamische 7
Beschaffungsverfahren 6 f
Beschaffungsvorgang 71
Beschleunigungsgebot 107
Beschreibung 23
Beweislast 9, 100
Beweislastumkehr 9, 25
Bewerbungsbedingung 86
Bezug (zum Gegenstand des Auftrags) 111
Bietergemeinschaft 25

C Cent-Position 99
Charakter, bieterschützender 4
Common Procurement Vocabulary/CPV 12, 48
Costanzo, Fratelli 3, 5

D Dialog, wettbewerblicher 7, 32, 61
Dialogmöglichkeit 61
Dialogphase 64
Dienstleistungen des ÖPNV 109
Dienstleistungsfreiheit 111
Dienststelle 74
Dispositionsfreiheit 6
Dreiecksverhältnis 3
Durchschnittspreis 95

E Effekt, wettbewerbsverzerrender 41, 45
Effet util 2, 87
Eigenleistungserfordernis 65, 66
Eignung (der Bewerber und Bieter) 17
Einrichtung 72
Einrichtung des öffentlichen Rechts 37
Einzelkaufleute 55
Enteignungsverfahren 38, 40
Entscheidung, hoheitliche 103
Erklärung, plausible 100
Ermessen 18, 31, 33
Ermessensausübung 18
Ermittlung 98

F Foster u.a./BGC 42, 45
Francovich-Entscheidung 3
Frist 64

G Gebietskörperschaft 37
Gebrauchsrecht 38, 40
Geheimhaltung 106
Geltungsbereich, Erweiterung des 8
Gesamtumstände 73
Gesamtunternehmen 117
Gesellschaftsanteil 74
Gesellschaftsvertraglich 81
Gewichtung 22
Gewinnerzielungsabsicht 82
Gleichbehandlung 94
Gleichheitsgrundsatz 89
Gleichwertigkeit 8, 46, 90
Großkrotzenburg 6
Grundsatz der gegenseitigen Anerkennung 27
Grundsatz der Gleichbehandlung 82

I Informationsstelle 117
Informationsvorsprung 67, 68

Inhouse-Geschäft, vergaberechtsfreies 72
Insolvenz 35
Integrität (der Daten) 15
Interessenkonflikt 78

K Kalkulation 92, 97
Kalkulationsgrundlage 99
„Kann-Bestimmungen" 6
Koalitionsvereinbarung 121
Kommunikationsmittel 14, 51
Komplexität (des Auftrages) 29
Kontrolle 72, 74
Kontrollerfordernis 76
Kontrollkriterium 82
Kooperationsvereinbarung 71
Koordinierungsrichtlinie 6
Korruptionsbekämpfung 112
Korruptionsprävention 117
Korruptionsregister 112, 116
Kostenrisiko 93
Kriterien 23, 41, 58
Kriterien, beschaffungsfremde 110

L Landesvergabegesetz 109
Laufzeit 11
Laufzeitbeschränkung 11
Leistungsbeschreibung 88
Leistungserbringung, gleichwertige 84
Leistungsposition 91

M Marktteilnahme 71
Massenänderung 96
Massengerüst 96
Melde- und Informationsstelle für Vergabesperren 113
Meldeverpflichtung 114, 117
Mengenänderung 95
Minderheitsbeteiligung 73

Mindestanforderung, technische 84, 85, 87
Mindestbedingung 87
Mindestfrist 30
Mindestgrenze 7
Mindestinhalt 17
Mischkalkulation 91, 92, 93, 100
Mitteilung 50

N Nachtrag 97
Nachtragsforderung 94
Nachweis 22, 54
Nachweisproblematik 20
Nebenangebot 10, 48, 84, 86
Nebentätigkeiten von Hauptverwaltungsbeamten 120
Nichtdiskriminierung 82

O Offenlegung 92
ÖPP-Beschleunigungsgesetz 25, 61
Organisation 71
Organisationsakt 77

P Pflicht (zur Bezugnahme) 22
Phasen 34, 63
PPP 78
Praktikabilitätserwägung 89
Präqualifikationssystem 7
Preisermittlungsgrundlagen 98
Preisgestaltung 94
Primärrechtsschutz 105
Privatperson 44
Privatwirtschaftlich 41
Prognoseentscheidung 95
Projektanten 67
Projektantenproblematik 67
Projektgesellschaft 69

Q Qualitätssicherung 22
Qualitätssicherungsnormen 21, 56

R Rahmenvereinbarungen 7, 11
Recht, besonderes oder ausschließliches 37, 38, 44
Rechtsform 28, 69
Rechtspersönlichkeit 37
Rechtsschutz 102, 107, 117
Rechtsschutzgedanke 2
Rechtsschutzmöglichkeiten 114
Rechtsweg 104
Reform 121
Regelfall 64
Registereintrag, Löschung eines 114
Reihenfolge (der Bedeutung) 24
Richtlinie 2004/17/EG 1, 46
Richtlinie 2004/18/EG 1, 46
Runderlass 113

S Sanktionsgedanke 2
Schwellenwert 7, 46, 102
Sektorenbereich 38
Sekundärrechtsschutz 105
Selbstreinigungsmaßnahme 114
Serie EN 29000 22
Speicherung 15, 52
Spekulationspreise 96
Spezifikation, technische 8, 47
Staatshaftungsanspruch 3
Stadt Halle-Entscheidung 75, 77
Standardformular 13, 48
Strafvorschriften 20, 55
Streitigkeit, öffentlich-rechtliche 103, 104

T Tariflöhne 110
Tariftreueerklärung 109
Tariftreueverlangen 110

Teckal-Entscheidung 76, 77
Teilnahmeantrag 51
Teilnahmewettbewerb 30
Tochtergesellschaft 75
Transparenz 82, 118, 119
Transparenzregel 115
Traunfellner-Entscheidung 11

U Übermittlung 15, 51
Über-/Unterordnungseffekt 45
Umsetzungspflicht 2, 6
Umweltmanagement 21, 56
Ungleichbehandlung 42
Unschuldsvermutung 120
Unternehmen, gemischt-wirtschaftliches 72
Unternehmensorganisation 74
Unterrichtung 49
Unterrichtung (der Bewerber und Bieter) 13
Untersuchungsgrundsatz 9
Unvollständigkeit (des Angebots) 100
Unzuverlässigkeit 17, 53
Unzuverlässigkeitsurteil 114

V Veräußerungsgeschäft 71
Verdingungsordnung 65
Verdingungsunterlagen 23, 87
Verfahren, offene 32
Verfahrensarten 32, 33
Verfahrensbeschleunigung 120
Verfahrenshierarchie 32
Verfahrensvorschrift 4
Verfehlung 113, 114, 116
Vergabe, zweistufige 105
Vergabe unterhalb der Schwellenwerte 107
Vergabeausschluss 118
Vergabebekanntmachung 33
Vergaberecht 3

Vergaberegister 115, 116
Vergaberichtlinien 4
Vergabevermerke 16
Verhandlungsverfahren 32, 33
Vermutung (einer Mischkalkulation) 97
Vermutungswirkung 38
Veröffentlichung 63
Verschlüsselung 15
Vertrag, privatrechtlicher 103
Vertragsdurchführung 105
Vertragspreis 96, 97
Vertraulichkeit (der Anträge) 15
Vertraulichkeitsschutz 64
Verurteilung, rechtskräftige 20, 55
Verwaltungsakt 102
Verwaltungsprozess 106
Verwaltungsrechtsweg 106
Vollständigkeit (der Daten) 51
Vorlageverpflichtung 99
Vorschrift, richtlinienkonforme 34

W Wahlmöglichkeit 15, 51
Wahlrecht 6
Wertbarkeit 84, 89
Wesentlichkeitskriterium 79, 80, 82
Wiederzulassung 113
Wirkung, unmittelbare 1
Wirtschaftsteilnehmer 11, 28, 56

Z Zulassung 48
Zuschlag 22, 103
Zuschlagskriterium 22, 34, 57, 84
Zuverlässigkeitsprüfung 112
Zwangspensionierung 42

Kurzvorstellung der Autoren

Dr. Thomas Ax

Herr Dr. Ax ist Gründer der mittlerweile europaweit tätigen und an den Standorten Berlin, Hamburg, Marl, München, Neckargemünd und Paris mit eigenen Büros vertretenen Kanzlei Ax, Schneider & Kollegen. Außerdem ist die Kanzlei in Kooperation mit einem Anwaltsbüro in New York auch in den USA präsent. Für 2006 ist ein Engagement in Mailand und in Polen vorgesehen. Dr. Ax lehrt u.a. „European Trade Law" an der Privaten Hochschule für Wirtschaft in Bern.

Als mitgeschäftsführender Mitgesellschafter des privaten Instituts für deutsches und internationales Vergaberecht GmbH (IDIV) sowie der Akademie für Baurecht GmbH (AfB) zeichnet er mitverantwortlich für die Konzeption und Durchführung von Fachveranstaltungen zu allen vergabe- und baurechtlichen Fragestellungen sowie die Herausgabe verschiedener Fachzeitschriften wie VergabePrax, Infobriefe für Hochbauämter, Tiefbauämter, Rechnungsprüfungsämter.

Als mitgeschäftsführender Mitgesellschafter des Zentrums für Mittelstandskompetenz (ZeMiKo) zeichnet er mitverantwortlich für die Konzeption und Durchführung von Fachveranstaltungen zu allen den Mittelstand betreffenden Rechtsthemen. Dr. Ax ist spezialisiert und als langjähriger Praktiker erfahren in der Beratung aller Arten von öffentlichen Auftraggebern und Unternehmen in allen vergaberechtlichen und insbesondere bauvertragsrechtlichen Fragestellungen. Zahlreiche betreute Nachprüfungsverfahren vor Vergabekammern und Vergabesenaten sowie Beschwerdeverfahren und Vertragsverletzungsverfahren vor der EU-Kommission und dem EuGH sowohl auf Auftraggeber- als auch auf Unternehmerseite sowie streitige Verfahren und selbstständige Beweisverfahren in Bausachen auf Auftraggeberseite und Auftragnehmerseite bei Landgerichten und OLGs weisen Dr. Ax als „Kenner der Materie" aus.

Dr. Ax ist Vergaberechtler und Baurechtler europäischen Zuschnitts. Dies wird nicht nur belegt durch seine Tätigkeit an einer Hochschule in der Schweiz, sondern auch durch Gastvorträge in Österreich, Frankreich (Universitäten Toulouse, Metz, Aix-en-Provence, Caen, Poitiers), in 2005 und Belgien (Brüssel), Schweiz (Zürich, Genf), Niederlande (Den Haag), Tschechien (Prag) und erneut Frankreich (Universität Rouen) in 2006 in englischer bzw. französischer Sprache.

Die Expertise von Dr. Ax wird abgerundet durch seine rege Veröffentlichungstätigkeit zu vergabe- und vertragsrechtlichen Themen Bei C.H. Beck ist erschienen das „Handbuch Vergaberecht". Im ESV erscheint das „Handbuch Korruption". Im Lexxion Verlag erscheinen „ZeMiKo (Zentrum für Mittelstandskompetenz) Handbuch Mittelstand", „Vertragsmanagement Bauleistungen", „Vertragsmanagement Dienstleistungen", „Vertragsmanagement Lieferleistungen", „Kalkulation für Baujuristen", „Fallsammlung Architektenrecht" sowie „Von der Investitionsentscheidung bis zum Zuschlag – Vergabemanagement für öffentliche Auftraggeber". Bisher erschienen sind „Der Weg zum öffentlichen Auftrag", „Die Wertung von Angeboten durch den öffentlichen Auftraggeber", „Bauleistungen (VOB) von A-Z", „Rechtshandbuch für Stadtwerke", „Kanalbau, Vergabe, Vertrag und Gütesicherung" und „Vergaberecht 2006 – Kommentar". Beim Vieweg-Verlag „Risiken im Bauvertrag", „Bauleistungen VOB-gerecht beschreiben" und „Mängelansprüche nach VOB/BGB", beim Bauwerk-Verlag „Außergerichtliche Streitbeilegung im Bauwesen".

Telefonischer Kontakt unter 06223 - 86 58 20
E-Mail: dr.thomas.ax@ax-schneider-kollegen.de

Matthias Schneider

ist als Rechtsanwalt im Büro Rhein-Neckar der Kanzlei Ax, Schneider & Kollegen und als geschäftsführender Gesellschafter des Privaten Instituts für deutsches und internationales Vergaberecht GmbH (IDIV) sowie der Akademie für Baurecht GmbH (AfB) tätig. Herr Schneider arbeitet seit vielen Jahren erfolgreich als Rechtsanwalt und Referent auf den Gebieten des Vergaberechts und privaten Baurechts und ist Autor zahlreicher vergabe- und vertragsrechtlicher Publikationen (unter anderem des im C.H.Beck-Verlag erschienenen „Handbuchs Vergaberecht"). Ebenfalls Mitautor der Publikationen „Vertragsmanagement Dienstleistung", „Vertragsmanagement Lieferleistungen", „Rechtshandbuch für Stadtwerke" sowie „Von der Investitionsentscheidung bis zum Zuschlag – Vergabemanagement für öffentliche Auftraggeber" (Lexxion-Verlag). Bisher sind in diesem Verlag veröffentlicht „Der Weg zum öffentlichen Auftrag", „Die Wertung von Angeboten durch den öffentlichen Auftraggeber", „Bauleistungen (VOB) von A-Z" und „Vergaberecht 2006 – Kommentar". Ferner Mitautor von den Fachbüchern „Bauleistungen-VOB-gerecht beschreiben", „Risiken im Bauvertrag" (Vieweg-Verlag) und „Außergerichtliche Streitbeilegung im Bauwesen" (Bauwerk-Verlag).

Telefonischer Kontakt unter 06223 - 86 58 20
E-Mail: matthias.schneider@ax-schneider-kollegen.de

Sascha Häfner

ist Rechtsanwalt und Mitarbeiter der Kanzlei Ax, Schneider & Kollegen im Büro Spree. Er hat sich bereits frühzeitig auf die Gebiete des Vergabe- und Vertragsrechts spezialisiert und ist Mitautor des Werkes „Die Wertung von Angeboten durch den öffentlichen Auftraggeber", „Vergabemanagement für öffentliche Auftraggeber", „Kalkulation für Baujuristen" und des Kommentars zum neuen Vergaberecht 2006.

Telefonischer Kontakt unter 030 -28 87 71 85
E-Mail: sascha.haefner@ax-schneider-kollegen.de

Friedhelm Reichert

– Studium der Rechtswissenschaften und der Verfassungs-, Sozial- und Wirtschaftsgeschichte an den Universitäten Bonn und Toulouse, Erstes Staatsexamen im Jahre 1996, im Jahre 1999 Zweites Staatsexamen
– Tätigkeit als Wissenschaftlicher Mitarbeiter am Institut für deutsches und europäisches Wirtschaftsrecht und am Lehrstuhl für Zivilrecht, Wirtschaftsrecht und Rechtsvergleichung der Universität Bielefeld; Dissertation zum Thema „Vergaberechtlicher Zwang zur Zahlung von Tariflöhnen. Die sog. „Tariftreueerklärungen" und ihre Vereinbarkeit mit deutschem und europäischem Wirtschaftsrecht",
– 2004 Eintritt als Außensozius in die Rechtsanwaltskanzlei Ax/Schneider & Kollegen und Zulassung zur Rechtsanwaltschaft,
– Dozent bei dem priv. Institut für deutsches und internationales Vergaberecht GmbH (IDIV) und der Akademie für Baurecht GmbH (AfB),
– Autor zahlreicher Fachpublikationen und Fachbeiträge, u. a.:

- Mitautor des Handbuches „Die Vergabe von ÖPNV-/SPNV-Leistungen", erschienen bei dem IDIV, Neckargemünd,
- Mitautor des Handbuchs „Die Vergabe von freiberuflichen Leistungen", Expert Verlag, Renningen,
- Mitautor des Handbuchs „Bauleistungen (VOB) A – Z", Lexxion Verlag, Berlin,
- Mitbearbeiter des Kommentars zum neuen Vergaberecht (GWB, VgV) „Vergaberecht 2006" (§§ 18-19, 56 63 VgV n.F.), Lexxion Verlag, Berlin.

Telefonischer Kontakt unter 030 -28 87 71 95
E-Mail: friedhelm.reichert@ax-schneider-kollegen.de

Andreas Wagner

Herr Wagner hat an der Ludwig-Maximilian-Universität in München Rechtswissenschaften studiert und ist als Rechtsanwalt und Mitarbeiter der Kanzlei Ax, Schneider & Kollegen im Büro Isar speziell auf den Gebieten des Vergabe- und Vertragsrechts tätig und ist Mitautor des Werkes „Kalkulation für Baujuristen" und des Kommentars „Vergaberecht 2006".

Telefonischer Kontakt unter 089-542 44 073
E-Mail: andreas.wagner@ax-schneider-kollegen.de

Kai Henning Terschüren

Herr Terschüren ist als Rechtsanwalt im Büro Elbe der Kanzlei Ax/Schneider & Kollegen tätig. Schon während seines Studiums der Rechtswissenschaften in Hannover und Stockholm legte er einen Schwerpunkt beim Kartell- und Wettbewerbsrecht und kam so zum neuen Kartellvergaberecht. Seit seinem Eintritt in die Kanzlei Ax/Schneider & Kollegen beschäftigt er sich neben dem Vergaberecht insbesondere auch mit europarechtlichen Fragestellungen.

Telefonischer Kontakt unter 040 - 40 18 57 81
E-Mail: kai.henning.terschueren@ax-schneider-kollegen.de